프로야구를
경영하다

프로야구를 경영하다

세계화　스폰서　흑자
투자상품　자원　그룹광고
리그균형　중계권료　팬서비스

BA$EBALL

김인호 지음

매일경제신문사

추천사

역시, 김인호 대표답다. 누군가에게 'OOO답다'라는 표현을 쓰는 것은 위험한 일이긴 하지만, 여기서는 이 표현이 가장 적절한 것 같다. 김 대표는 남들이 안 보는 기본을 중시한다. 그의 표현대로 하자면, 기본을 놓치면 변화에 대응하는 것이 어렵기 때문이다. 경영자로 30년 가까이 보낸 나도 그의 기본에 대한 관점에 완전히 공감한다.

김 대표가 이 책의 추천사를 부탁할 때, 책의 내용을 설명해달라고 했다. 큰 틀의 구성과 각 장의 콘텐츠는 물론이고, 그가 강조하려는 내용을 찬찬히 들었다.

김 대표는 선수나 게임보다도 다른 이들이 집중하지 않는 프로야구단의 기본인 경영을 이야기했다. 산업의 변천사를 통해 각 시대를 주도한 산업이 구단주로 등장하는 흥미로운 공식도 제시했다. 기본인 구단 경영이 건전해야 팬에게 좋은 경기를 보여줄 수 있기 때문이란다. 그래서 '김인호답다'는 말이 어울린다.

20여 년 전의 일들이 떠올랐다. 현대백화점 사장 시절, 팀장이었던 그가 내게 업무 보고를 하는 상황이 연상되었다. 내 기억에 김 대표는 전략 입안과 수행에 특화한 인재였다. 그래서 현대백화점의 비전을 수립하고, 홈

쇼핑 사업과 금강산 관광 사업 등 다각화 사업을 주도적으로 진행했다. 특히, 그는 백화점에 대한 애착이 남달라서, 국내 백화점의 선진화에 크게 이바지한 최고의 전문가다.

가장 기억에 남는 것은 그가 이끈 미국 니만마커스 백화점 벤치마킹 TF를 통해서 현대백화점이 럭셔리를 강화하고, 국내 최초로 CRM과 연동한 리워드 프로그램을 개발한 것이다. 그때 나는 이를 '고품격'이라고 명명하고 기업 이미지(CI)까지 변경했는데, 지금까지 현대백화점은 이 '고품격'에 최적인 백화점으로 존속하고 있다.

이렇게 백화점에 애착이 강한 김 대표가 신세계의 'SSG 랜더스' 구단 출범에 큰 관심을 두고 있다. 소비재 기업이 프로야구 구단을 경영하면, 광고 효과가 높아지고 브랜드 시너지가 강해지는 특성을 잘 이해하고 있기 때문이다. 1990년대 후반 현대그룹이 국내 프로야구에 한 획을 그었을 때, 김 대표는 현대전자가 아닌 현대백화점이 구단 운영을 해야 했다고 아쉬워했다. SSG가 출범 2년 만에 한국 시리즈를 제패하는 것을 보니 나도 그당시가 살짝 아쉽긴 하다.

나는 구장에 직접 가보지는 못해도 늦은 밤의 '프로야구 하이라이트' 프로를 빼놓지 않고 시청하는 야구팬이다. 직관은 못 해도 요약 편집한 게임을 통해 어느 팀의 선수가 어떤 활약을 했는가를 보는 재미로 한 시즌을 즐긴다. 요즘에는 국내 선수뿐만 아니라 메이저 리그 선수들의 기록도 줄줄 꿰고 있는 전문가들이 많아서 프로야구 관전의 폭이 더 다양해지고 재미있어졌다.

SSG와 NC 다이노스 같은 젊은 구단주의 등장이 한국 프로야구 발전의 기폭제가 되어서 야구팬의 한 사람으로서 매우 기쁘다. 그리고, 이런 움직임을 그대로 넘기지 않고, 남다른 시각으로 책을 써낸 김 대표가 대단하다. 이 책을 계기로 프로야구를 사랑하는 팬으로서, 또 선배 경영자로서 이제부터 한국의 프로야구가 더 잘 경영되는지 더욱 눈여겨봐야겠다.

〈문화일보〉 대표이사 회장

이병규

서문

　필자가 프로야구 책을 쓴다고 할 때, 주변의 우려가 있었습니다. 입장을 바꿔 생각해도 저 역시 그랬을 겁니다. 야구 전문가도 아닌데, 뜬금없이 프로야구 관련 서적을 낸다고 하니 황당했겠죠. 그나마 '프로야구 경영'에 대한 서적이라는 설명을 듣고 납득하는 이들이 생겼습니다. 프로야구에 관한 책을 낸 사람은 있지만, '프로야구 경영'에 관한 것은 없다는 차별성을 어필했기 때문이죠. 그리고 규모는 작지만 15년간 회사 경영을 해봤고, 다양한 경영 컨설팅을 했던 경험이 그들을 안심시켰을 겁니다.

　이 책은 순수한 동기에서 시작되었습니다. 창의적인 소매 업계 리더가 프로야구에 참여한 이유를 찾아보자는 것이었죠. 그리고 한발 더 나아가서 소매업이 본가인 기업은 야구를 어떻게 경영하는 것이 최적인가를 알고 싶었죠. 그래서, 비교 모델이 필요했습니다. 먼저, 국내 프로야구 구단 가운데 유사한 기업을 살펴보고, 그것을 기초로 미국과 일본의 구단 경영을 비교해봤죠. 이 과정에서 개성이 강한 게임 업계 리더가 좀 더 일찍 국내 프로야구 시장에 참여한 것을 소환한 것입니다. 안정된 KBO리그에서 구단의 창단은 기회가 주어지기도 어렵고, 기회가 주어져도 창단 이후 곧바로 상위권으로 오르는 것은 더욱 어렵습니다. 그런데 게임 업계 리더는 구단 창단 기회를 잃지 않았고, 창단 9년 만에 한국 시리즈에서 우승하는 그 어려운 일을 해냈습니다.

　필자는 대중에게 "형"이라고 불리는 친근한 2명의 구단주를 통해 프로야구 경영을 좀 더 쉽게 접근하려고 했습니다. 이와 관련해서 두 명의 구단주 형에 대한 내용은 모두 언론이나 사회관계망(SNS), 광고에 노출된 객관적인 사항만을 정리했습니다. 프로야구 경영에서 특히 집중한 항목은 미국 MLB와 일본 NPB, 한국 KBO, 각국의 프로야구 역사와 함께한 산업의 변천입니다. 자본주의 사회에서는 시대 변천과 함께 산업을 견인하는 업종이 바뀌기 마련이죠. 그런데 공교롭게도 소비자 접점에 있는 산업의 리딩 기업이 프로야구를 소유하고 싶어하는 경향을 알게 되었습니다.

　일본 NPB의 경우, 이러한 성향이 선명하게 보입니다. 1930년대에는 고객을 확장하려는 신문(방송)과 철도 산업이 프로야구 경영의 기틀을 만들었고, 이후 1960년대에는 영화, 식품 산업이 프로야구의 성장기를 이끌었죠. 2000년대에는 IT산업이 NPB의 주류로 등장하면서 미국식 프로야구 경영 시스템을 도입하고 현대화를 촉진하고 있습니다. CHAPTER 3의 〈자료 24〉 'NPB 구단주 산업의 변천'과 〈자료 25〉 'NPB 참여 산업의 시대별 변천'은 필자가 집중하고자 했던 내용을 한눈에 볼 수 있게 표현한 것입니다. 이 자료에는 고인이 되신 신격호 회장님이 기시 수상과의 인연으로 프로야구에 참여하는 비화가 들어 있고, 손정의 회장이 구단주로 참여하게 되는 스토리가 함축되어 있습니다.

　40여 년 역사의 국내 프로야구는 MLB와 NPB에 비해 변화 속도가 빠릅니다. 정부 주도의 '1982년 체제'로 졸속 구성된 국내 프로야구는 자연 노태 하는 구단이 속출하는 과정을 겪으면서도 2013년에 10개 구단으로 Last Expansion(최종 확장)한 이후, 안정화 궤도에 올라섰죠. 그 이후에는 일본 NPB와 유사한 성장 궤적을 그리고 있는데요. 후발로 참여한 2명의 구단주 '형'이 일본 NPB에서 유통산업과 IT산업이 했던 역할을 할 것으로 보입니다.

택진이 형이 팀을 창단하고, 용진이 형이 팀을 매입한 이후에 국내 프로 야구 경영에 보이지 않는 변화가 생기고 있습니다. 택진이 형과 용진이 형 은 서비스 산업을 리드하는 놀 줄 아는 경영자죠. 놀 줄 아는 형들이기 때 문에 엔터테인먼트, 놀이, 팬 서비스에 대해 예민함을 가지고 있어요. 게다 가 세대 공감 능력이 뛰어납니다. 소매업의 용진이 형은 팬 서비스와 고객 감동이 무엇인지를 정확하게 파악하는 마케팅 감각이 뛰어난 경영자입니 다. 택진이 형도 젊은 연령층 대상의 게임업을 해왔기 때문에 젊은 소비자 가 과연 어떤 것들을 좋아하는지에 대해서 너무 잘 알고 있죠. 상대적으로 기존 KBO 회원사를 보면, 대개 국내 굴지의 그룹으로, 비즈니스 형태가 거의 B to B 모델입니다. B to C 모델을 채용하고 있는 기업은 NC, 롯데, SSG 정도입니다. 서비스업을 운영한다는 것이 프로야구 경영에 매우 중요 한 역할을 하는 거죠. 그래서 서비스업을 하는 택진이 형과 용진이 형이 프 로야구 판에 들어옴으로써 팬 서비스가 한층 강화될 수 있다고 생각합니 다. 같은 소매업 라이벌인 롯데도 자극을 받겠죠. 택진이 형과 용진이 형처 럼 젊은 구단주의 KBO 진출과 새롭게 입성한 관록 있는 KBO 총재의 신 선한 조합이 국내 프로야구의 미래에 청신호를 밝힐 것을 기대하면서 이 책을 썼습니다.

책을 쓰면서 가장 우려한 부분은 '야구 전문가가 아닌 사람이 프로야구에 관한 이야기를 하다 보니 혹시나 잘못된 정보를 전달하는 것은 아닌가?'라는 점이었습니다. 나름대로 지속적인 검증을 통해 책을 완성했지만, 혹시 잘못된 표현이 있다면 그것은 온전히 필자의 몫입니다. 따뜻한 가르침을 주시면 열린 마음으로 반영하겠습니다. 이 책을 내면서 갖게 된 조그만 바람은 젊은 프로야구팬들이 게임만이 아니라 프로야구 경영에도 관심을 가지면 좋겠다는 것입니다. 관심을 갖는 분들이 더욱 많아져서 전문성을 통해 접근하고 실천적인 경영을 할 때, 한국의 프로야구가 보다 선진화되고 고도화될 것입니다. 이 책이 그러한 계기가 되기를 기대합니다.

P r e v i e w

유통 전문가가 왜 프로야구 경영을 이야기하나?

용진이 형은 왜 프로야구를 할까?

　SNS 스타인 정용진 신세계 부회장의 행보가 여러모로 주목을 받고 있습니다. SNS에 사진이 나올 때마다 대중은 얼리 어답터로서, 요리사로서, 키다리 아저씨로서 그를 추앙합니다. 그럼에도 그는 친근한 형으로 옆에 있고 싶어 합니다. 엔씨소프트의 김택진 대표를 '택진이 형'이라고 부르는 것처럼, 자신을 '용진이 형'으로 불러주기를 바라는 거죠. 이쯤 해서 저도 그를 '용진이 형'이라고 부르겠습니다. 용진이 형은 한발 더 나아가서 부캐(부캐릭터)도 키워요. '용지니어스', '제이릴라'는 그의 SNS에 자주 등장하는 캐릭터입니다. 용진이 형은 자신을 연상하게 하는 친화 캐릭터를 만들어서 세상과의 지속적인 소통으로 화제성을 이끌고 있습니다.

　용진이 형의 SNS 소통에서 특히 눈에 띄는 것은 야구 구단주로서의 활동입니다. 2021년 10월 8일, 인스타그램에 프로야구 SSG 랜더스 구단주로서 미국 메이저리그(MLB)의 '글로브 라이프 필드' 야구장 사진을 올렸는데, 언론이 즉각적으로 반응했어요. 요지는 '스타필드 청라' 예정 부지에 돔구장을 짓기 위한 미국 출장이라는 것이었죠. 언론이 펼친 내용은 대략 이렇습니다.

〈자료 0-1〉 미국 출장 중인 정용진 신세계그룹 부회장이 미국 프로야구 메이저리그(MLB) 텍사스 레인저스의 홈구장인 글로브 라이프 필드를 찾았다.
출처 : 정용진 부회장 인스타그램

'글로브 라이프 필드'는 텍사스 레인저스의 홈구장으로, 2020년 개장한 최신식 개폐식 '돔구장'이다. 정 부회장은 사진과 함께 '돔구장 견학 중'이라고 적었다. 그는 SK로부터 야구단을 인수하면서 돔구장 건립 의지를 여러 차례 밝힌 바 있다. 그는 지난 3월, 소셜미디어 '클럽하우스'에서 "야구 경기가 끝난 뒤 관중들이 떠나는 모습을 보면 너무 아쉬웠다. 스타필드와 돔구장을 이용해서 고객의 8~10시간을 점유하고 싶다"라고 말했다. 그는 언론 인터뷰에서 좀 더 구체적인 이야기를 했다. "인천 청라지구에 검토했던 테마파크 대신 돔구장을 염두에 두고 법령을 검토 중이다"라고 밝혔다. 미국·유럽 등에서는 스포츠 경기장에 쇼핑센터·호텔·식당 등을 더해 복합 개발하는 사업이 유행하고 있다. 돔구장 부지로 언급되는 '스타필드청라' 예정 부지는 16만 3,000㎡이지만, 아직 구체적인 계획이 나와 있지 않은 상태다. 현재 국내 돔구장은 키움의 홈구장인 고척돔 한 곳뿐이다. 서울과 부산 등지에서 돔구장 건설 이야기가 나왔지만, 아직 구체화된 것은 없다. SSG의 돔구장 추진도 구상에 불과하지만, 청라지구에 2024년 완공을 목표로 짓고 있는 스타필드를 돔구장과 연계할 가능성이 있다.

출처 : 2021년 10월 8일 각종 언론 내용 종합, 필자 재작성

용진이 형이 '유통업의 경쟁자는 테마파크이고 야구장'이라는 정의를 한 것은 이미 6년 전이었죠. 그 뒤에 그는 스타필드 하남과 스타필드 고양을 오픈하면서 '필드'라는 용어를 브랜드화했어요. 그러다가 2021년에 야구단을 인수한 것입니다. 브랜드 '필드'와 야구단 인수를 보면, 긴 시야로 판단했을 것입니다. 돔구장 견학도 그 긴 시야에 포함되어 있겠죠.

왜 이마트는 프로야구에 참여했을까

이마트가 SK 와이번스를 인수하던 2020년에 한국 프로야구를 보는 시선은 매우 차가웠습니다. 분명히 상업적인 스포츠인데, 선수 몸값이 비싸

다 보니 매년 적자를 내는 구조였죠. 게다가 잊을 만하면 발생하는 노이즈가 문제였습니다. 승부 조작, 도박, 음주운전 등으로 팬으로부터 외면을 받고 있었습니다. 이런 상황에서 정용진 부회장이 'SSG 랜더스'를 새롭게 출범시켰으니 궁금할 수밖에 없었습니다. 저뿐만 아니라 많은 주변분들도 궁금해하기는 마찬가지였습니다.

　유통업이 프로야구에 참여하는 사례는 국내외에 다수 존재합니다. 국내에서는 롯데가 1982년 프로야구 원년부터 6개 구단의 일원으로 출발했습니다. 롯데는 이미 1969년부터 일본에서 '롯데 오리온스'의 구단주로 활동하면서 프로야구를 경험하고 있었습니다. 그러나 일본에서도 그렇고, 국내 프로야구 창단 당시에는 제과의 비중이 커서 유통보다는 해태와의 라이벌 구도가 형성되었습니다. 백화점은 우승 행사에 세일로 어필한 정도였죠. 미국 MLB에서는 월마트가 '데이비드 글래스(David Glass)' CEO 이름으로 '캔자스 시티 로열스'에 20년 동안 참여했습니다. 월마트가 식품 부문을 확장할 때, 혈맹의 파트너였던 맥레인 그룹도 '휴스턴 애스트로스'의 구단주로 활동했고요. '신시내티 레즈'의 구단주였던 칼 린드너 주니어(Carl Lindner Jr.)는 '유나이티드 데일리 팜' 편의점을 운영했습니다. 그런데 미국의 프로야구 구단 운영 시스템은 국내와 달리 투자 상품적 성격이 강해서 구단주의 지속성이 떨어집니다. 구단의 수익과 가치가 중시되는 시스템인 거죠.

　한편, 일본의 경우에는 유통업의 프로야구 참여 숫자가 많았습니다. 한신백화점과 한큐백화점, 긴테츠백화점, 세이부백화점, 소매 유통기업 다이에가 모두 프로야구의 구단주였습니다. 그러나 엄격한 의미에서 한신과 한큐, 긴테츠, 세이부는 주력 사업인 철도와 연계한 자회사 백화점으로 구단의 모기업인 철도가 구단주였죠. 따라서 이들 업체를 우승 세일로 존재감을 드러냈던 제과의 롯데처럼 유통업과 프로야구의 관계로 논하기에는 미흡한 감이 있습니다.

"롯데는 야구단의 가치를 본업에 연결하지 못하는 것 같습니다. 우리는 롯데와 달리 잘 연결할 것입니다. 게임에서 질 수는 있어도 마케팅만큼은 반드시 이기겠습니다. 앞으로 걔네(롯데)는 울며 겨자 먹기로 우리를 쫓아와야 할 것입니다."

2021년 3월 'SSG 랜더스' 창단 이후, 정용진 구단주가 SNS인 '클럽하우스'에서 유통업계 라이벌인 롯데를 향해 파격적인 도발을 했습니다. 이러한 도발에 롯데도 가만히 있을 수는 없었죠. '야구도, 유통도 한판 붙자'라는 보도자료를 내는 동시에 '원정 가서 쓰윽 이기고 온'이라는 롯데 개막전 이벤트를 진행했습니다. 새로 개편한 '롯데온'이 '쓰윽'이라는 표현으로 경쟁사 'SSG.com'을 직접 저격한 것입니다. 시합의 결과는 SSG의 승리였습니다. 'SSG 랜더스' 창단 이후 첫 게임이자, 2021시즌 개막전, 특히 홈경기에서 롯데를 이긴 것입니다. 정 부회장은 첫 승리의 주역인 최정, 최주환 선수에게 한우 세트와 '용진이 형 상장'을 선물로 보냈습니다. 정 부회장은 이렇게 해서까지 '용진이 형'으로 불리고 싶었나 봅니다. '세상에 없던 야구'를 보여주겠다던 SSG가 화제성 높은 '구단주'로 인해 세상에 없던 자잘한 재미를 주고 있는 것입니다.

2021년 4월 27일, 정 부회장이 다시 SNS 클럽하우스에 나타났습니다. "롯데를 싫어하는 게 아니라, 라이벌 구도를 만들어 판을 키우고 싶었던 것"이라고 설명했습니다. 그리고 그날 신동빈 회장이 잠실구장을 찾아 롯데와 LG 트윈스의 경기를 관람한 것을 "내가 롯데를 도발하니까 동빈이 형이 야구장에 왔다. 동빈이 형은 원래 야구에 관심이 없었는데, 내 도발 때문에 제스처를 취하고 있다"라고 주장했습니다. 롯데 측은 이와 관련해 "신 회장은 2020년 1월 신격호 전 롯데그룹 명예회장 별세 이후 롯데 야구단의 새 구단주가 되었지만, 코로나19 여파로 야구장을 찾지 못하다가 올해 구단주 자격으로 처음 방문한 것"이라고 설명했습니다. 신세계와 롯데의 라이벌 구도를 만들어서 프로야구 판을 재미있게 만들고자 하는 정 부회장의 의도에 동의하는 팬들이 많을 것입니다. 국내 프로야구는 라이벌 구도가 거의 없습니다. 해태와 롯데의 제과 라이벌, LG와 두산의 홈구장 라이벌, SK와 KT의 통신사 라이벌 정도가 있었습니다. 특별히 라이벌 경쟁에 불을 붙인 적도 없었던 것 같습니다.

탈 백화점 전략으로 성장한 신세계

정용진 부회장의 SSG에 관심을 갖게 된 배경도 사실은 라이벌 관점입니다. 필자는 현대백화점에 입사한 이후, 30년 이상 유통기업의 비즈니스 전략을 연구했습니다. 현대백화점의 사업 전략을 짜기 위해서 당연히 경쟁사인 신세계, 롯데의 전략을 이해하는 것이 필요했죠. 백화점 다점포 전략을 입안하고, 지방 백화점을 흡수, 합병해 전국구 패권을 장악하는 규모 확장의 시대였기에 더욱 그랬어요. 특히, 1990년대 말 이마트 사업 확대 이후, 신세계의 비즈니스 전략에 관심을 더 갖게 되었죠. 〈자료 0-2〉는 필자가 당시에 백화점 기업이 비즈니스를 확대하는 방향성을 정리한 것입니다. 규모의 경제를 누리는 다점포 전략이 거의 종료되는 시점에 백화점 기업은 새로운 확장 정책이 필요했어요. 이때, 신세계는 창동의 백화점 부지를 '이마트'로 개장해 대박을 터트렸습니다. 국민소득 1만 달러에 각광을 받은 대형마트는 5년 만에 백화점보다 규모가 커졌습니다. 상권인구 50만 도시를 이미 백화점으로 점령하고, 15~20만 상권을 순식간에 이마트로 채웠어요. 이마트는 150개 점포를 오픈해 국내 최대 유통 브랜드가 되었습니다. 전략의 승리였습니다.

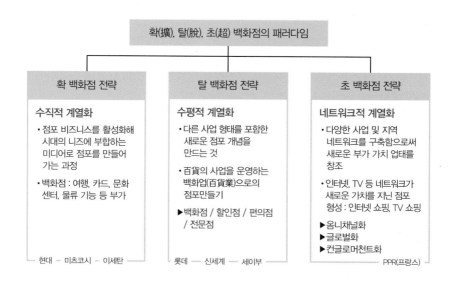

〈자료 0-2〉 백화점 사업 다각화의 패러다임

출처 : 필자 작성

필자의 판단이지만, 1990년대 초 신세계는 일본 세이부백화점을 모델로 '탈 백화점' 전략을 추진한 것이 성공으로 이어진 것입니다. 세이부는 1980년대에 이미 백화점에서 마트(세이유), 편의점(패밀리마트), 잡화전문점(로프트), 패션빌딩(파르코), 무인양품, 심지어 인터컨티넨탈호텔 등으로 사업을 확대했습니다. 무인양품은 대형마트 세이유의 자체 상품 PB(프라이빗 브랜드)로 시작해서 분화했으니, 세이부백화점의 손자 회사인 셈입니다. 세이부의

츠츠미 세이지(堤淸二) 회장과 미즈노 세이이치(水野誠一) 사장은 유통업계에서 보기 드문 유명한 이론가이자 실천가였습니다. 그래서 다양한 유통 사업을 창의적으로 시도했습니다. 이때 등장한 캐치프레이즈가 '종합생활문화기업'입니다.

신세계는 1989년 세이부백화점과 업무제휴 계약을 체결했는데, 1993년까지 유지했던 사업 교류를 통해 세이부의 탈 백화점 사업 다각화를 습득한 것입니다. 신세계는 백화점 일변에서 벗어나 이마트, 프라이스 클럽(중도 포기) 업태로 사업을 확장했어요. 그 후 2000년대에 구학서 부회장 체제가 시작되면서 내실 속에서 탈 백화점화는 더욱 촉진되었죠. 〈자료 0-3〉은 허인철 부회장, 김해성 부회장까지 전문 경영인들로 이어지는 시기에 신세계가 추진했던 다각화 노선입니다. 백화점과 대형마트(이마트), 편의점(이마트 24), 쇼핑몰(스타필드), 프리미엄아울렛, 신세계인터내셔날, 조선호텔

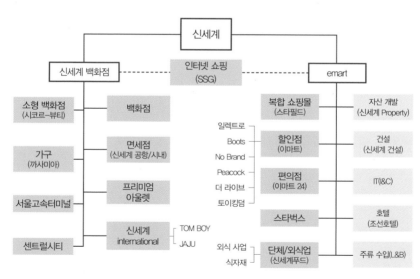

〈자료 0-3〉 신세계의 비즈니스 확장

출처 : 필자 작성

등 여러 분야에서 세이부와 유사한 패턴의 다각화가 진행되었죠. 이렇게 비즈니스가 다양하게 확장하는 시점에 정용진 부회장이 경영의 전면에 등장합니다. 2010년대는 정 부회장이 스타필드라는 대형 쇼핑몰 개발에 박차를 가하고, 부츠, 삐에로 쇼핑, 일렉트로, 노브랜드 등의 콘텐츠를 개발하고, 실험하는 시기입니다. 부츠와 삐에로 쇼핑처럼 일부 실험에 실패한 사례도 있었죠. 그러나 그 이후에 이베이코리아 인수와 W컨셉 인수, 스타벅스커피코리아 추가 지분 투자 등 굵직굵직한 M&A 과정을 거쳐 정용진 부회장은 신세계를 성장 궤도에 올려놓았습니다.

〈자료 0-4〉는 필자가 신세계를 읽어내는 '비즈니스 리터러시'입니다. 신세계의 사업 확대 전략은 2020년 당시, ① 신업태 개발 ② 신시장 개발의 연계성을 높이는 다각화를 시행했죠. 결과적으로 신세계의 다각화는 기존 사업과 스타필드의 시너지 효과와 터미널 재개발 사업을 통한 디벨로퍼 역량 확대가 기본 축이라는 필자 나름의 판단을 했습니다.

그런데 2021년 1월 26일, 이마트가 SK 텔레콤㈜로부터 SK 와이번스를 1,352억 8,000만 원에 인수한다는 공시가 갑자기 나온 것입니다. 필자는 평상시 '유통업의 경쟁 상대는 야구장'이라는 정 부회장의 생각을 존중하고 있었는데, 그것을 바로 행동으로 옮긴 것에 충격을 받았습니다. 그리고 필자가 해석한 〈자료 0-4〉에 '야구 비즈니스를 어떻게 포지셔닝시켜야 하는가?'를 고민할 수밖에 없었습니다. 그리고 '정 부회장이 말하는 타 사업과의 시너지는 무엇인가?'라는 질문을 풀어보자는 관점에서 이 책을 시작했습니다.

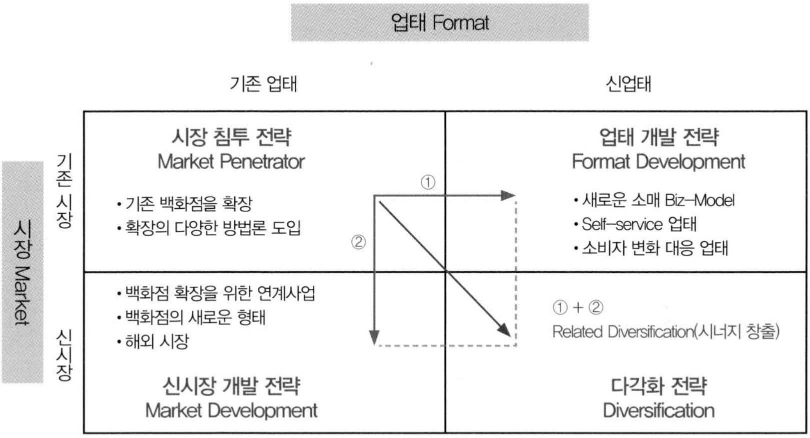
업태 Format
기존 업태
신업태
시장 Market
기존 시장
신시장
시장 침투 전략
Market Penetrator
• 기존 백화점을 확장
• 확장의 다양한 방법론 도입
업태 개발 전략
Format Development
• 새로운 소매 Biz-Model
• Self-service 업태
• 소비자 변화 대응 업태
• 백화점 확장을 위한 연계사업
• 백화점의 새로운 형태
• 해외 시장
신시장 개발 전략
Market Development
① + ②
Related Diversification(시너지 창출)
다각화 전략
Diversification
①
②

〈자료 0-4〉 신세계 비즈니스 확장성

출처 : 필자 작성

Real 구단주의 등장

2021년 프로야구가 시작되면서 용진이 형이 소비자에게 보여준 몇 개의 인상적인 장면이 있습니다. 이마트를 통해 '구단주 맥주'라는 브랜드를 출시하고, SSG 덕아웃에 스타벅스 커피와 노브랜드 버거를 준비하면서, 소비재 산업과의 시너지라는 화두를 던졌죠. 그때는 그 정도로만 생각했습니다. 그런데 2022년 프로야구 시즌이 시작되면서 그것이 아님을 명확히 알게 되었죠. 시즌 시작과 함께 언론에 오픈한 문학구장 리모델링 기사로부터 혁신은 시작되었어요. 용진이 형은 40억 원을 들여 SSG 랜더스 필드의 선수 클럽하우스와 홈, 원정 더그아웃 및 부대 시설을 전면 리모델링했습니다. 선수들이 최고의 퍼포먼스를 낼 수 있도록 전문 시설을 대대적으로 확충했어요. 메이저리그급의 클럽하우스를 구축한 것입니다. 신세계가 보유한 조선 호텔, 자유CC의 서비스 운영 노하우를 선수들에게 이식시키자, 다른 구단들이 동요하기 시작했습니다. 혁신은 이렇게 시작되는 것입니다.

한편, 용진이 형은 '이마트배 전국고교야구대회'를 통해 야구의 저변 확대에 기여하고 있습니다. 이마트배 대회는 기존에 '협회장기 고교야구대회'를 2022년부터 이마트가 지원, 주최하는 대회입니다. 프로야구의 뿌리가 되는 고교야구의 인기가 부활하면 국내 야구의 질적 성장이 이루어질 수 있다는 판단에 용진이 형이 후원을 결정했다고 합니다. 이마트는 이 대회에 우승 5,000만 원 등 총 1억 원의 상금을 걸었어요. 고교야구에 상금이 걸린 것은 처음입니다. 이 같은 지원 덕분에 이마트배 고교야구대회에는 총 88개 팀이 참가해 역대 최대 규모 고교야구대회로 기록되었어요. 결승전을 인천 SSG 랜더스필드에서 개최했는데, 고교야구 선수에게는 프로야구 경기장에서 경기하는 것만으로도 큰 동기부여가 될 수 있기 때문입니다. SSG 랜더스필드 결승전에서 용진이 형이 시구하고, 경기를 끝까지 관람한 뒤 시상까지 진행하며 야구에 대한 애정을 보였어요.

아울러, 용진이 형은 동호인 야구 저변 확대를 위한 '노브랜드배 고교동창 야구대회'도 주최합니다. 고교동창 야구대회는 고교야구 주말리그에 참가하는 학교의 동문 대항전인데요, 입상팀의 상금은 고교야구 발전을 위해 모교에 기부하는 방식으로 진행할 방침이라고 합니다.

한편, 신세계그룹은 SSG 랜더스데이를 4월 2일부터 실시했어요. SSG 랜더스데이는 프로야구 개막을 축하하면서 신세계그룹 18개 계열사 모두가 참여하는 최대 규모 쇼핑 축제입니다. 우승 시에 세일을 하는 것이 상식인 프로야구 판에 개막 세일의 역발상이 통했죠. 게다가 18개 계열사가 모두 참여했어요. 이것은 분명히 재벌 구단주 효과입니다.

이렇게 뜨겁게 시작한 2022년 시즌에 더 뜨거운 상황이 벌어졌습니다. SSG 랜더스는 2022 프로야구 개막 이후, 10연승이라는 전무후무한 기록을 수립하고, 시즌 초반부터 1위를 굳건히 지켰습니다. 결과적으로, 와이어 투 와이어(Wire To Wire)로 리그 시작부터 끝날 때까지 한 번도 1위를 넘겨주지 않고 우승하는 기록을 세웠죠. 그것뿐만 아니라, 한국 시리즈도 제패해 2관왕에 오르는 기염을 토했습니다. 이는 시즌 전에 전문가들이 '4~5위 정도의 성적을 낼 것'이라는 예상을 보기 좋게 깨버린 사건입니다. 그렇다면, SSG 랜더스는 왜 이런 좋은 성적을 냈을까요? 답은 이렇습니다. 찐(Real) 구단주를 만났기 때문이죠. 용진이 형의 찐 구단주 역할은 분명 일시적인 행동이 아닌 것 같습니다. 그래서 더 기대됩니다. 한국 프로야구 40주년을 맞는 동안 용진이 형처럼 야구에 진심인 구단주는 없었던 것 같습니다. 그래서 신세계 18개 계열사와 함께하는 프로야구 비즈니스 모델이 새로 정립될 것 같습니다.

프로야구 구단의 수익 확보

그런데 저는 또 다른 의문을 버릴 수가 없어요. '과연 이마트가 잘 해낼 수 있을까?'라는 의구심입니다. 여기서 잘 해낸다는 것은 우승의 의미보다는 '수익을 낼 수 있을까?'라는 관점입니다. 바꿔 말하면, '왜 SK가 이마트에 구단을 매각했을까?'라는 질문도 같은 맥락이죠. 이 문제를 해결하려다 보니, 자연스럽게 메이저리그(MLB), 일본 프로야구(NPB), 한국 프로야구(KBO)

구단의 경영에 관심을 갖게 되었습니다.

2018년, 미국의 프로야구 시장은 관중 입상권 수익, 방송권, 상표권, 스폰서 수익, 굿즈 수익을 포함해 30개 구단, 107억 달러입니다. 일본 NPB는 12구단, 16억 달러로 MLB의 1/6 수준이고요, 한국 KBO는 10구단, 4.5억 달러로 MLB의 1/24, NPB의 1/4 수준입니다. 그런데 시장 규모가 현저히 작음에도 국내 구단은 거의 적자 경영을 하고 있습니다. 모기업의 지원이 없으면 구단 운영이 불가능한 실정입니다.

그렇다면, 왜 적자 경영에도 프로야구단을 운영하고 있을까요? 여러 가지 이유가 있겠지만, 가장 큰 이유는 광고탑 기능 때문입니다. 1년에 144경기를 치르는 스포츠는 프로야구 외에는 없습니다. 프로야구는 그만큼 언론에 노출이 많기 때문에 새로운 사업을 하려는 기업에 홍보 효과가 매우 큽니다. 미국이나 일본의 프로야구를 보면, 구단의 흑자 경영이 매우 어렵다는 것을 알 수 있습니다. 이는 단일 구단주의 노력보다는 리그 시스템의 문제이기 때문이죠. 돈을 뿌리는 소수의 강자가 지배하는 리그는 재미가 없습니다. 그래서 리그의 전력 균형이 중요한 것입니다. 2022년과 2023년의 국내 프로야구가 막판에 재미있었던 것은 중상위권팀이 비슷한 승률을 유지해서 끝까지 순위 결정이 숨 막혔기 때문입니다.

결과적으로 롯데는 가을 야구를 하지 못했지만, 정용진 구단주의 롯데 도발은 2024, 2025년의 시즌을 기대하게 만듭니다. 일본에서 50년 넘게 구단을 운영하면서 흑자 전환을 이룬 경험이 있는 신동빈 구단주의 혁신 DNA를 자극했기 때문입니다. 유통업 양사가 오프라인 경쟁에서 SSG. com과 Lotte On으로 경쟁 마당이 넘어가는 과정에서 결과적으로 프로야구는 광고탑 역할을 충분히 할 것으로 보입니다. 그리고 KBO 타 구단의 자극제가 될 것입니다. 문제는 '구단과 구장의 일체화 비즈니스 모델'을 어떻게 이루고, 그 구장에 관중을 어떻게 많이 동원하는가에 있습니다. 신동빈 구단주가 일본 롯데 마린스에서 퍼시픽리그의 소프트뱅크, 라쿠텐 구단과 함께 시도했던 혁신은 신생 'SSG 랜더스'의 돔구장 건설을 비롯한 테마파크화, 그리고 구단 운영의 탈적자화에 다양한 의미로 다가올 것입니다. 본문에서 이런 내용을 자세히 살펴보고, 함께 고민해보겠습니다.

CONTENTS

CHAPTER ②

그들은 왜 구단주가 되고 싶어 하나?

CONTENTS

CHAPTER 4

새로운 팬 비즈니스의 시대

CHAPTER

1

놀 줄 아는
구단주의 등장

재미있는 경영자

놀 줄 아는 경영자, 용진이 형

SNS 스타, 용진이 형

재미있는 경영자로서 먼저, 용진이 형에 대해 정리해보죠. 용진이 형은 서울대 서양사학과를 중퇴한 이후에 미국 브라운대에서 경제학을 전공한 인문학도입니다. 용진이 형은 이과형 문과 성향을 가지고 있는데, 서양사학과에 다녀서 인문학에 많은 관심을 가지고 있습니다. 그래서 그의 제안으로 2014년에 신세계에서 인문학 토크 콘서트 프로그램 'SSG 지식향연'이라는 프로그램을 시작합니다. 실제로 용진이 형은 취미와 관심의 폭이 굉장히 넓은 편입니다. SNS에 올라온 취미 생활을 보면 지인들과 함께 창작 요리 만들기를 즐기고, 클래식 음악 피아노도 잘 칠뿐더러 웨이트 트레이닝, 바이크 또 라이딩과 그랜드투어링도 해요. 여느 재벌들과 달리 자유롭고 낭만이 다분한 성격인 것 같습니다. 그래서 본인 인터뷰나 그룹 차원에서의 재원 투자도 용진이 형의 창의적이고 인문학적인 부분과 관련된 일에 많이 할애하고 있습니다.

용진이 형이 본격적으로 경영책임자로 등장한 것은 2009년 12월입니다. 대표이사 부회장에 발령될 즈음에 온라인 사업을 새로운 성장 동력으로 삼고 백화점과 이마트를 함께하는 복합 쇼핑몰 도입을 목표로 삼아 스타필드를 꾸준히 오픈하겠다고 선언했습니다. 특히, 2016년 9월에 스타필드를 하남에 처음으로 공개할 때, "이제부터는 유통업의 경쟁 상대는 유통업체가 아니라 테마파크나 야구장이다"라고 선언해서 세상을 놀라게 했죠. 아울러 "유통업의 미래는 업체 간 시장 점유율(Market Share)이 아니라 고객의 일상 시간을 점유하는 라이프 셰어(Life Share)에 달려 있다"라는 아주 새롭고 독특한 경영관을 피력했습니다. 앞에서 이야기한 것처럼 온라인 사업을 성장 동력으로 삼기 위해서 용진이 형은 초기부터 본인 스스로가 적극적으로 인스타그램에 참여합니다. 그는 팔로워가 78만 명이 넘는 SNS 스타입니다. 용진이 형의 존재감은 78만여 명의 팔로우에게는 인기 연예인 못지않은데요, 그가 이렇게 인기인의 반열에 오른 것은 TV 방송을 통해서입니다. 인심 좋은 '키다리 아저씨'로 불리며, 명성이 높아졌죠.

2019년 12월 13일에 주요 포털 사이트의 실시간 검색어에서 '정용진'이라는 키워드가 계속 상위권에 랭크되었어요. 사람들은 왜 '정용진'이라는 키워드가 랭크되었을까 궁금해했죠. 그 이유를 찾아보니 SBS 예능 프로그램인 〈맛남의 광장〉이라는 프로그램 때문이었어요. 방송에서 백종원 씨가 출연자들과 함께 정용진 부회장에게 직접 전화를 걸었던 것이 발단입니다. 백종원 씨가 방송을 위해 찾아간 지역에, 팔리지 않는 강원도 못난이 감자가 창고에 가득 쌓여 있었습니다. 그래서 백종원 씨가 친구 찬스로 감자 30t을 사겠냐고 문의했는데, 정용진 씨가 전화로 선뜻 자기가 구매하겠다고 결정해버린 것입니다. 그러면서 "안 팔리면 내가 먹지요"라는 이야기를 하면서 통화를 마무리했어요. 그리고 약속을 바로 실행에 옮겼죠.

30t의 못난이 감자를 즉시 구매해서 전국의 이마트에서 판매했습니다.

백종원 씨 입장에서는 신세계 백화점과 이마트를 소유하고, 여러 가지 유통 채널을 가지고 있는 정용진 씨에게 부탁한 것인데, 이것을 선뜻 들어준 거죠. 방송 특성상 사전 교감이 있었겠죠. 어쨌든 용진이 형은 그날, 자신의 SNS에 못난이 감자를 이용한 요리를 게재하기도 했어요. 그 후에도 백종원 씨의 〈맛남의 광장〉과 또 다른 관계가 형성됩니다. 그 또한 실시간에 '정용진' 키워드가 상위권에 올랐습니다. 해남 왕고구마 450t을 또 구매해줬습니다. 왕고구마를 구매해서 자신의 레시피를 가미해 SNS에 올리고, HMR(Home Meal Replacement, 간편식)로 만들어서 그것을 이마트에서 판매했어요. 당시, 왕고구마로 만든 간편식은 이마트에서 대박이 났습니다.

또 다른 케이스도 있습니다. 코로나로 인해서 수출길이 막혀서 폐사 위기에 있던 바닷장어가 있었어요. 주로 일본으로 수출되는 것이었는데, 코로나로 인해서 수출이 막혔던 것입니다. 용진이 형은 이 바닷장어 800t을 구매해서 전국 이마트에 풀었는데, 이 또한 소비자들에게 인기가 좋아서 바로 매진이 되었죠. 결론적으로 이마트에서 못난이 감자, 왕고구마, 바닷장어를 모두 완판해버린 것입니다. 그러다 보니, 용진이 형에게 '완판남'이라는 별명이 붙고, 바로 SNS의 스타로 등극하게 되었어요.

용진이 형은 소탈한 성품과 또 선한 영향력을 가져서 대중적인 인기를 얻게 되었어요. 이러한 것들이 모이자 대중은 '키다리 아저씨'라며 칭송하기 시작했고, 그것을 계기로 SNS 팔로우가 78만 명이 넘게 된 거죠. 유사한 사례로 스타벅스 이벤트에서 지지자들에게 호평을 받았는데요, 스타벅스는 자동차업체 미니와 협업으로 시행한 스타벅스 무료 순회 차를 운행했습니다. 미니카를 개조해서 스타벅스를 마시지 못하는 지역이나 코로나로 인해서 힘들게 일하는 의사들에게 무료로 커피를 배달해주는 미니 배달차를 운영해서 지지자들로부터 선플을 받았어요. 자사의 자산을 잘 활용해서 선한 영향력을 끼치는 '키다리 아저씨'라는 칭송을 받게 된 것입니다. 그런데 정 부회장은 '키다리 아저씨'가 부담스러웠던 것 같아요. 대중들이 'NC 다이노스'의 구단주 김택진 씨를 '택진이 형'이라고 부르는 것이 부러웠나 봅니다. 본인도 'SSG 랜더스'라는 이름으로 프로야구판에 들어왔으니 친근한 이미지를 갖고자 자신에게도 '용진이 형'이라고 불러주기를 바란다고 스스로 이야기했습니다. 그러다 보니 대중들이 그 이후로부터 정용진 부회장이라는 호칭 대신에 '용진이 형'이라는 이름을 불러주기 시작하죠. 이미 매스컴에서도 '용진이 형'은 고유 명사가 되었습니다. 용진이 형은 이미지 관리에 매우 집요하고 철저합니다. 2021년 SSG 랜더스의 첫 게임에서 야구단에 입성한 자기 이미지를 극대화시키려고 '용진이 형 상'이라는 상을 제정해요. 그날 경기의 '맨 오브 매치', 즉 그 경기에서 제일 잘한 선수에게 '용진이 형 상'을 수여하는데, 상장과 몸보신용 한우를 보내주는 퍼포먼스를 했습니다. 실질적으로 오너가 대중에게 나타나고 싶어 하고, 튀는 것을 좋아하다 보니까 신세계그룹은 점차적으로 오너 마케팅을 확대해나가고 있습니다. 그래서 '용지니어스'라든가 '제이릴라(Jrilla)'처럼 정용진 부회장을 연상하게 하는 친화적인 부캐릭터를 만들어서 여러 가지 실험을 시도하고 있는 것이죠. 이들 친화적인 부캐릭터를 통해서 용진이 형은 세상과 소통하고 화제성을 이끌어가는 기질을 더욱 확장해서 보여주고 있어요.

그러다가 2022년 초에 사회적인 이슈가 된 '멸공' 사건이 터집니다. '나는 공산당이 싫어요'에서 시작해 '멸공'에 이르는 SNS상에서 굉장한 파장을 불러일으킨 사건을 만들기도 하죠. 이러한 상황들은 가끔 SNS 스타로부터 발생하는 일이 있는데, 기업 오너가 휘말리면 기업 리스크로 연결되기 때문에 조심스러울 수밖에 없습니다. 그러나 필자는 기업 리스크 관점보다는 용진이 형의 사회친화적인 관점을 더 강조하려는 것입니다.

부캐릭터, 제이릴라

용진이 형은 전술한 것처럼 친화적인 부캐릭터를 만들었는데요, 특히 재미있는 것은 이 '제이릴라'는 고릴라를 형상화한 친화적인 캐릭터입니다. 뭔가 비슷하지 않은가요? 용진이 형은 자기 것을 다 끌어내서 재미를 추구해요. '용지니어스'는 자기 이름 용진에 천재, 즉 지니어스를 붙인 것으로, 일종의 나르시시즘이나 자뻑 캐릭터인데요, 실제로 다른 것을 보면 그렇지도 않습니다. 용진이 형은 자신이 고릴라처럼 생겼다는 것을 인정해요. 고

〈자료 1〉 제이릴라와 종의 기원

출처 : JRILLA.OFFICIAL 인스타그램

릴라처럼 생기다 보니 고릴라를 형상화한 '제이릴라'를 만들었는데, 이 제이릴라는 용진이 형의 부캐릭터로 온·오프라인에서 다양한 활동을 하고 있습니다. 용진이 형은 본인 인스타그램과 별도로 제이릴라 인스타그램 계정을 운영하고 있는데요, 이 제이릴라 계정이 매우 재미있습니다.

〈자료 1〉을 보면, 용진이 형은 에볼루션 즉, 종의 진화라는 테마로 다윈의 '종의 기원'을 끌어다가 자신을 희화화하고 있어요. 4단계에서 정용진이라는 인간이 등장하기 위해서는 1단계는 침팬지, 2단계는 고릴라, 3단계는 제이릴라를 거쳐야 한다는 것입니다. 이처럼 자신이 진화한 전 단계가 '제이릴라'라는 점을 정리하고 있습니다.

용진이 형은 철저하게 소매업 경영자입니다. 그래서 모든 것을 상품화하고 싶어 해요. 제이릴라는 상품화 기대도 큰데요, 티셔츠나 헤드셋 등에 제이릴라의 다양한 시각화 그림을 넣어서 판매하고, 상품화할 가능성을 보여주고 있습니다. 이마트의 고급 식품 슈퍼마켓인 SSG 푸드마켓 청담점에는 '제이릴라 베이커리'를 오픈했습니다. 베이커리 이름이 아예 '제이릴라 베이커리'입니다. 이마트는 제이릴라 베이커리에 대해서 자기들이 생각했던 아이디어 차원인데, 아직 사업에 대한 확정은 없다고 밝혔어요. 하지만 신세계 계열사에서 식음료를 담당하는 '신세계 푸드 시스템'이 있는데, 이 회사가 제이릴라 사업권을 갖고 있습니다. 이 회사는 관련 사업 확장에 굉장히 활동적으로 일을 벌이고 있습니다. 신세계는 스타벅스와 베이커리 더메나쥬리 등을 보유하면서 그룹의 제과, 제빵, 디저트 카테고리를 성장시키고 있는데요, 청담점에 제이릴라 베이커리를 신세계 푸드를 통해 만들게 된 것입니다. 실제 제이릴라 식음료 계획은 가시화된 상태입니다.

용진이 형은 자신의 SNS에서 분홍색, 초록색 제이릴라 마카롱을 올려서 관심을 끌었습니다. 또 제이릴라의 이미지를 활용해서 새해 인사를 건네기도 하고, 다양한 캐릭터 사업을 예고하기도 했습니다. 그리고 실제로 제이릴라에 대한 상표권을 등록했는데요. 상표권을 출원하면서 가구, 가죽 제품, 방향 탈취제, 맥주, 문방구, 소매업은 물론, 패스트푸드 등에 사용할 수 있게 지정 상품을 설정한 상태입니다. 용진이 형 자신도 직접 제이릴라 홍보에 나서고 있는데요, SSG 랜더스의 첫 게임 날, 운동장 관중석 본인 자리 옆에 제이릴라의 2m 넘는 실물 캐릭터를 갖다가 함께 앉아서 사진을 찍어서 인스타그램에 배포했어요. 전술한 것처럼 제이릴라의 별도 인스타그램 계정을 만들어서 SNS 이용자와 함께 유대 관계를 맺고 있습니다.

〈자료 2〉를 보면 제이릴라와 용진이 형이 친화적으로 서 있는데요. 제이릴라 인형 안에 누가 들어가 있는지 우리는 모릅니다. 용진이 형만이 알

〈자료 2〉 제이릴라와 용진이 형
출처 : JRILLA.OFFICIAL 인스타그램

겠죠. 그런데 어떤 때는 용진이 형 자신이 제이릴라의 가면을 쓰기도 한답니다. 자신을 감추면서 자유롭고 즐거움을 느낄 수 있겠죠. 한편으로는 본인이 제이릴라 가면을 쓰면서 마치 '나는 제이릴라에서 발전된 종이다'라는 이야기를 재미있게 하는 것입니다. 용진이 형은 굉장히 재미있는 부캐릭터를 가지고 자신을 희화하고 또 대중친화적으로 다가가는 노력을 한다는 생각이 듭니다.

SSG 지식 향연

사실 용진이 형은 놀 줄만 아는 게 아니라 상당히 지혜로운 인물이라고 말할 수 있습니다. 용진이 형이 진중하게 젊은이들에게 다가가는 방법이 있는데요, 인문학적인 관점을 특화한 것입니다. 신세계에서 진행하는 'SSG 지식 향연'이라는 프로그램이 대표적인 사례입니다. 신세계그룹에서는 2014년부터 인문학 콘서트 '지식 향연'을 통해서 자사 직원을 특별 채용했습니다. 용진이 형은 서울대 서양사학과를 다니다가 중퇴를 한 이후, 미국으로 건너가 브라운대 경제학과를 나왔잖아요. 그러다 보니, 기본적으로 인문학에 대해 특히, 사학에 관한 관심이 굉장히 많았던 것 같아요. 그래서 신세계는 용진이 형의 이런 인문학적 관점, 특히 한국의 메디치 家를 만들자는 기치를 바탕으로 'SSG 지식 향연' 프로그램을 시작했어요. 용진이 형은 아는 사람은 다 아는 굉장히 리버럴한 성향의 인문학 예찬론자입니다. 신세계그룹 전략실 입장에서는 오너가 이러한 성향을 가지고 있으니 이것을 잘 매칭해서 세상에 표현할 수 있는 것이 과연 무엇일까를 생각했겠죠. 그래서 이것을 실천하기 위한 방법으로 채택한 것이 인문학 관련 프로젝트였어요. 그 첫 번째 프로그램이 바로 'SSG 지식 향연'이죠. 지식 향연은 2014년부터 지금까지 계속 실행을 하고 있어요. 2014년 4월에 처음 '지식 향연'을 시작할 때, 용신이 형이 기조 강연을 했습니다. 연세대 대강당에서 프로그램에 참여하는 대학생들을 모두 모아놓고, 오픈 스테이지에서 본인이 만들고자 하는 '지식 향연'에 관한 인문학적인 강의를 했어요.

당시, 용진이 형은 "인문학은 어떤 환경에서나 인생의 방향을 잡아주는 지표가 된다"라고 본인이 생각하는 인문학의 중요성에 대해 역설했어요. 그리고 본인이 왜 이런 프로그램을 만들었는지에 대해서 대학생들에게 이야기했습니다. "대학 졸업한 학생들의 입사 면접을 하다 보면, 대부분의 학생들이 자신의 주관적인 소신이라든가 창조적인 이야기를 하기보다는 예상 질문에 대해서 모범 답안을 외워서 이야기하는 판박이 답변이 압도적으로 많았다"라고 말하며, 용진이 형은 그것을 보면서 매우 안타까웠답니다. 기업이 그런 모범 답안을 가지고 스펙만 좋은 학생들을 입사시키다 보니 기업도 창의성보다는 모두가 일률적으로 비슷비슷한 일을 하고 있더란 것입니다. 실질적으로 스타트업을 하는 기업들과 달리 대기업에서 창의적인 일을 안 하고 획일적인 일만 하다 보면 기업의 경쟁력이 없어지고 진화의 한계 상황에 부딪히는 게 사실입니다. 그가 인문학 강좌를 만들고 '지식 향연'을 왜 만들었는지에 대한 강한 신념이 담긴 일화입니다.

'SSG 지식 향연'은 일정한 역사적 인물과 사건을 테마로 잡아서 상반기 학기 중에는 전국의 10개 대학을 순회하면서 인문학 콘서트를 개최합니다. 그리고 하반기에는 인문학 콘서트에 참여한 학생을 대상으로 온라인 시험을 봅니다. 이 온라인 시험에 합격한 100명을 추려서 이들만이 참여할 수 있는 인문학 캠프를 개최합니다. 인문학 캠프는 3박 4일 동안 열리는데요, 참여자들에게 과제를 내주고, 그 과제를 잘 푼 인원을 또 선별합니다.

이 과정을 그랜드 투어라고 부르는데요, 최종 평가를 통과한 25명에게 '청년 영웅'이라는 명예를 부여합니다.

'지식 향연'의 2019년 테마는 '포르투갈의 대항해 시대 열리다'였는데, 청년 영웅에 선발되면 대항해 시대에 관한 포르투갈 현장 투어를 함께할 수 있게 됩니다. 2017년에는 '케네디 탄생 100주년'이 테마였는데, 청년 영웅들은 케네디의 생애를 따라 미국 탐방을 하고 왔어요. 전체 소요 비용은 신세계에서 지원했습니다. 신세계는 이러한 지원뿐만이 아니라 그들이 후에 신세계 입사 의향이 있으면 1차 면접까지는 면제 특전을 부여합니다. 그래서 젊은이들 사이에 '청년 영웅에 선발되는 것이 신세계에 발을 들여놓을 수 있는 가장 지름길이다'라는 말이 돌고 있어요.

원래 '그랜드 투어'는 16세기에서 18세기에 영국 귀족 자녀들이 교육을 마친 다음에 가정교사와 하인을 대동하고 유럽 전역을 1년에서 2년 동안 둘러보는 연례 행사였답니다. 이 같은 유럽의 행사를 벤치마킹해서 신세계가 '지식 향연'에서 선발된 젊은 친구들에게 제공하고 있는 것이죠. 다음은 지금까지 추진했던 '지식 향연'의 연도별 테마입니다.

- 2014년 〈아우구스투스 서거 2천년 기념, 로마 제국의 흥망성쇠 〉
- 2015년 〈워털루 전투 200년 기념, 세상을 바꾼 청년 영웅 나폴레옹〉
- 2016년 〈셰익스피어 서거 400년 기념, 천재를 낳은 시대, 시대를 낳은 천재〉
- 2017년 〈케네디 탄생 100년 기념, 21세기의 뉴 프론티어〉
- 2018년 〈크림트 서거 100년 기념, 천재의 죽음과 제국의 종말〉
- 2019년 〈포르투갈 에리크 왕자의 사그레스 출항 600주년 기념, 대

항해 시대가 열리다〉

- 2020년 코로나 사태로 온라인 진행
- 2021년 〈나폴레옹 서거 200년, 혁명의 제국〉
- 2022년 〈상상, 현실이 되다〉

놀 줄 아는 경영자, 택진이 형

광고 스타, 택진이 형

다음은 재미있는 경영자, 놀 줄 아는 경영자의 두 번째로 택진이 형에 대해 정리해보죠. 택진이 형은 앞서 용진이 형과 달리 평범한 집안 출신입니다. 전형적인 자수성가형 경영자인데요. 앞서 용진이 형이 이과형 문과 성향인 것과 비교해서 택진이 형은 문과형 이과 성향을 갖고 있어요. 2021년 'AI Ethics Framework'에 의하면, 문과형 이과 성향을 가진 이과적 창업자들에게는 여태까지 해결되지 않았던 문제들을 기술적으로 해결하는 방법을 제기하는 능력이 있다고 합니다. 또 발표 현장에서 이들의 발표를 듣고 있으면, 마치 강의를 듣는 것과 같은 느낌을 받을 때가 많고, 확실히 어떤 문제가 해결되는 것 같은 인상을 주는 능력이 있답니다. 현재 국내 IT 업계를 주도하고 인물들은 서울대 1986년 입학 학번입니다. 한글과 컴퓨터 창업자 이찬진 씨를 비롯해서 NHN 이해진 의장, 카카오 김범수 의장, 넥슨의 김정주 의장, 엔씨소프트의 김택진 대표 등인데요, 이들은 입학 후 같은 동아리 멤버들이었습니다.

그런데 왜 86학번이 성공한 것일까요? 알고 보면, 해답은 단순합니다.

국내에서 일반형 PC가 보급되기 시작한 때가 1986년이었어요. 이들은 입학과 함께 자연스럽게 PC를 사용한 첫 세대입니다. 대개 문과형 이과 성향의 이들은 소모임을 통해 PC에 대해 궁금한 것을 해결하고, PC 활용의 확장성을 깨우쳤어요. 그래서 국내 IT업계가 이들 서울대 86학번에 의해 개척이 되었는데, 이들이 남달랐던 것은 기업을 설립한 점이죠. 이러한 문과형 이과 성향이 택진이 형의 사업가적인 특징을 대변하고 있습니다. 택진이 형은 인생에 굴곡이 있었고, 그 굴곡을 헤쳐나가는 자기성과형 경영자입니다. 성공하기까지는 나름대로 여러 가지 좌절도 많았습니다. 그래서 택진이 형은 이 좌절을 겪으면서 다양한 어록을 남기게 되는데요. 여기에서 택진이 형이 했던 말들을 잠깐 정리해보면 이렇습니다.

"굴곡 많은 인생에서 성공이라는 것이 진짜 있나? 반대로 실패하는 것이 진짜 있나 하는 생각이 들어요. 저는 아무리 어려워도 좌절하지 않고 그냥 갑니다."

"성공을 염두에 두는 게 아니라, '내가 진짜 하고 싶은 게 무엇인가?', '나의 꿈은 무엇인가?'를 끊임없이 생각하고 앞으로 나아가는 것입니다."

또 이런 말을 하죠.

"스트레스는 풀면 안 됩니다. 안고 가야 해요. 그런 이야기가 있죠. 9회 말 2아웃까지 갔는데, 만루 상황에서 투수는 긴장하기 마련이에요. 감독이 타임을 불러서 마운드로 올라가서 긴장을 풀고 최선을 다하면 된다고 말하면 반드시 지고요, 오히려 그 심호흡을 함께해주면 이긴다고 합니다. 긴장이 필요한 순간에는 긴장해야 해요."

이런 것을 보면 택진이 형은 스트레스를 잘 즐기고, 긍정적인 사람이라는 생각이 듭니다. 다음과 같은 어록도 있습니다.

"결국 운명을 결정짓는 것은 삶에 대한 태도입니다. 정의로울 수 있는 용기와 전문가들의 비판에도 긍정적인 비전을 만들어낼 수 있는 능력에 관한 이야기입니다."

"계획이나 설계가 아닌, 몰입적인 도전만이 결정적인 사건을 만들어내는 유일한 방법입니다. 계획이나 설계는 통찰 후의 유희이기 때문입니다."

"무언가를 만든다는 건 장기간의 집중을 필요로 합니다. 그것은 강박적으로 보여줄 수 있으나 실은 도전적인 몰입 상태의 지속입니다. 열정이 이끄는 것으로 보이지만 결과에 정렬된 충만한 동기가 진정한 동력입니다. 꼭 해내겠다는 순수한 아이의 마음이 유지되어야 하는 것입니다."

이런 사고를 가진 택진이 형의 에피소드를 하나 이야기해보겠습니다. 택진이 형이 NC 야구팀을 만들겠다고 하니 야구 관계자들이 물었습니다.

"당신이 야구팀을 만들었다가 몇 년 안에 좌초하는 것 아닙니까? 당신의 치기 어린 마음이 혹시나 프로야구계 전반을 부정적으로 만드는 것 아니겠습니까? 야구계가 그렇게 허들이 높지 않은 것처럼 보이면 안 됩니다."

그러자, 택진이 형은 우리 야구단을 100년은 운영할 수 있는 재산을 가지고 있다. 내 재산으로 충분히 이 야구단을 운영할 수 있다고 답변했습니다.

앞서 이야기했던 택진이 형이 실질적으로 어떤 삶을 살았던 인물인가를 보여주는 사례라고 볼 수 있습니다. 상대적으로 용진이 형이 지속적인 SNS 소통으로 이목을 끄는 기질을 갖고 있다고 한다면, 택진이 형은 빈번

하지는 않지만 한 방에 강한 것을 보여주는 힘이 있습니다. 택진이 형에 대한 별명이 여러 가지가 있는데, 그중 대표적인 것이 '갓단주'입니다. 2021년 창원에 NC파크 야구장에 관중석 테이블을 청소하는 직원으로 등장한 동영상이 나왔는데요, 그 동영상이 공개된 이후에 택진이 형은 '걸레질 택진'이라는 별명이 붙었어요. 엔씨소프트 게임 유저들에게 '갓단주'라고 불리고, 다이노스 팬들에게는 팬들이 부탁하는 대로 같이 사진도 찍어주고, 또 웃으면서 팬 서비스를 다 해준다는 뜻에서 '버택진'이라고도 불려요. 미국 프로농구(NBA) 마이애미 히트에서 뛰는 지미 버틀러(Jimmy Butler III)의 별명이 '버택진'입니다. NBA를 국내에 중계하는 스포티비(SPOTV)에 엔씨소프트의 '리니지 2m' 광고가 많이 나오는데요, 그 광고 내용과 택진이 형이 연결되어 있습니다. 광고에 택진이 형이 직접 출연한 것이어서 더 임팩트가 있었습니다. 광고는 택진이 형이 일찍 일어나서 열심히 일한다는 멘트가 들어 있는데, 젊은 오너의 이 멘트가 영향을 준 것입니다. 지미 버틀러가 좋

〈자료 3〉 리니지M 스페셜 무비V

출처 : 엔씨소프트 유튜브

은 활약을 펼치는 것은 일찍 일어나서 열심히 훈련한다는 기사와 매칭이 되면서 '버택진'이라는 별명이 붙었답니다.

택진이 형, 호칭의 등장

김택진 엔씨소프트 대표가 대중에게 본격적으로 택진이 형으로 불리게 된 것도 이 광고와 연계됩니다. 2019년에 엔씨소프트 광고가 TV에 송출되면서입니다. 광고 내용은 이렇습니다. 택진이 형이 등장하자 누군가 묻습니다.

"택진이 형, 밤샜어요?"

그러자 택진이 형은 "일찍 일어나서 일하고 있어요"라고 대답하죠.

이렇게 시작하는 엔씨소프트의 '리니지 2M' 게임 광고였는데, 거기에 김택진 대표가 직접 출연해서 화제를 모았죠. 그 이후에도 캐주얼한 술집에서 술 마시는 친근한 모습의 노출처럼 여러 차례 자사 광고에 직접 출연하면서 대중에게 친근한 이미지를 각인시켰어요. 택진이 형이라는 애칭은 엔씨소프트의 본업인 게임 소비자와 NC 다이노스 야구팬을 넘어서 MZ세대에게 그대로 녹아든 것입니다. 택진이 형 이전에도 실제로 많은 경영자들이 자사 광고에 등장했습니다. 오랜 세월 함께한 '장수돌침대' 최창환 대표의 '별이 다섯 개!'나 숙취 음료 여명의 CM송과 같이 대표나 오너가 직접 광고에 나온 사례는 많지만, 반응이 달랐던 거죠. 김택진 대표의 광고 출연은 앞선 광고와는 다른 세대 차이를 전달했습니다. 앞선 광고에 출연한 대표들은 아저씨 이미지가 강했던 것에 반해, 김택진 대표는 기업의 대표지만 형 이미지가 굉장히 강했어요. 김택진 대표는 키가 1m 63cm로 작지만 당당한 모습입니다. 그리고 팽팽한 얼굴이 기존 아저씨 대표들과 다른 차별성을 전달했어요. 역시 대표가 출연하는 광고는 소비자 안으로 들어가야 하는 게 맞습니다. 앞선 광고들도 이런 부분에 충실했던 거죠. 게임 기업의 대표가 젊게 보여야 하는 것은 진리입니다. 그러다 보니 김택진 대표는 대중에게 형의 이미지로 자연스럽게 다가왔죠. 결과적으로 이런 과정에서 김택진 대표는 택진이 형이 되었고, '대한민국 형'의 아이콘이 된 것입니다. SSG 랜더스를 만든 정용진 구단주가 선배 구단주인 김택진 대표에 존

〈자료 4〉(위) 리니지2M 크로니클 Ⅳ. 피로 맺은 결의 스페셜 영상 Ⅻ
(아래) 리니지M 스페셜무비 Ⅳ

출처 : 엔씨소프트 유튜브

경스러움을 곁들여, "나도 이제 용진이 형으로 불러달라"라고 팬들에게 요청하면서 용진이 형이 된 것입니다. 팬들에게 적극적인 구애를 한 것이 통한 것이죠. 사실 정용진 부회장의 이러한 적극적인 구애가 없었으면, 대중이 그를 형으로 부르기 어려웠을 것입니다. 삼성 재벌의 혈통이 대중에게 심리적으로 가깝지는 않기 때문입니다. 결과적으로, 50대 중반의 두 사람은 기업 대표로서, 야구에 입문한 지 얼마 안 되는 구단주로서 형 신드롬을 일으키게 되었습니다.

택진이 형은 본업인 게임뿐만 아니라 야구 중심의 스포츠 엔터테인먼트 분야, 그리고 뮤직 엔터테인먼트 영역까지 사업을 확장하고 있습니다. 사실 프로야구는 최고의 엔터테인먼트 사업인데, 게임에서 뮤직, 그리고 야구의 결합을 통해 엔터테인먼트 사업으로 다각화하고 있다고 볼 수 있죠. 엔씨소프트는 K-pop 엔터테인먼트 플랫폼인 '유니버스'를 글로벌 시장에 출시해, 뮤직 분야에도 도전하고 있어요. 자사가 소유하고 있는 온·오프라인의 글로벌 팬덤 활동을 모바일에서 즐길 수 있는 올인원(All-In-One) 플랫폼 유니버스를 앞세워서 뮤직 분야 정복에 나서고 있습니다. 유니버스는 엔씨소프트의 IT 기술력을 활용, 다양한 콘텐츠를 결합해서 아티스트와 팬을 한층 더 가깝게 연결하는 서비스예요. 이미 400만 명 이상의 이용자를 확보했는데, K-Pop의 지적재산권(IP)을 얼마나 많이 획득하느냐가 사업의 관건입니다.

형 신드롬

친근한 셀럽(celeb) 형의 등장

셀럽 사회와 비즈니스

K팝의 신화를 쓴 BTS의 인기가 상한가를 치고 있어요. 각종 동영상 매체에는 BTS가 광고하는 상품의 개수가 계속 늘어나고 있고요. BTS를 모델로 하는 상품 매출이 오르면서 광고업계에서 그들의 이름값이 상한가를 치고 있는 것입니다. 우리 사회는 언제부터인지 이런 셀럽(Celeb)에 열광하고 그들을 추종하게 되었어요. 결과적으로 이들 셀럽은 상품을 파는 중개인이 되어 돈방석에 오르고 있고요.

〈자료 5〉
$ellebrity : My Angling and Tangling with Famous People
출처 : Phaidon Press

잡지 〈에스콰이어〉의 표지 디자이너로 유명한 조지 로이스(George Lois)는 〈자료 5〉에서처럼 2003년에 이미 '$ellerbrity'라는 조어로 풍자했습니다. 셀럽과 달러 박스는 이미 불가분의 관계가 된 지 오래입니다.

그런데 셀럽 사회는 단지 광고 세계에만 국한된 것이 아닙니다. 정치 세계에도 이미 셀럽이 침투해 있는데요, 탤런트, 아나운서 같은 유명인이 정치에 입문하면 매스컴은 그들을 보도해서 유명세를 증폭시켜 탤런트 정치인을 탄생시키죠. 패션업계에도 디자이너가 셀럽의 대열에 오른 경우도 많죠. 유튜브나 인스타그램처럼 SNS를 통한 셀럽이 등장한 것도 그렇습니다. 이러한 의미에서 셀럽은 비주얼이 중시되는 영상 시대가 만들어낸 다양한 분야의 유명인을 지칭하는 용어로 해석해야 합니다.

유명하다는 것은 매스컴을 통해 시각적으로 자주 보이는 것인데, 본의 아니게 대중은 그들에게 자연스럽게 매료되고 종국에는 그들을 엿보게까지 되는 것이죠. 각 개인은 작게 뚫린 구멍으로 셀럽을 엿보지만, 그것이 대중이라는 이름으로 변할 때 셀럽의 파워는 상상 이상으로 증폭됩니다. 그래서 현대의 셀럽 문화는 철저하게 비즈니스와 강한 고리로 연결되는 것입니다. 이때, 셀럽은 상품을 판매하기 위한 간판 역할을 하는 거죠. 이러한 셀럽 마케팅의 중심에는 대개 여성과 청소년이 있습니다. 여성 잡지는 반복해서 셀럽 특집을 진행합니다. 특히 럭셔리 잡지는 셀럽투성이가 된 지 이미 오래입니다.

그렇다면 왜 여성과 청소년이 셀럽 마케팅에 포로가 되기 쉬울까요? 한마디로 롤모델이 되기 때문이죠. 현대의 셀럽은 롤모델의 역할이 중요한데, 여성과 청소년이 셀럽을 추종하는 것은 사회에서의 위치, 혹은 정체성이 불안정하거나 미정이기 때문이죠. 여성 잡지에 점성술, 성격 판단, 심

리테스트, 퀴즈식 앙케트 등이 유행하는 것도 같은 맥락입니다. 그곳에서는 대개 당신은 그레이스 켈리(Grace Kelly) 스타일, 혹은 오드리 헵번(Audrey Hepburn) 스타일이라고 스타일을 결정해주죠. 이러한 스타일에 의해 여성이나 청소년은 특정 유명인을 우상화하거나 자신과 동격화하죠. 셀럽을 향한 대중의 시선은 일방적이고 그 시선은 셀럽이 흡수해버립니다. 따라서 셀럽에 가깝게 가는 가장 쉬운 방법은 그들을 따라 하는 것입니다. 복장과 헤어스타일, 메이크업, 소지품 등 같은 상품을 소지하는 것이 셀럽에 가깝게 가는 것이라고 믿는 것입니다. 그래서 현대의 셀럽 문화가 점점 비즈니스화되는 것이고요.

그런데 비즈니스 관점에서 잊지 말아야 할 것이 있어요. 셀럽은 대중의 완구이기도 하다는 점이죠. 대중은 셀럽을 가지고 놉니다. 안고 자기도 하고, 숭배하기도 하고, 때로는 던져버리기도 하죠. 그렇지만 셀럽에서 시선을 떼기는 어렵습니다. 시대에 따라서 셀럽이 바뀌는 경우가 그렇습니다. 엿보기를 좋아하는 인간의 속성은 셀럽을 만들기도 하지만, 금세 싫증을 내고 새로운 셀럽으로 갈아타기도 하죠. 그런데 문제는 워낙 비주얼 요소가 강한 매체들이 다양하게 등장하다 보니 우리 시대 셀럽의 상품성이 점점 짧아지고 있다는 점입니다. 그러다 보니, 셀럽을 간판으로 삼은 기업체 입장에서 비용 대비 효율이 떨어지는 상황이 발생할 수 있죠. 상품성보다 셀럽에게만 의존하는 브랜드는 더욱 그렇습니다.

셀럽 문화

전 세계적으로 소위 '셀럽 패션'이 유행하는 것은 이 같은 현상에서 출발하는 것입니다. '셀러브리티(Celebrity)'는 의미상으로 지금은 부유층이라는 말과 동의어로 쓰이지만, 원래는 유명인을 칭했어요. 1980년대 이전에는 셀러브리티란 단어에는 부유층이라는 의미가 전혀 포함되어 있지 않았죠. 그러나 지금은 빌 게이츠(Bill Gates)나 도널드 트럼프(Donald Trump), 패리스 힐튼(Paris Whitney Hilton)과 같은 부유층들이 셀럽의 대표격이 되었고, 그들 자체가 셀럽 문화가 되었습니다. 우리가 다루고 있는 택진이 형과 용진이 형도 우리 사회의 부유층 셀럽입니다. 셀럽 문화의 시작은 리 아이아코카(Lee lacocca)였습니다. 포드사의 사장에서 크라이슬러의 회장이 된 그는 1984년 《아이아코카 자서전》을 출판해 베스트셀러화했어요. 그는 TV 드라마 〈마이애미 바이스〉에 게스트로 출연했고, 스스로 크라이슬러 광고 모델로 등장한 적도 있습니다. 과거의 부자들이 매스미디어에 노출되는 사례가 전혀 없었던 반면에, 아이아코카는 스스로 미디어 노출 빈도를 늘려서 유명인이 된 것이죠. 아이아코카 이후, 미국 사회는 벤처, 영화, 디자인, 스포츠 등에서 신흥 부자들이 대거 출몰해 신사교계(누벨 소사이어티)를 형성하게 되는데, 이들이 패션계의 주요 고객으로 등장하고, 이들이 발신하는 문화가 셀럽 문화가 된 것입니다. 이러한 현상은 국내에서도 마찬가지로 1990년대 후반부터 벤처기업가와 스포츠선수, 영화스타 등 걸어 다니는 기업들이 대거 등장하면서 이들이 국내 셀럽 문화를 형성했고, 이들을 추종하는 소비자군이 셀럽 패션 시장을 확대하고 있습니다.

여기에 더해 최근 일본에서는 셀럽 시장이 다각화되고 있는데요, 그들 발음대로 표현하면 영 셀레브, 자매 셀레브, 2세 셀레브(로드 스튜어트(Rod Stewart)의 딸 등) 등 세분화한 조어가 속속 등장하고 있는 실정입니다. 문화가 대개 상류에서 하류로 흐르는 점과 하류는 늘 상류를 동경하고 모방하는 관점에서 본다면, 셀럽 문화는 소비문화의 주류를 이룰 것입니다. 테슬

라의 일론 머스크(Elon Musk)의 SNS 한마디로 코인 시장이 들썩이고, 트럼프(Donald John Trump) 트윗 한 줄로 국제금융시장이 출렁이는 사태가 발생할 정도로 셀럽의 파급력이 커졌습니다. 2022년 용진이 형이 SNS에 '멸공'을 시전했을 때, 세상은 난리가 났죠. 마침, 대통령 선거 시즌과 맞물려 다양한 공방이 전개되었습니다. 그만큼 용진이 형의 파급력이 커진 것입니다. 친근한 부자 형이 셀럽으로 파급력이 커지면서, 그의 일거수일투족이 세간의 관심을 받고 있습니다.

그런 와중에 용진이 형이 프로야구에 진심을 보이고 있습니다. 여러분은 용진이 형이 왜 프로야구를 하는지 궁금하지 않습니까? 저만 그런가요? 야구장이 단지, 부자 셀럽의 비싼 놀이터만은 아닐 것이라는 신념 때문에 이 글을 쓰고 있는 겁니다.

친근한 형 VS 형님 리더십

우리에게 친근한 호칭인 형과 형님 리더십이 뭐가 다른가를 살펴보겠습니다. 저는 '친근함'이라는 포인트가 형을 지칭하는 것으로 표현하고 싶어요. 택진이 형, 용진이 형을 부르는 대중들의 마음이라고 생각하기 때문에, 우리가 기존에 알고 있었던 형과 형님의 차이를 〈표 1〉과 같이 구별해서 작성해봤습니다. 서열 의식과 친근함 면에서 상대적으로 친근함이 강한 것이 형이라는 호칭이고, 형님은 상대적으로 서열 의식이 친근함보다 강하죠. 상대방에게 형, 혹은 형님이라고 부르는 것은 상대방이 나이가 많거나 존경하는 사람일 경우에 그럴 수 있습니다. 그런데 아랫사람에게도 조금 높여서 김형, 이형이라는 호칭을 사용하는 것을 보면, 형은 상징적이며 친근한 호칭입니다. 상대적으로 형님은 아랫사람을 높이는 경우는 있을 수가 없죠. 그렇기에 상당히 권위적인 표현입니다.

아울러, 형은 개별적인, 사적인 관계의 용어이고, 형님은 공동 관계 집단적인 관계의 호칭이라고 표현할 수 있어요. 좀 더 확장해서 표현해보면, 형은 지속해서 좋은 인맥이라는 관점에서 볼 수 있겠고, 형님은 약간의 한시성이 있는 인맥으로 평가할 수 있죠. 1980년대 학번의 여학생들이 대학에서 남성 선배들에게 형이라고 부르기도 했는데요, 낯설기도 한 이러한 호칭은 전술한 것처럼 상징적이고 친근한 사적 관계를 유지하는 관점에서 이해할 수 있겠죠. 그런데 상대적으로 형님이라는 표현은 우리가 흔히 접하는 조폭 영화에 등장하는 위계질서의 호칭이기도 하고, 또 어떤 의미에서는 아랫동서가 손윗동서를 부를 때 형님이라고 부르는 표현 용례에서 보듯이 상대적으로 위계질서가 강한 어떤 권위 중심의 호칭인 것이죠.

형	형님
친근함 > 서열 의식	친근함 < 서열 의식
상징적	권위적
사적관계(個)	공동관계(集團)
지속성(좋은 인맥)	한시성(지위에 관계된 인맥)
• 나이 비슷한 동료, 아랫사람 성 뒤에 붙여 상대를 조금 높여 부르는 호칭 ex)김형! 이형! • 1980년대 여학생이 남학생 선배를 부르던 호칭	• 조폭 영화에서 위계질서를 중시하는 호칭 • 아랫동서가 윗동서에 대한 높임의 호칭
자애	리더십
테스형!	큰형님(오야붕)
신동엽((미운 우리 새끼))	강호동((아는 형님))

〈표 1〉 '형 vs 형님' 비교

출처 : 필자 작성

관계라는 관점에서 보면 형은 상호 자애심을 중시하고, 형님은 무엇인가를 보여줘야 하는 리더십을 표현한다고 할 수 있어요. 또 형의 사용 사례를 보면 최근에 나훈아 씨가 그리스 철학자 소크라테스를 소환해서 줄여서 노래한 〈테스 형!〉과 같은 희화적인 용어들이 등장하는 것을 보면, 어디에 붙이느냐에 따라 재미있는 부분도 갖고 있죠. 형님은 큰 형님, 둘째 형님, 셋째 형님처럼 서열이 있는데요, 〈넘버 3〉라는 영화가 보여주듯이 일단 형님이라는 호칭을 붙이면, 첫째 이외에는 의미가 없습니다.

TV 방송에서도 형과 형님의 차별성을 살펴볼 수 있습니다. 지극히 개인적인 생각이지만, 형은 SBS 〈미운 우리 새끼〉라는 프로그램을 진행하는 신동엽 씨 같은 리더십으로 다가오고요, jtbc 〈아는 형님〉에 등장하는 강호동 씨 같은 리더십이 시청자들에게 형님으로 다가올 것 같습니다. 두 프로그램에 동시에 출연하고 있는 서장훈 씨를 대하는 태도에서도 두 리더십은 분명히 차이가 있습니다.

택진이 형과 용진이 형의
프로야구 입성

택진이 형, 팀을 창단하다

10구단 체제의 필요성

택진이 형은 2011년에 프로야구 제9구단을 창단했습니다. 프로야구 신규 구단은 택진이 형이 창단하고 싶다고 바로 창단이 이루어지는 것은 아니고, 시대적 환경과 지자체 등 필요한 요소들이 합치되어야만 프로야구 구단을 창단할 수 있습니다. 그 가운데 첫 번째 중요한 요소는 프로야구 구단의 집합체인 KBO가 과연 신규 구단이 들어오는 것을 인정하고, 또 그런 필요성이 있느냐에 대한 문제입니다. 신규 구단이 입성할 타이밍이 맞아야 하는 것입니다.

시간을 되돌려보면, 수원을 근거지로 했던 '현대 유니콘스'가 2008년에 모기업 현대전자의 워크아웃 상황에서 해체 수순을 밟게 됩니다. 8개 구단에서 7개 구단으로 축소되는 상황에 위기감을 느낀 KBO는 현대 유니콘스를 대체하는 신생 구단을 서둘러서 영입하죠. 다시 8번째 구단으로 입성한 곳이 서울 연고의 '히어로즈'입니다. 이장석 씨가 단장인 서울 히어로즈는 명명권(Naming Right)을 수익으로 운영하는 구단이었어요. 명명권, 즉 네이밍 스폰서 형식으로 구단을 운영하는 것은 이런 것입니다.

히어로즈 이름 앞에 '우리담배' 브랜드를 붙여서, '우리 히어로즈'로 출발했습니다. 그리고 우리담배와 계약 종료 이후, '넥센 타이어'와 '키움 증권' 등 스폰서 기업에 구단 이름 사용권을 부여했는데요, 그 대가로 계약 기간 동안 수익을 얻는 구조입니다. 넥센 타이어나 키움 증권을 네이밍 스폰서라고 부르는데, 단순히 네이밍 대여로 구단을 운영하다 보니까 재원이 부족할 수밖에 없습니다. 특히, 히어로즈가 믿고 계약했던 우리담배가 명명권을 취득한 대가로 약 100억 원을 투자해서 '우리 히어로즈'로 운영했는데, 생각하지 못했던 사고가 발생합니다. 우리담배가 경영난으로 스폰서 대금을 연체하면서 5개월 만에 계약이 취소되었습니다. 당시 히어로즈는 스폰서 철수로 '서울 히어로즈'로 명칭을 변경하고, 가장 가난한 구단이 되었습니다. 심지어 제8구단으로 KBO에 입성하면서 납부해야 할 가입금도 몸값이 높은 주요 선수를 다른 팀에 팔아서 완납할 정도였습니다. 선수를 팔아서 운영하는 구단이 등장하면서 팬들은 이탈하고, 한국 프로야구의 위상 또한 곤두박질친 것입니다. 그나마 2010년에 넥센 타이어와 '넥센 히어로즈'로 계약을 하면서 사정은 나아졌지만, 당시 KBO는 매우 곤혹스러웠습니다. 결과적으로 다양한 구단을 경험하면서 시행착오를 통해 큰 교훈을 얻은 것이죠.

충분한 구단 운영 자금이 없는 인물이 외부 자금, 즉 네이밍 스폰서의 돈줄만을 가지고 운영을 하다가 스폰서와 계약이 결렬될 때 위기가 올 수밖에 없죠. 그러다 보니 KBO도 서울 히어로즈가 언제 파탄이 날지 모른다는 위기감과 8개 구단 체제의 붕괴 위기감을 느끼게 된 것입니다. 그래서 KBO는 제9구단, 제10구단을 창단해서 한국 프로야구를 안정적인 시스템에서 운영해야겠다는 강박이 생겼습니다.

New Changwon, 창원을 연고지로

두 번째 중요한 요소는 프로야구 연고지로 나서려는 지자체 문제인데요, 당시 연고지 제안을 했던 창원시의 관점입니다. 창원시는 2010년에 창원과 마산, 진해 3개 시가 합쳐서 새롭게 통합 창원시로 출발했습니다. 그러다 보니 통합 창원시에 소속된 옛 마산, 진해의 시민들이 창원시 이름에 익숙하지 않은 거예요. 그래서 새로운 창원을 하나로 통합할 수 있는 무언가가 있어야겠다고 생각하게 되었죠. 새로운 창원을 근거지로 하는 프로야구를 유치해서 그것을 통해서 시민이 하나로 될 수 있으면 좋겠다는 생각을 한 것입니다. 특히 마산은 과거에 고교야구 붐이 있던 곳입니다. 마산고, 마산상고팀의 인지도가 높았고, 좋은 선수들이 많이 배출되었죠. 부산과 더불어서 고교야구가 흥했던 곳입니다. 그래서 부산 야구에 대한 경쟁의식이 높았는데 프로야구 구단이 없어서 아쉬운 상황이었죠.

창원이 프로야구를 통해서 시민이 하나 될 수 있는 계기를 만들면 좋겠다는 발상이 등장한 것이죠. 프로구단을 만들 때, 연고지를 끼고 창단을 해야 하는 이유는 무엇일까요? KBO도 그렇고, 어느 나라나 프로야구, 프로축구 종목을 막론하고 프로스포츠는 연고지가 굉장히 중요합니다. 프로스포츠에는 재무적인 가치가 포함되어 있고, 또 사회적인 가치가 포함되어 있습니다. 아울러, 스포츠의 성장 산업화를 위한 경제적인 가치도 중요하죠.

그런데 사회적 가치 안에 스포츠를 통한 지역 활성화라는 모토가 있습니다. 각 스포츠팀이 지역에서의 공익적인 가치를 매우 중시하죠. 지역 연고지는 홈팀 경기를 할 수 있는 곳입니다. 스포츠는 상대팀이 있어서 홈팀과 어웨이팀을 구분하는데, 홈팀이 연고지팀입니다. 그래서 당연히 홈팬에게 사랑을 받는 팀이 되어야 하는 거죠. 사랑받는 홈팀을 통해서 연고지의 공익적인 가치를 모으는 것입니다. 프로스포츠를 통해서 지역의 교류 인구를 증가시키고, 프로스포츠에 참여하는 비즈니스를 증가시키며, 지역과 지역을 연결시키고, 또 지역을 육성시키는 이 3가지 측면이 지자체 입장에서 프로스포츠에 연고지를 제공하는 이유이자 목표입니다. KBO 입장에서 연고지를 제안할 때, 어떤 관점을 볼까요? '그 지역에 프로팀이 들어갈 수 있는 야구장이 존재하는가?'를 볼 것입니다. 장기적으로는 팀이 야구장을 지을 수 있겠지만, 중단기적으로는 새로운 야구장을 신축하기 전에 경기를 할 수 있는 시설이 있어야 하잖아요. 그래서 기존 시설이 있는가가 중요합니다. 그래서 전술한 것처럼 KBO, 연고지, 그리고 기업의 목표 이 3가지가 합치되어야 프로야구 구단 입성이 성공하는 거죠.

현재 KBO리그는 10개 구단이 있잖아요. 1982년 KBO가 시작할 때부터 삼성 라이온스는 대구, 롯데 자이언츠는 부산, 두산 베어스와 엘지 트윈스, 키움 히어로즈는 서울, SSG 랜더스는 인천, KT 위즈는 수원, 기아 타이거즈는 광주, 한화 이글스는 대전, 이런 식으로 각각의 연고지 지역의 균등 발전이라는 관점에서 지역을 나눠줬죠. 그런데 '서울을 연고지로 하는 팀이 3팀 있는데, 이렇게 겹쳐도 괜찮을까?'라는 질문도 있을 수 있습니다. 상관없습니다. 국내 프로야구는 1982년 스타트부터 기본적으로 모든 팀이 지역 배분을 했죠. 그런데 그때부터 지금까지 40년 동안 존속하고 있는 팀이 있는가 하면, 그사이에 떨어져 나간 팀도 있습니다. 이때, 새로 들어오는 팀들은 어디를 연고지로 하고 싶겠어요. 당연히 인구가 많고 교통이 편한 수도권을 택하고 싶겠죠. 충성스러운 팬을 확보하기 위해서는 전국 인구의 50%가 넘는 수도권을 선택하는 것이 좋지 않겠습니까? 그러다 보니 수도권을 선호하는 경향이 있는데, 이제 KBO는 수도권에 5개 구단 정도면 지역 배분 역할을 충분히 하고 있다고 보는 것입니다.

세 번째 중요한 요소는 프로야구에 참여하려는 기업의 입장인데요, 태평양이나 현대, 쌍방울이 프로야구에 정착하지 못한 경험이 기업의 프로야구 진입에 부담을 주었습니다. 이때 혜성같이 등장한 곳이 '엔씨소프트'입니다. 최동원 선수의 오랜 팬이었던 엔씨소프트 오너 택진이 형은 기업이 커짐에 따라 프로야구에 참여하고 싶은 마음이 절실했습니다. 2010년 4월에 택진이 형은 엔씨소프트 본사에 야구인 허구연 해설위원을 초청해서 강연을 들었습니다. 허구연 해설위원이 국내 프로야구의 현황과 전체적인 KBO 구단의 상황, 신규 구단 창단의 필요성 등에 대해 강의를 했던 것입니다. 강의를 듣고 김택진 대표는 본인이 프로야구에 참여하고 싶었는데 때가 무르익은 것 같다는 생각을 하게 되었고, 임원 회의를 통해 충분한 논의를 했죠. '게임산업을 하는 우리가 프로야구를 해볼까?' 이런 마음으로 9번째 프로야구단을 창단하고자 결심이 서게 된 것입니다. 택진이 형은 바로 프로야구 창단 TF팀을 구성하게 됩니다. TF팀은, 같은 IT 기업으로 일본 프로야구에 뒤늦게 합류한 '소프트뱅크'와 '라쿠텐'을 벤치마킹합니다. 특히, 라쿠텐이 새롭게 참여해서 빠르게 흑자 모델을 이룬 것을 보고 자신감을 얻었습니다. 그래서 엔씨소프트는 신규 창단으로 KBO 9번째 구단으로 프로야구 시장에 참여하게 됩니다.

〈자료 6〉 엔씨소프트 신규 구단 참여의 이해관계

출처 : 필자 작성

　결과적으로, 전술했던 3가지 요소, 즉 KBO, 창원시 또 엔씨소프트의 니즈가 모두 매칭이 되어서 창단할 수 있었습니다. KBO는 2011년 3월에 KBO 3차 이사회에서 기존 8개 구단 사장단의 합의로 신생 구단을 제9구단으로 인정하게 됩니다. 창원시 역시 적극적인 지원을 했는데요, 창원 야구장 신축 때까지 마산 야구장을 보수해서 사용할 수 있게 해주었고, 창원 구장을 신설하면 새로운 팀에게 야구장을 장기 대여해주고, 그곳에 구단 이름을 붙일 수 있는 명명권을 부여했습니다. 엔씨소프트는 2011년 8월에 팀 명칭을 'NC 다이노스'로 선정하고, 법인명도 'NC 다이노스 프로야구단'으로 공식 결정하고, KBO 9번째 구단으로 참여하게 됩니다. 연고지 창원이 옛 창원, 마산, 진해가 새롭게 통합되었기 때문에 'New Changwon'이라는 이름으로 재탄생해서, 스포츠를 통한 지역 통합에 앞장선다는 비전을 제공했는데, New Changwon의 약자가 NC이므로 회사명 NC Soft의

NC와 합치합니다. 'NC 다이노스' 역시 그렇고요. New Changwon의 NC에 회사를 매칭시켜서 '9단 연고지인 창원의 지역 통합에 기여하겠다'라는 의지를 보여준 거죠.

온·오프라인 놀이 문화를 만들다

다음은 택진이 형이 왜 프로야구단을 창단했는지 좀 더 심층적으로 살펴보겠습니다. 택진이 형이 "프로야구단 창단을 준비한 것은 게임업계에 대한 사회적 인식을 제고하고, 새로운 온·오프라인 놀이 문화를 만들기 위해서"라고 표방했는데요, 실제로 당시에 엔씨소프트의 리니지 게임은 일부 마니아들이 볼 때 사행성이 매우 높은 게임이었어요. 사행성 관점에서 보면, 사회적 통념과 여론이 회사에 대해 부정적인 인식을 가질 수 있기 때문에 그러한 사회적 인식을 제고할 필요가 있었던 것입니다.

한편, 새로운 온·오프라인 놀이 문화를 만든다는 개념은 무엇일까요? 소매업의 경우에는 온·오프라인 융합을 '옴니채널'이라는 개념으로 정리하는데요, 고객의 구매 편의성을 제고하는 진화된 방법론입니다. 단순히 오프라인 매장에서 구매하던 방식이 PC나 CATV, 모바일 등 새로운 디바이스가 등장하면서 각각의 소비 장소가 바뀌는 것입니다. 그래서 소매업은 바뀐 소비 장소를 융합해, 예를 들어 거실에서 구매 신청하고, 매장에서 상품을 찾아가는 방식의 옴니채널을 확장하고 있습니다. 그런데 게임의 세계는 소매업처럼 채널 융합이 적극적이지는 않죠. 단지, 게임 소비자의 접근 채널이 변하면서 사용처가 변화하는 정도입니다.

그런데 이 사용처 개념이 택진이 형이 말하는 온·오프라인 놀이 문화의 근간입니다. 기존 엔씨소프트 소비자가 유지하던 공간적인 성지, 다시 말해 게임의 메카라고 할 수 있는 공간은 어디일까요? '리니지' 등 게임의 성지는 폐쇄된 게임방 혹은 PC방이었습니다. 그런데, 디바이스가 모바일로 이동하면서 게임 소비자는 PC방 등 폐쇄 공간에서 벗어나 가변적인 공간으로 나온 것이죠. 그러다가 NC가 새로운 야구장을 갖추면서 'NC 파크'라는 더 크고 열린 공간으로 성지를 옮겼다는 관점에서 온·오프라인 놀이 문화를 만들었다고 평가할 수 있습니다. 택진이 형의 이러한 인식은 엔씨소프트 회사의 '세상 사람을 즐겁게 한다'라는 모토와 부합합니다.

한편, 엔씨소프트가 제9구단 창단을 표명했을 때 '혹시 히어로즈처럼 조금 운영하다가 문제 생기는 것 아니냐?'라며 앞선 나쁜 선례 때문에 신생 구단 운영에 대해서 우려하는 분위기가 팽배했는데요, 그때 택진이 형이 주눅 들지 않고 "내 재산만 갖고 프로야구단 100년은 운영할 수 있다, 걱정하지 말라"고 자신감을 비쳤습니다.

그리고 택진이 형은 전술한 것처럼 최동원 선수를 우상으로 생각하면서 자연스럽게 야구를 좋아했는데요, "나한테 야구는 내 마음대로 즐길 수 있는 영화이자 삶의 지혜다. 그래서 야구 자체가 목적인 구단을 만들고 싶다. 사람들의 가슴이 막 두근두근거리는 그런 구단을 만들고 싶다"라는 표현을 합니다. 택진이 형은 어렸을 때 야구 만화를 많이 보고, 그 야구 만화를 통해서 상상력을 많이 길렀던 사람입니다. 그런 상상력이 결국은 리니지 같은 게임으로 연결된 거죠. 2011년 NC 다이노스 창단 기자회견 때도 "나는 어렸을 때부터 야구를 좋아했다. 초등학교 시절에 만화 〈거인의 별〉을 보고 야구를 좋아하게 되었고, 중학교 때는 빠른 볼을 잘 던지려고 팔과 다리에 모래주머니를 차고 다녔다. 책을 통해서 커브 볼을 학습하고, 몇 달간 밤새 담벼락에 피칭 연습을 했다. 또 학창 시절에는 변화구 전문 투수 노릇도 했다"라고 본인이 어린 시절부터 야구 마니아였음을 고백합니다. 변화구를 잘 던지는 롯데 자이언츠의 최동원 투수가 자신의 영웅임을 밝히기도 했습니다. 강속구 투수인 최동원 선수를 특정 시점, 롯데 자이언츠 시절의 변화구 영웅으로 기억하는 것은 독특하고 디테일한 판단인 것 같습니다.

New Challenge, 강진 결의

그런데 NC 다이노스 팬들은 왜 택진이 형을 연호할까요? 그들은 매우 쉽게 택진이 형이라고 부르지 않습니까? 그 친근함 속에서 새로운 구단주를 영접하는 것이죠. 택진이 형은 야구에 진심이라는 공감대가 있는 것입니다. 구단주와 팬의 공감대가 통해서 야구를, 그리고 정말 두근거리는 구단을 만들겠다고 하니까 더 많은 팬들이 즉각적으로 반응하는 것이죠. 두근거리는 야구를 만들기 위해 데이터 야구를 하는 것도 중요한 포인트입니다. IT 회사의 CEO답게, 데이터를 통해서 야구를 분석하고 이기는 야구를 하고 있다는 이미지가 택진이 형을 좋아하게 만드는 거죠.

그리고 리니지 게임에 나오는 '집행검'이라는 무기가 있는데, 2020년에 NC가 처음 우승할 때 이 집행검이 우승 기념식에 화려하게 등장합니다. 게임에 등장하는 이 검을 실물로 만들어서 우승 트로피 삼아서 선수들이 환호하는 광경은 모든 야구팬의 머리에 생생히 각인되었습니다. 결과적으로 집행검 마케팅 효과는 상당히 컸어요. 실제 리니지 게임에서 집행검의 위력은 앞서 지적했던 사행성 문제와도 연결될 만큼 큰 것이 사실입니다. 게임 마니아 사이에서는 약 1억 원에 거래되고 있답니다. 그러다 보니 이런 집행검 같은 가상 세계의 상징물이 현실로 나와서 우승 기념식의 모티브로 사용되면서, 온·오프라인의 경계를 넘어서는 위력에 팬들이 더욱 열광하고, 게임에 관심 없던 야구팬들을 게임의 세계로 초대하는 효과를 보게 된 것이죠. 그리고 NC 다이노스 팬들은 NC가 우승하면 게임 유저에게 공짜로 다양한 게임 쿠폰을 주니까 당연히 NC 다이노스의 우승에 목말라하는 것입니다.

택진이 형은 2011년 3월 31일, NC 다이노스를 창단하게 되고요, 2013년부터 정규리그에 참가하는 프로야구 제9단이 됩니다. 전술한 것처럼, 경상남도 창원시를 연고지로 하고, 창원 NC파크가 신축되기 전까지 홈구장을 마산 종합운동장 야구장으로 정하고 출발했습니다. 택진이 형은 2011년 8월에 김경문 전임 두산 감독을 창단팀 감독으로 선임하죠. 김경문 감독은 두산 출신을 중심으로 코치진을 구성하고요.

그런데 모양만 창단이지, 팀에 유명 선수가 없잖아요. 그래서 선수를 발굴, 육성해서 시작합니다. 물론, KBO 입장에서 창단팀을 위해 신규 선수 지명권을 먼저 부여하는 등 배려를 하지만, 야구는 한두 명의 선수가 잘해서 되는 게임이 아니기 때문에 효과가 작습니다. 결국, 창단팀은 선수 구성이 잘 안되고, 조직 정비가 촘촘히 안되다 보니 기존 팀과는 실력 격차가 클 수밖에 없습니다. 그래서 정식리그에 바로 진입하지 못하고, 퓨처스리그라는 2군 리그에 참여해서 1년 동안 담금질을 하는 것입니다.

2012년 4월 11일에 퓨처스리그 개막전이 전남 강진의 베이스볼 파크에서 열렸는데요, NC 다이노스가 넥센 히어로즈 2군과 게임을 해서 7대5로 이겼습니다. 퓨처스리그 개막전이자 자신들의 첫 게임에서 역사적인 첫 승리를 거두게 됩니다. NC 멤버들은 강진에서의 이날을 상당히 의미 있게 기억합니다. 2011년 11월, 강진에서 첫 훈련을 시작하며 '항상 오늘을 기억하자' 면서 선수단이 결의를 다졌던 일명 '강진결의' 이후 첫 공식 경기에서 승리한 섭니다. NC 다이노스는 이 기세를 몰아서 퓨처스리그에서 우승을 하죠. 이런 준비를 거쳐 2013년에 정식으로 제9구단으로 정규리그에 참여하게 됩니다.

용진이 형, 팀을 매입하다

구단 매수의 메리트

앞서 택진이 형이 팀을 창단한 과정을 살펴봤는데요. 용진이 형은 팀을 매입합니다. 택진이 형에 비해 비교적 쉽게 프로야구 판에 입성을 한 것이죠. 기존 팀을 매입하니 감독, 코칭 스태프, 선수는 물론 프런트까지 모두 양도받을 수 있어서 바로 정기리그에 참여 가능한 것이죠. 심하게 평가하면 팀 명칭만 바뀌는 거죠.

국내 프로야구에는 10개 구단이 있는데, 이 10개 구단이 만들어지는 과정을 잠시 살펴보겠습니다. 제9구단인 'NC 다이노스' 이후에 바로 제10구단이 또 생겼어요. 앞서 지적했던 것처럼 KBO가 10구단 체제의 필요성을 강조했는데요, 2013년에 제10구단으로 'KT 위즈'가 참여합니다. 통신업체인 KT가 엔씨소프트와 유사한 과정을 거쳐 수원 연고의 'KT 위즈' 브랜드로 제10구단을 창단한 것입니다. KT 위즈는 2021년에 한국 시리즈에서 최초로 우승을 했죠. 창단 9년 만에 이룬 쾌거입니다. NC 다이노스가 창단 9년 만인 2020년에 우승하고, 다시 KT 위즈도 2021년에 우승하면서, 신생 구단이 9년 지나서 우승하게 되는 그림이 그려졌습니다. 바꿔 말하면, 창단 구단은 9년 정도 지나야 우승권에 진입한다는 표현도 가능하겠죠.

그런데 용진이 형은 새롭게 팀을 창단하는 수순을 밟지 않았어요. 바로 매입을 결정한 것은 그의 성격인 것입니다. 단기에 우승권에 들어서고 싶은 것이죠. 용진이 형은 재벌 후계자입니다. 나름대로 신세계그룹을 잘 키워서 자금 유동성을 확보하고 있었습니다. 그래서 M&A 시장에서 매우 영향력 있는 존재입니다. 이베이코리아를 비롯해 M&A 시장에 나온 상품을 적극적으로 매입했죠.

사업 확장을 위해 M&A에 열중하던 상황에서 'SK 와이번스'가 시장에 나오자, 이것마저 바로 매입한 것입니다. 주지하다시피 'SK 와이번스'는 수도권인 인천을 연고지로 하고, 좋은 성적을 올려서 높은 평가를 받는 구단이었죠. 프로야구 구단을 매입하게 된 이유는 용진이 형의 야구에 대한 철학, 아울러 그의 개성이 반영된 것인데요, 2010년 정용진 부회장이 그룹 대표이사에 취임하면서 야구 관련 이야기를 남긴 것과 관련이 됩니다. 고객 접점의 소매업을 경영하면 자연스럽게 고객에 관해 공부하게 되고, 고객 만족을 신경 쓰기 마련이죠. 아울러, 요람에서 무덤까지 함께 가는 고객 시스템을 만들겠다는 욕심도 갖게 됩니다. 그러면, 고객의 라이프 밸류를 높이기 위해 자사가 어떤 역할을 해야 할까 고민하겠죠. 고객의 인생 총량에 적극적으로 관여해서 지속해서 수익을 낼 수 있다면, 그것보다 좋은 것은 없습니다. 이런 고민 가운데서 용진이 형은 다음과 같은 어록을 만들어 냈습니다.

"리테일러는 고객의 시간에 대한 점유율을 높이는 것이 굉장히 중요합니다. 신세계가 보유한 리테일 전문 기업의 다양한 사업권과 프로야구 비즈니스 연계를 통해서 고객을 위한 새로운 가치를 창조하고, 이를 효과적으로 전달하는 모습을 제대로 보여주고 싶습니다."

신세계그룹이 보유하고 있는 본업과 프로야구가 지니는 가치를 연결시키는 데 주력하겠다는 욕심을 내비치는데요, 그 방법론으로 돔구장과 스타필드를 동일한 입지에 함께 지어서 고객의 시간을 점유하고 싶다는 결론을 내는 거죠. 앞서도 지적했지만, 용진이 형은 이미 스타필드라는 이름을 쇼핑몰에 붙였어요. 스타필드라는 호칭을 쇼핑몰에 붙였을 때, 용진이 형은 야구에 대한 의지가 정말 강하구나 싶었는데요, 최근에 강남 역삼동에 있는 호텔을 지으면서도 이름을 센터필드라고 붙였거든요. 용진이 형은 이 '필드'라는 단어를 굉장히 좋아합니다. 필드를 좋아한다는 데는 이런 의미가 있습니다.

앞서 제가 엔씨소프트의 젊은 유저들의 성지가 어두운 PC방에서 모바일로 변하고, NC파크로 변하는 개방성을 지적했는데요, 신세계 고객의 성지는 어떻게 변했는가를 볼 필요가 있습니다. 백화점 혹은 이마트처럼 갇힌 공간에서 스타필드로 진화하면서 좀 더 넓고 개방된 공간으로 확장성을 가졌다가, 최근에는 야구장을 연결하면서 완벽한 개방성이 이루어진 것입니다. 거기에서 더 진화한 돔을 통해 콜로세움 같은 집객 시설을 만들고 싶은 욕구가 생긴 거죠. 그곳에서 고객이 환호하고, 무언가에 열광하는 반나절을 보낼 수 있게 만들고 싶은 순수한 욕심인 거죠. 돔구장과 스타필드를 병설해서 고객이 그곳에 머무는 시간을 더 많이 점유하겠다는 것입니다. '공간이 의식을 지배한다'라는 표현이 여기에도 적용되는 것 같습니다.

2021년 1월 26일에 이마트가 갑자기 주식 시장에 공시를 하는데요. SK텔레콤으로부터 'SK 와이번스' 주식을 1,352억 8,000만 원에 인수한다는 내용입니다. 주식 1,000억 원과 토지 및 건물이 352억 8,000만 원인데요, 합계 1,352억 원의 가치로 SK 와이번스 구단을 인수하고, 구단의 모든 선수와 직원을 승계했습니다. 그래서 프로야구팀을 매입하는 것이 전술한 NC 다이노스가 제9구단으로 들어올 때 겪었던 힘든 경험을 하지 않아서 수월했던 거죠. KBO라든가 지역 연고지 같은 요소의 상호 관련성에 있어서 매입은 업무를 단순하게 만듭니다.

그리고 팀을 매입하면 NC 다이노스처럼 1년 이상 2군 리그에서 실력 향상을 할 필요도 없습니다. 팀을 매입하면 모든 것이 승계되므로 좋은 코치진, 선수까지 바로 인수되는 것이거든요. 좋은 선수들을 인수하면 다시 1군 리그에 바로 뛰어들 수 있는 상황이 되는 거죠. 그래서 NC 다이노스와는 매우 다른 차별성을 갖고 스타트할 수 있는 것이 장점입니다.

단점도 있는데, 일시에 매입 비용이 들어가고, 그 비용이 창단에 비해 매우 크다는 점이지요. 일종의 권리금 같은 성격인 셈입니다. 용진이 형은 구단 매입 효과를 높이기 위해 28억 원을 들여서 미국 메이저리그에서 뛰고 있던 추신수 선수를 영입합니다. 추신수 선수에게 SSG 랜더스의 상징적인 선수로 이미지를 부여하고, 또 SSG가 미국 프로야구를 접목한다는 관점에서 그의 노하우를 장착하려는 상황이죠.

프로야구 참여 이유

용진이 형이 생각하는 리테일은 단순 상품 판매가 아니라, 고객의 시간을 획득해야 한다는 철학인데요. 고객의 시간을 훔치고, 쇼핑을 계속하게 할 수 있는 콘텐츠로 본인이 야구를 선택했다고 하죠. 왜 야구일까요? 야구는 축구나 농구 다른 프로스포츠에 비해서 1년 내내 경기를 할 수 있는 장점이 있습니다. 다른 프로스포츠는 실내 스포츠들이 많아서 배구, 농구처럼 동계 시즌에 게임을 하는 상황이고요, 프로축구는 선수들 체력에 부담이 되어서 한 주에 한 게임 정도밖에 못 합니다. 그래서 게임 수가 매우 적습니다.

그러나 프로야구는 한 주에 6게임을 해요. 월요일 하루만 휴일입니다. 한 주에 6게임을 하면서 동계 시즌을 제외하면 1년에 40%에 해당하는 144일 동안 경기를 할 수 있습니다. 야구 마니아라면, 1년 144게임 중에 최소한 72게임을 홈경기, 즉 연고지 구장에서 볼 수 있고, 원정 경기까지 포함하면 나머지 20~40% 정도를 자신의 팀을 위해서 열렬하게 응원할 수 있기 때문에 프로야구는 리테일러 입장에서 매우 매력적입니다. 야구 관련 콘텐츠 소비는 물론, 자사의 리테일 관련 이미지를 세뇌하고 고객을 만족시키는 데 매우 중요한 수단이 될 수 있기 때문이죠. 기존 리테일 고객과 야구팬과의 교차점과 공유 영역이 굉장히 커서, 상호 시너지가 강력하게 작용할 것으로 판단했기 때문에 신세계가 SK 와이번스 인수를 추진한 것입니다. 게다가 프로야구가 800만 관중 시대를 맞이했기 때문에, 800만의 팬들과 신세계 고객을 접목하면 고객 경험 확장에 매우 좋을 것이라고 생각했겠죠.

그래서 SSG는 보는 야구에서 즐기는 야구로의 전환을 표방했습니다. 프로야구 구장에서 즐기는 식음료라든가, 기존 매장에서 판매하는 생활용품, 반려견, 동물용품 등을 야구와 연계하는 것이죠. 관련 상품과 연관 서비스를 개발해서 매장이 아닌 야구장에서 야구팬이 신세계팬으로 확대될 수 있게 하려는 시도입니다. 신세계그룹은 보유 브랜드가 많습니다. 이마트라든가 SSG 닷컴, 스타벅스 코리아, 스타필드, 이마트 24, 조선호텔 리조트, 신세계 푸드 등인데요, 이것들에 프로야구 SSG 랜더스를 접목하면 기존 SK 와이번스 수익 구조와 비교해 월등히 좋을 것이라는 판단입니다. 프로야구 수익 구조는 입장권 판매, 구장에서 식음료 판매, 선수들 캐릭터와 굿즈 판매, 방송 중계권 판매, 프로모션 판매, 광고 판매 등 여러 수익이 있는데요, 이러한 판매 구조와 기존에 가지고 있는 리테일의 전문성과 합쳐서 더욱 다양한 비즈니스를 창출하려고 하는 거죠. 한편, 신세계그룹의 맨파워를 시너지로 확장할 수도 있습니다. 결과적으로 2021년에 SSG 랜더스가 프로야구에 입성하면서, 국내 프로야구 퀄리티가 매우 좋아졌어요.

프로야구는 보통 저녁 6시 반부터 경기를 시작하거든요. 야간 게임이 많기 때문에 선수들은 3시 정도에 구장에 출근하게 돼요. 그러다 보면 저녁을 못 먹는 경우가 많은데, 신세계가 보유한 여러 브랜드가 이 타이밍에 효자 노릇을 합니다. 그래서 다른 구단 선수들이 SSG 랜더스 직원과 선수들을 굉장히 부러워한다는 거죠. 왜 부러워했을까요? 신세계가 스타벅스 코리아를 가지고 있으니 SSG 랜더스 로커에는 스타벅스가 쫙 깔려 있습니다. 매일 경기가 있을 때마다 공짜로 스타벅스를 공급받고 있고요, 이것뿐만이 아닙니다. 신세계 푸드에서 판매하는 노브랜드 햄버거 역시 매일 그곳에 비치되어 있는 거죠. 매일 먹으면 질리기도 하겠죠. 그렇지만, 다른 구단에서 볼 때는 그들도 역시 복리후생으로 이런 것을 해줘야 하는 상황이 됩니다. 스타벅스 하나로 자연스럽게 선순환의 효과가 생기는 것입니다. 이것은 하나의 표면적인 사례입니다. 신세계그룹이 가지고 있는 고객 및 제품군을 랜더스를 통해서 표현하는 강렬한 도전도 시작했습니다. 기존에 붉은색 유니폼만 입던 SSG 랜더스가 스타벅스 코리아의 상징을 위해서 초록색 유니폼에 스타벅스 광고를 달고 나오기도 합니다. 최근에는 TV 방영이 되는 날, 아예 스타벅스 데이를 만들어서 초록색 스타벅스 유니폼을 입고 나와서 광고 효과를 톡톡히 보고 있습니다.

인천의 프로야구

다음은 SSG 랜더스의 연고지 인천과 인천 야구에 대해서 살펴보죠. SSG 랜더스는 SK 와이번스의 연고지 인천을 승계했습니다. M&A로 당연히 인천에 입성했지만, SSG 입장에서 인천은 수도권 도시로서 큰 기반을 갖추고 있지만, 썩 반가운 곳은 아닙니다. SK 이전에 연고지를 인천으로 했던 팀들이 모두 몰락했어요. 이러한 징크스가 있었지만, 제가 판단할 때는 SSG 등장으로 프로야구의 상품 가치가 순식간에 진화하면서 연고지로서 인천의 위상이 드디어 완성된 것 같습니다. 인천 프로야구의 역사를 잠시 살펴보죠. 1982년 '삼미 슈퍼스타즈'가 국내 프로야구 6개 구단 가운데 한 팀으로 인천 대표로 출발했는데요, 삼미 슈퍼스타즈는 꼴찌의 상징이었어요. 〈슈퍼스타즈 감사용〉이라는 영화에서도 상황이 그대로 그려집니다. 감사용 투수가 지는 게임에 패전을 마무리하는 역할로 출전하는데, 거의 매일 등판하는 꼴찌의 상징이었습니다. 팀의 형태를 갖추고 있었지만, 상대적으로 타 팀과 실력 차이가 컸습니다. 한마디로 하드웨어만 갖춰놓은 야구 구단이었던 거죠. 결국, 구단 수명이 몇 년 만에 종료됩니다. 이때, 삼미를 이어받은 기업이 당시, 라면 사업에 뛰어들었던 청보 그룹입니다.

청보는 '핀토스'라는 구단명으로 삼미를 인수했는데요, 청보 핀토스 역시 만년 하위를 벗어날 수 없었습니다. 삼미와 똑같이 소프트웨어는 없고 하드웨어만 있는 그러한 구단이었습니다. 상황이 이렇다 보니 야구 도시로 자부심을 갖고 있던 인천 팬들은 불명예를 넘어 수치스럽게 느끼고, 야구는 외면을 받게 되었죠. 인천이 야구 도시라고 불리는 것은 고교와 대학야구에서 강한 팀들이 많았기 때문입니다. 그런데 프로야구로 진입해서 삼미 슈퍼스타즈와 청보 핀토스가 꼴찌 아니면 하위권에서 맴돌면서, 인천 팬들은 팬임을 포기한 거죠. 팬을 포기해도 자존심이 상하는 것은 어쩔 수 없습니다.

그러다가 겨우 자금력이 있는 기업이 등장합니다. 태평양화학에서 '돌핀스' 브랜드로 '청보 핀토스'를 인수해서 인천 야구판을 변신시킵니다. 감독은 물론, 이름값 하는 선수들을 영입해서 팀워크를 강화하죠. 소프트웨어를 본격적으로 장착하게 됩니다. 소프트웨어를 장착하면 당연히 성적이 올라가긴 하죠. 태평양 돌핀스로 인해서 하드웨어와 소프트웨어가 겨우 맞혀지면서 야구 도시 인천에 합치된 팀이 완성된 것입니다.

프로야구 출범 이후, 6년 만에 세 번째 인천구단으로 등장해서 하드와 소프트가 겨우 맞춰지는 일차적 상품 요소를 갖춘 상황이 되었죠. 그런데 태평양 돌핀스도 오래 못 가고 1995년에 '현대 유니콘스' 구단으로 변경됩니다. KBO 출범 이후, 13년 동안 3개 기업이 인천에서 프로야구를 포기하는 참담한 상황이 벌어진 거죠. 그나마 인천 팬들의 위안은 유니콘스의 모기업이 현대그룹이라는 점이었죠. 현대는 당시, 국내 최대 재벌로서 스포츠 전 분야에 적극적인 지원을 했습니다.

실제로 현대는 기대 이상으로 프로야구에 투자했습니다. 첨단 소프트웨어의 장착을 넘어서 프로야구를 다양하게 활용하려고 했습니다. 엄청난 투자를 해서 우수 선수와 코치진을 영입했습니다. 김재박 감독을 영입해서 지난 13년 동안 인천 팬들이 경험하지 못했던 자부심을 선물합니다. 한국 시리즈 1등을 3번이나 이루어내는 위업을 달성합니다. 저는 이런 경험과 흥분, 그 결과물인 자부심을 유즈웨어(Use ware)라고 칭합니다. "나는 인천에 살아", "나는 현대 팬이야" 혹은 현대 유니폼을 입고 거리를 활보할 정도로 현대 팬을 자부할 수 있는 힘이 유즈웨어입니다. 이것은 팬과 구단이 함께할 수 있는 2차적 상품 요소를 만들어냅니다.

　호사다마(好事多魔)라고 했죠. 잠시 좋았던 인천 프로야구 상황이 다시 나빠지게 됩니다. 현대 유니콘스가 연고지를 서울로 이전하려는 해프닝을 벌입니다. 현대 입장에서 유즈웨어, 즉 2차 상품 요소를 활용하기에는 서울이 훨씬 큰 시장이겠죠. 그래서 욕심을 낸 것입니다. 연고지를 서울로 옮긴다고 주장하면서, KBO를 혼란스럽게 만드는 상황이 벌어졌고, 결국에는 협상을 통해 수원으로 이전하게 됩니다. 이 시점에서 인천 연고지의 주인이 바뀌었습니다. 당시, 프로야구 판이 한 번 더 바뀌는데요, 쌍방울 그룹의 부도로 전주 연고지의 '쌍방울 레이더스'가 해체되자 KBO는 7개 구단 운영의 부담을 회피하기 위해서 SK그룹에 프로야구 진출을 제안합니다. 이에 SK는 인천 연고지를 받아들이고, '와이번스'를 창단합니다. 현대의 욕심 때문에 인천 연고지가 SK로 바뀐 것입니다.

　SK 와이번스는 SK 텔레콤 사업이 확장될 때, 서비스 관점에서 신규 고객 확보를 위해 창단을 결심했습니다. SK 와이번스는 김성근이라는 걸출한 감독을 통해서 인천 팬에게 경험과 흥분의 유즈웨어를 다시 선물합니다, 현대 유니콘스가 우승을 3번 할 때 그랬던 것처럼 2007년, 2008년, 2010년 한국 시리즈 우승을 3번이나 하면서 인천에 자부심을 선사합니다. 어쨌든 앞서 삼미, 청보, 태평양의 프로야구를 외면했던 인천 팬들을 열광하게 만든 것이지요. 결과적으로 현대 유니콘스에 이어 SK 와이번스가 인천 야구의 이차적 상품 요소를 제대로 갖추게 되었습니다.

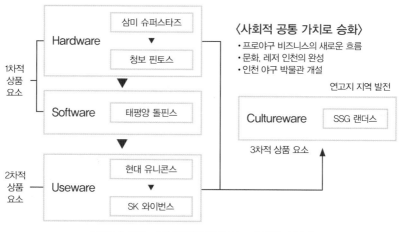

〈자료 7〉 상품 가치 진화를 통한 연고지 인천의 완성

출처 : 필자 작성

그런데 2021년 용진이 형에 의해 SSG가 인천에 새롭게 등장하는데요, 필자가 봤을 때 이는 〈자료 7〉처럼 인천 야구에 컬처웨어가 추가되는 것으로 보입니다. 용진이 형이 가지고 있는 인문학의 시간적 관점이나 고객 만족을 넘어서 고객을 행복하게 만드는 것으로 고객 체류를 연장시키는 컬처웨어가 덧칠된 것입니다. 유즈웨어와 컬처웨어에 대해 설명이 조금 더 필요할 것 같네요. SSG가 3차적 상품 요소를 갖추면서 프로야구 비즈니스의 새로운 흐름을 만들고 있는데요, 이를 통해 레저의 인천 이미지 제고를 통해 연고지 지역 발전을 이룰 수 있다고 생각합니다.

1, 2차 요소에 머물렀던 인천 야구의 사례는 '인천 야구 박물관'으로 설명이 가능합니다. 이곳은 인천 야구의 열성 팬이 사적으로 자료를 수집하고, 전시하는 공간입니다. 박물관이라는 명칭이 붙어 있지만, 시장 상인 회장과 그의 뜻을 같이하는 지지자들이 시장 한 편에 사비를 들여서 만든

사적 공간인 거죠. 야구 도시임을 제창하고, 야구를 사랑하는 인천의 속모 습입니다. 이렇게 팬들이 사적으로 했던 일을 구단과 지자체가 공공의 영역으로 확대해서 새로운 야구 문화를 창조해야 하는 것입니다. 다행히 용진이 형은 유통업체 가운데 유일하게 '상업사 박물관'을 만들어서 본인의 비즈니스 정체성과 전통을 관리한 경험이 있습니다. 그래서 컬처웨어를 사회적 공통 가치로 승화시킬 수 있는 것입니다. 물론 이것은 전술했던 것처럼, 용진이 형이 청라 지역에 스타필드와 전천후 돔구장을 짓겠다는 플랜 속에서 함께 이루어진다는 판단을 했기 때문에 컬처웨어로 표현했습니다. 돔구장에 대한 관점은 전천후 구장으로 우천 시합 중지를 회피하는 일차적 기능도 중요하지만, 다른 용도로서 2차, 3차 기능도 무시하지 못합니다.

돔이 보유하고 있는 Fun한 요소, 예를 들어서 콜로세움의 관점을 생각해보죠. 로마 황제들이 왜 콜로세움에서 검투사의 격투기와 서커스를 주최했을까요? 로마 황제는 민중에게 빵과 서커스를 제공해 불만을 무마시켰는데요, 콜로세움이 서커스를 보여주는 장소인 거죠. 물론 때에 따라서는 격투기도 치러졌습니다. 황제 스스로가 검투사로 등장한 경우도 있고요. 현대에는 돔구장이 콜로세움을 대체합니다. 돔구장은 뮤지션의 대형 콘서트나 기업 이벤트 장소 등 다양한 용도로 활용됩니다. 컬처웨어인 것이죠. 그래서 청라 돔구장과 박물관, 스타필드의 레저성이 소비자에게 인천만의 문화로 다가오는 것입니다. 야구 비즈니스에 문화를 입힌 SSG는 컬처웨어를 입은 최초의 프로야구 구단이 되는 것이고, 이로 인해 국내 프로야구 비즈니스가 문화라는 새로운 방향으로 흐르게 될 것입니다.

프로야구 상품 수용력

택진이 형이 팀을 창단하고, 용진이 형이 팀을 매입한 이후에 국내 프로 야구 경영에 보이지 않는 변화가 생기고 있습니다. 앞서 설명한 것처럼 택진이 형과 용진이 형은 서비스 산업을 리드하는 놀 줄 아는 경영자였습니다. 놀 줄 하는 형들이기 때문에 엔터테인먼트, 놀이, 팬 서비스에 대해 굉장히 예민했죠. 특히 리테일러 용진이 형은 팬 서비스와 고객 감동이 무엇인지를 정확하게 파악하는 마케팅 감각이 뛰어난 경영자입니다.

택진이 형도 젊은 연령층을 대상으로 한 게임업을 해왔던 사람이기 때문에 젊은 소비자가 과연 어떤 것들을 좋아하는지에 대해서 너무 잘 알고 있습니다. 상대적으로 기존 KBO 회원사를 보면, 대개 국내 굴지의 그룹사로 비즈니스 형태가 거의 B to B 모델입니다. B to C 모델을 채용하고 있는 기업은 NC, 롯데, SSG 정도입니다. '서비스업을 운영한다'라는 것이 프로야구 경영에 굉장히 중요한 역할을 하는 거죠. 그래서 서비스업을 하는 택진이 형과 용진이 형이 프로야구 판에 들어옴으로써 팬 서비스가 강화될 수 있다고 생각합니다. 프로야구에서 서비스라는 것이 과연 무엇일까요?

〈표 2〉에서 보는 것처럼 프로야구라는 상품은 팬이라고 주장하는 긍정적 입장의 사람들과, 부정적이지 않지만 긍정적이지도 않은 사람들이 바라보는 입장이 굉장히 다릅니다. 예를 들어서, 긍정적 입장을 한 사람들은 프로야구 관람에 대해 어떤 생각을 가지고 있을까요? 시간을 소비한다고 생각합니다. 소비라는 관점이죠. 그런데 반대론자를 보면 시간을 낭비한다고 생각하고요. 그리고 긍정적인 입장인 사람들은 프로야구를 일부러 봐야 하는 대상입니다. 일부러 구장을 찾아가서 보거나 TV를 통해 보거나 어떤 방법으로든 일부러 보는 사람들입니다. 반대하는 사람들은 굳이 보

고 싶지 않고, 다른 것에 관심을 갖죠. 그러다 보니 긍정적인 사람들은 게임이 흥미롭고요. 결과적으로 게임이 흥미로우니까 돈을 내면서 관전하는 것입니다.

구분	긍정 그룹	부정 그룹
시간 인식	시간 활용 소비	시간 소모, 시간 낭비
관전 의식	계획을 세워 일부러 관전	굳이 관전하고 싶지 않음
비용 인식	비용(입장료, 유료 TV시청료 등) 지불 용의 강함	비용 지불 용의 없음
흥미 인식	• 불확실성에 따른 승패 연출 • 각본 없는 드라마 • 흥미의 승수 효과 발생	• 게임 룰을 모름 • 게임 시간이 상대적으로 길어서 지루함 • 흥미롭지 않음
장소 활용	필드에서 즐기는 반나절의 행복	다른 장소에서의 행복(테마파크, 쇼핑몰 등)
팬심	• 선수와 일체감(팬심 폭발) • 경기 이전, 필드에서 선수 워밍업 관찰 • 경기 이후, 필드에서 장소 활용 소비	• 선수에 무관심 • 선수에 관심이 있어도 팬은 아님 • 선수에만 관심이 있고, 관전에는 무관심
비즈니스 확장성	• Fantastic Fan – Club 시스템 • 객단가 증대 – 연관 비즈니스 확대 • 체류 시간 확장 – 이벤트 다변화	• New Fan – 흥미 유발 프로그램 • 신규 고객 확장 – 필드 접근성 제고 • MZ 여성 고객 친화적 이벤트 확대

〈표 2〉 프로야구 상품 수용도 비교

출처 : 필자 작성

그런데 보고 싶지 않은 사람들은 '굳이 돈을 내고 왜 봐야 하지?' 이런 생각을 하는 거죠. 돈을 내는 사람들 입장에서는 야구 관전으로 자신의 행복감을 얻는 것인데, 파크나 필드처럼 열린 공간에서 반나절의 행복감을 느끼고 싶은 사람으로서 그 돈을 내는 가치는 게임을 해보고 즐기는 것도 있지만, 그 구장에서 비일상을 느끼고 싶은 것입니다. 그리고 플레이어가 경기를 하는 것에 몰입하면서 선수들과의 일체감을 갖는 것, 즉 팬심을 증대시킬 수 있는 효과도 있습니다.

결국은 팬심이 증대되는 것은 긍정적인 사람들의 프로야구 상품에 대한 애착으로 성장합니다. 프로야구에 포지티브한 사람들은 대개 돈을 내고 일부러 관전하고, 이 시간을 소비하고, 흥미롭고, 비일상을 즐기고, 구장에서 반나절 동안 행복하고, 선수들과 일체감을 느끼는 팬심을 갖는 비즈니스 형태로 볼 때 B to B보다는 B to C 성격이 굉장히 강합니다. 그리고 이 B to C적인 성격에서 볼 때 특히 유망한 소비자층은 여성입니다. 젊은 여성들이 프로야구에 진입할 요소가 많기 때문이죠. 그들이 넓고 재미있는 공간으로 들어올 가능성이 크기 때문에 이들 젊은 여성을 위한 엔터테인먼트와 팬 서비스를 높이면 한국 프로야구의 상황이 변할 것입니다. 그렇기 때문에 용진이 형과 택진이 형이 자연스럽게 그러한 역할을 담당할 것으로 보입니다. 결론적으로 그래서 택진이 형이 구단을 창단하고, 용진이 형이 구단을 매입한 것이죠.

CHAPTER

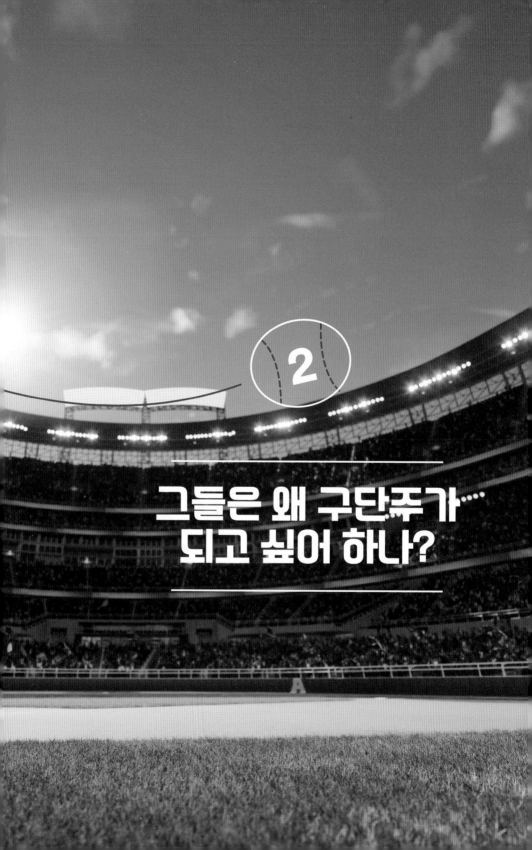

2

그들은 왜 구단주가…… 되고 싶어 하나?

프로스포츠의
등장

프로스포츠의 개화

프로스포츠는 어떤 것인가? 이것을 알기 위해서는 프로스포츠와 대칭면에 있는 아마추어리즘을 비교해보는 것이 가장 이해하기 쉬울 것 같아요. 프로스포츠와 아마추어리즘의 기본 속성을 〈자료 8〉처럼 표현해봤습니다.

아마추어 스포츠는 건강을 위해 출발했는데, 18세기에 들어서면서 귀족이나 신흥 부르주아의 애호나 취미로 발전합니다. 스포츠를 취미로 하는 사람들은 정서적인 이익을 추구하고요, 상대적으로 프로스포츠는 프로라는 말이 의미하듯이 직업 혹은 보수의 관점에서 스포츠를 하는 것입니다. 그래서 물질적인 이익이 따라오게 되는데, 여기에서 프로스포츠가 발전하는 상황을 정리해볼 필요성이 있습니다. 역사를 보면, 중세 이후 18세기까지 취미, 애호 관점에서 귀족이나 신흥 부르주아가 아마추어 스포츠에 참여하죠. 귀족들은 이미 음악이나 미술의 패트론(patron)으로 예술을 지원했던 역사가 있습니다. 18세기부터 19세기 중반에는 귀족들이 하던 패트론 역할을 신흥 부르주아가 하는데요, 신흥 부르주아가 걸어놓은 '상금

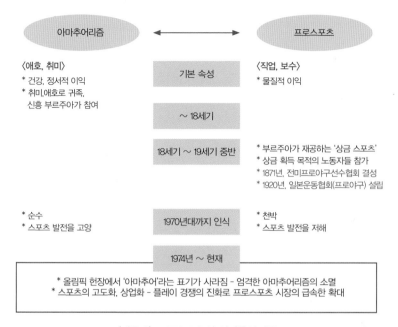

〈아마추어리즘〉 ⟷ 〈프로스포츠〉

〈애호, 취미〉
* 건강, 정서적 이익
* 취미.애호로 귀족,
  신흥 부르주아가 참여

기본 속성

〈직업, 보수〉
* 물질적 이익

~ 18세기

18세기 ~ 19세기 중반

* 부르주아가 재공하는 '상금 스포츠'
* 상금 획득 목적의 노동자들 참가
* 1871년, 전미프로야구선수협회 결성
* 1920년, 일본운동협회(프로야구) 설립

* 순수
* 스포츠 발전을 고양

1970년대까지 인식

* 천박
* 스포츠 발전을 저해

1974년 ~ 현재

* 올림픽 헌장에서 '아마추어'라는 표기가 사라짐 - 엄격한 아마추어리즘의 소멸
* 스포츠의 고도화, 상업화 - 플레이 경쟁의 진화로 프로스포츠 시장의 급속한 확대

〈자료 8〉 프로스포츠와 아마추어리즘

출처 : 필자 작성

스포츠'라는 이름으로 상금을 획득하기 위해 스포츠 경기를 하게 되죠. 따라서 상금을 획득하기 위한 목적으로 다양한 계층이 경기에 참가하게 됩니다. 어떤 의미로는 상금을 통해 스포츠의 민주화가 이루어졌다고 평가할 수도 있겠죠.

상금 스포츠의 연속선상에서 1871년 미국에서 전미프로야구선수협회가 결성되고, 일본에서도 1920년에 일본운동협회가 설립됩니다. 그럼에도 불구하고 스포츠에 대한 인식은 1970년대까지 취미와 애호의 아마추어리즘이 주도했습니다. 속성 자체가 순수했죠. 귀족들이 취미로 스포츠에 참여하면서, 그들이 스포츠 발전에 기여했던 거죠. 상대적으로 상금과 보수를 통해 프로스포츠가 더욱 성장했는데요, 그럼에도 1970년대까지는 세상은 프로스포츠를 천박하다고 평가했어요. 한편에서는 스포츠 발전을 저해한다는 인식도 강했습니다. 왜냐하면, 부르주아가 제공하는 상금 획득을 목적으로 다수의 노동자가 참여하면서 경기가 더욱 격렬해지고, 또 물질적 이익이 모든 것보다 우선시되었기 때문입니다.

한편, 아마추어리즘을 리드한 스포츠 정신은 IOC 주최의 올림픽이었는데요, 1974년에 갑자기 올림픽 헌장에서 아마추어라는 표기가 사라져버렸습니다. 쿠베르탱(Pierre de Coubertin) 남작이 근대 올림픽을 만들었을 때 올림픽 정신은 아마추어리즘에 입각한 것이었습니다. 그런데 1974년부터 아마추어라는 표기가 없어지면서 엄격한 아마추어리즘이 소멸하는 상황이 되었습니다. 그러면서 서서히 스포츠가 고도화·상업화되기 시작합니다. 화려하고 고도화된 플레이 경쟁이 계속 진화하면서 프로스포츠 시장은 급속히 확대됩니다. 이때부터 프로스포츠 시장에는 팬들이 우상으로 여기는 스타가 탄생하기 시작하죠. 따라서, 기존에 가졌던 천박하고, 스포츠 발전을 저해한다는 이미지가 자연스럽게 소멸되고, 환호하는 팬들이 계속 증가하게 됩니다.

프로스포츠 상품의 특성

다음은 프로스포츠 상품이 갖는 특성을 살펴보죠. 프로스포츠 상품은 〈자료 9〉에서처럼 먼저 1차 시장이 있습니다. 1차 시장의 상품은 게임입니다. 게임이라는 상품에는 공급자와 수요자가 있고, 공급자는 게임을 제공하는 감독과 선수입니다. 게임하는 팀을 만들어준 구단과 주주는 광의의 공급자라고 할 수 있습니다. 협의의 공급자인 감독과 선수가 게임을 제공하는데, 한 가지 문제가 있습니다. 이 한 팀만으로는 게임을 제공하는 공급자가 될 수 없다는 거죠. 한 팀만으로는 게임이 성립하지 않기 때문입니다. 상대팀이 있어야 게임이 성립됩니다. 이것이 프로스포츠 상품의 특성입니다. 단지 프로스포츠만의 문제는 아니고, 게임을 제공하는 모든 스포츠 상품의 특성이라고 이야기할 수 있습니다. 그래서 게임에는 공동 생산자라는 관점이 중요합니다. 공동 생산자가 되기 위해서는 게임에 대해서 각 팀이 경쟁 관계가 되고, 동시에 의존 관계가 형성되어야 합니다. 게임을 할 때, 상대팀이 있어야 게임이 이루어지는 것 아니겠습니까? 그래서 스포츠 상품은 상대와 경쟁해서 승부를 보는 게임인 거죠. 수요자는 두 팀이 하는 게임을 보기 위해서 이 상품을 구매하고, 관람료를 내는 것이고요. 결국, 수요자에게 두 팀이 경쟁하며 게임을 공급하는 것입니다.

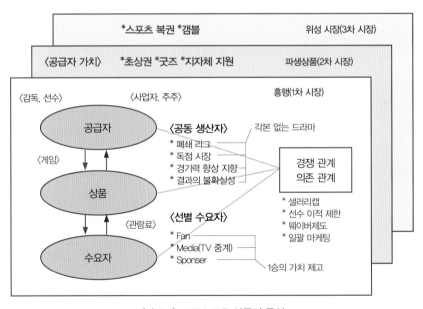

〈자료 9〉 프로스포츠 상품의 특성

출처 : 필자 작성

이 공동 생산자는 경쟁 관계와 동시에 의존 관계가 있기 때문에 게임의 재미와 특성을 각각 달리하기 위해 서로 다른 팀들이 다수 참여하는 리그를 만드는 것입니다. 그래서 하나의 독립 단체가 조직되고, 그 단체는 참여한 팀들이 계속해서 경기력을 향상시키도록 지원하는 것입니다. 프로라는 관점에서는 게임의 질이 떨어져버리면 수요자가 관람료를 내고 게임을 볼 의미가 없어지는 거죠. 그렇기 때문에 게임을 보다 고도화시켜야 하는 의무가 공동 생산자 모두에게 있는 것입니다. 게임이 재미있기 위해서는 한 가지 중요한 것이 더 있는데요, 결과가 불확실해야 한다는 점입니다.

쉬운 사례가 있습니다. 2002년 한일 월드컵에서 대한민국이 4강까지 올라갈 때, 예선부터 16강전, 8강전, 4강전 각 게임 하나하나가 굉장히 드라마 같았죠. 이탈리아 게임에서는 연장전에서 골든 골을 넣었고요. 스페인에게는 페널티 킥으로 승리하는, 흔한 표현으로 '각본 없는 드라마'가 만들어져서 지금까지 기억에 생생한 것입니다. 프로스포츠는 이 공동 생산자들이 '각본 없는 드라마를 얼마나 잘 만드느냐'에 따라서 관람료가 증가합니다.

그러다 보면, 수요자들은 자기가 좋아하는 게임을 하는 팀의 팬이 될 수 있고, 미디어도 재미있는 게임에 서로 달라붙어 TV 중계를 합니다. 또 훌륭한 팀에는 스폰서들이 많이 붙게 되는 거죠. 잉글리시 프리미어리그(EPL)에서 삼성이 첼시의 스폰서십을 통해서 세계적으로 유명해졌습니다. 첼시 유니폼에 삼성 브랜드를 달고 EPL은 물론, 유럽 챔피언스리그에서도 두각을 나타내며, 삼성의 브랜드 노출이 극대화되었죠. 에티하드 항공이 맨체스터 시티 유니폼에 이름을 새기면서 급속히 성장한 사례도 같은 것이죠.

한편, 선별 수요자들은 지지하는 팀의 1승을 염원합니다. 1승의 가치가 얼마나 큰 것인가를 알기 때문에 그것을 열망하는 거예요. 재미있는 게임이 되려면 각본 없는 드라마가 되어야 하고, 1승을 올리기가 힘들어야 가치 있는 1승이 되는 것입니다. 1승의 가치가 높을 때, 1차 시장에서는 흥행이라는 표현을 사용합니다. 스포츠 시장의 상품은 일차적으로 흥행이 되어야 합니다. 그런데 흥행을 위해 고민해야 할 것은 공급자가 갖고 있는 경쟁 관계와 의존 관계 때문에 그들의 격차가 너무 크면 안 된다는 것입니다. 예를 들어, 특정 리그의 10개 팀 중에 2개의 강자와 8개의 약자가 있다면 8개 팀 대부분이 리그에 무임승차할 수 있는 환경이 된다는 거죠. 따라서 리그가 재미있기 위해서는 팀 전력의 상향 평준화가 필수입니다. 그래서 각 리그에서는 전술한 경쟁 관계와 의존 관계를 잘 유지하기 위해서 다양한 시스템을 만듭니다. 샐러리 캡이 그중의 하나인데요, 샐러리 캡은 팀별로 선수들의 연봉 총액을 제한하는 제도를 말합니다. 총액 연봉을 너무 많이 주는 A팀이 있을 때, A팀이 추가적으로 연봉을 더 지불하지 못하게 상한선을 정하고, 그 범위에서 선수를 수급하게끔 유도하는 겁니다. 상한선을 제한함으로써 A팀이 너무 강해지는 것을 막고, 전체 팀의 평준화를 꾀하는 거죠. A팀이 다른 B팀, C팀의 우수 선수를 대거 영입하는 것을 저지하는 방법입니다.

한편, 연봉은 높지만 우승에 목말라하는 선수도 등장하는데요, 좋은 선수들이 우승 가능한 팀으로 이적하려는 행동을 사전에 제한하는 수단이 됩니다. 샐러리 캡을 좀 더 유연하게 작동하도록 팀 연봉 상한선을 초과하면 벌금을 부과하는 방식도 사용하는데요, 이를 소프트 샐러리 캡이라고 칭합니다. 미국 MLB에서는 이를 사치세(Luxury Tax)라는 이름으로 운영합니다. 국내 KBO는 2023시즌부터 본격 도입합니다. 상대적으로 이런 연봉 제한 때문에 선수 권리가 훼손되는 것을 방지하기 위해 FA(Free Agent) 제도를 통해 선수가 이적할 수 있는 권리 기간을 설정해서 운영하고 있습니다. 일정 기간 팀에서 역할을 한 선수는 FA로 자유계약 시장에 나옴으로써 자신의 가치를 재평가받고 몸값을 올릴 수 있는 기회로 사용됩니다. KBO는 1999년에 FA 제도를 도입했는데요, KBO가 인정하는 요건은 정규 9시즌을 규정에 맞게 소화하면 자유 시장에 나올 수 있습니다.

아울러 FA 권리를 행사한 선수가 다시 FA 자격을 얻으려면 정규 4시즌을 활동해야 합니다. 선수의 공로가 어느 정도냐에 따라서 그 선수가 있던 원소속팀에서 선수를 잔류하게 할 수 있고, 다른 팀에서도 선수를 영입할 수 있습니다. A급 선수들은 FA를 통해 대박을 터뜨리는 기회가 되는 것이죠. 그래서 프로야구 선수들은 FA 시기만 기다리는데, 최근에는 FA 계약 금액이 너무 높아져서 먹튀 논란도 있습니다. 최근에 FA 선수 한 명을 영입하는 데, 5년 계약에 70억 원은 보통이고 어떤 선수는 100억 원을 넘기기도 합니다. 선수의 몸값이 극도로 높아지는 상황이 단지 선수 역량이 높아지면서 발생한 것은 아닌 것이 문제입니다. 선수 영입을 위한 구단 간 과당경쟁, 미디어의 과대평가 등 여러 원인이 작동한 결과인 거죠. 어쨌든 FA 시장의 존재가 팀 수준의 평준화는 물론, 리그의 흥행에 중요한 요소로 작용하고 있습니다.

다음은 일괄 마케팅이 리그에 어떤 기여를 하는지를 살펴보죠. MLB나 KBO에서 일괄 마케팅을 중시하는 것은 TV 방송 중계권 때문입니다. MLB나 KBO는 TV 중계권을 협회에서 일괄로 관리합니다. 왜냐하면, 이것을 개별 구단이 각각 관리하게 되면, 팬이 많은 팀 혹은 잘하는 특정 팀에만 TV 중계가 편성될 가능성이 크기 때문이죠. 그래서 MLB나 KBO에서 일괄로 TV 중계권 계약을 해서 그 수익을 전체 소속 구단에게 n분의 1로 나눠주는 형태를 취하고 있는 거죠. 그래서, 일괄 마케팅이 협회와 약체 구단의 자금 의존 관계를 형성합니다. 약체 구단은 협회 사무를 지지하고, 커미셔너(commissioner)는 많은 약체 구단의 수익 확보를 통해 리그의 존속과 발전을 도모하는 선순환 시스템을 만드는 것인데요, 이러한 상호 의존의 원천이 일괄 마케팅입니다.

결론적으로 프로스포츠 상품은 리그 혹은 게임의 흥행이 제일 중시됩니다. 게임의 흥행은 각본 없는 드라마로서 1승의 가치를 만든 스타 플레이어, 즉 각 게임의 MOM(Man Of Match)이나 베스트 플레이어의 활약으로 돋보입니다. 몇 차례의 이런 MOM은 유명 스타를 탄생시키고요. 구단은 그 스타 플레이어에 대한 초상권, 유니폼은 물론 그 스타가 가지고 있는 이미지를 캐릭터 굿즈로 만들어 판매하면서 실질적으로 공급자의 가치가 제고됩니다. 아울러, 지자체는 연고지팀이 경기를 잘하도록 더 많은 지원을 하게 되는데, 구장 사용료를 염가에 해준다든가 야구장에 구단명을 사용할 수 있는 명명권을 제공하는 거죠. 지자체들이 지원해주는 이러한 역할이 2차 파생 상품으로 형성이 되는 것입니다. 그리고 3차 위성 시장이 생기는데요, 3차 시장의 구조는 다음과 같습니다. 1차 시장에서는 오프라인에서 실제 게임이 개최되는 데 반해, 3차 시장은 스포츠 토토처럼 게임의 승패를 예측하는 복권 등 1차 시장과 유사한 가상 시장입니다. 스포츠 겜블러가 활동하는 시장인 거죠. 승패 예측은 물론, 스코어 예측 등 겜블의 파생 확장력은 무한합니다. 2차, 3차 시장은 1차 시장에서 확산되는 파생 시장, 위성 시장이라고 표현했는데, 이들 파생 시장, 위성 시장이 금액적으로는 더 많은 돈이 움직이는 시장이기 때문에 확장의 의미가 큽니다. 실질으로 프로스포츠 상품은 흥행의 규모뿐 아니라, 파생 시장과 위성 시장의 규모가 더해짐으로써 수치로 산출하는 규모보다 훨씬 더 큰 시장을 형성하고 있습니다.

프로스포츠 구단 경영의 특성

다음은 프로스포츠 상품을 운영하는 구단 경영의 특성을 간단하게 정리해봤습니다.

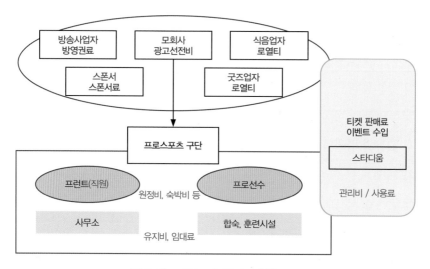

〈자료 10〉 프로스포츠 구단의 수익 구조

출처 : 《프로야구의 경제학》

〈자료 10〉을 보면, 상단 원형 내부에 있는 내용이 프로스포츠 구단의 수입입니다. 하단 사각형 내부에 있는 내용은 구단이 지출하는 비용을 말합니다. 구단은 연고지 구장을 소유하거나 임대해서 사용하고 있는데, 우측의 스타디움 항목이 구장에서 발생하는 수익과 비용입니다. 구단 입장에서는 스타디움의 수익이 가장 중요한데요, 경기 관전을 위해 관중에게 판매하는 티켓 판매료가 수익의 크기를 좌우합니다. 흥행에 성공한 구단일수록 관중이 많고, 결과적으로 티켓 판매 수익이 커지는 거죠. 홈 게임이 없을 경우에는 구장을 임대 형식으로 외부에 제공하는데, 가수들의 라이브 공연이나 기업의 특판 활동 등 다양한 이벤트 수입이 발생합니다. 여기서도 이벤트 횟수와 수익 규모의 상관관계가 발생합니다. 따라서, 이벤트 수익을 극대화하기 위해서는 비나 눈, 특히 급격한 온도 차를 극복할 수 있는 돔구장이 매우 유리합니다. 스타디움에서는 식음료 수익도 발생합니다. 게임을 관전하며 햄버거나 치킨을 먹고, 음료도 마시는데, 구단은 이들 식음료업체가 스타디움에 입점해 장사하는 대가로 임대료 및 로열티 수익을 얻게 됩니다. 또, 홈팀 스타 플레이어의 유니폼이라든가 관련된 굿즈를 스타디움이나 온라인으로 판매하는데, 그것에 대한 로열티 수입도 생기는 것입니다. 국내에서는 응원 도구의 판매량도 매우 큽니다.

각 구단이 특별히 신경을 많이 쓰는 도구는 응원봉입니다. 막대풍선으로 만들어진 응원봉은 최초에는 색상과 팀명으로 구분되다가 캐릭터가 부가되고, 야간용 LED가 내장되는 등 진화를 거듭하고 있습니다. 최근에는 LED 발광 색상을 응원단 본부에서 동일하게 통제하는 기술까지 등장했습니다. 고깔모자라든가 후드 망토, 우비 등 응원과 관련된 용품은 소모품이어서 구단이 흥행에만 성공한다면 판매량도 비례적으로 늘어나는 구조를 갖고 있습니다.

한편, 굿즈의 제조, 판매 방식은 3가지로 구분이 됩니다. 첫 번째는 로열티 방식인데요, 구단 로고나 선수 유니폼 등에 라이선스 사용권을 부여해

제조 및 판매를 허가하고 매출에 따라 로열티를 수취하는 방식입니다. 이 방식은 구단이 재고 리스크를 부담하지 않기 때문에 많이 사용되는데, 프로스포츠 구단의 특성상 선수의 이적이 많고, 부상 리스크가 많아 이와 관련한 선수 굿즈의 재고 리스크를 회피하기 위함입니다.

두 번째는 구단 스스로 굿즈를 제작, 판매하는 방식입니다. 대개 제조는 전문업체에 위탁해서 제조하고, 판매만 직접 하는 경우가 많죠. 구단이 직접 제조, 판매하는 방식은 로열티 방식에 비해 이익율이 높은 것이 장점이지만, 상대적으로 재고 리스크가 부담이 되죠. 그래서 대개 꾸준히 잘 팔리는 상품의 경우에는 전략적으로 이 방식을 채용합니다.

세 번째는 콜라보 방식입니다. 예를 들어, 디즈니나 뽀로로 같은 캐릭터 브랜드와 콜라보 상품을 만들어 판매하는 것입니다. 이는 양자의 브랜드 가치 차이에 따라 계약 형태가 달라지지만, 보통의 경우 프로구단에서는 접근하기 힘든 타깃에게 브랜드 인지도를 높이기 위한 때에 많이 사용됩니다. 어린이층에게 좀 더 친숙한 캐릭터를 통해 야구 굿즈를 제공하는 경우에 해당되겠죠.

다음은 〈자료 10〉의 상단, 식음료와 굿즈의 로열티 이외 항목과 관련된 구단의 수익을 하나씩 나눠 살펴보겠습니다. TV 방영권료는 방송 사업자, 즉 TV 방영을 목적으로 하는 곳으로부터 사용권료를 받는 것입니다. KBO의 경우에는 방송사와 일괄 계약해, 소속 구단에게 수익을 균등 배분하는 구조입니다. 일본 NPB는 센트럴리그에 '거인'팀 흥행이 타 팀과 비교할 수 없게 크고, '거인' 구단의 오너 기업이 '요미우리 TV'이기 때문에 한 게임당 1억 엔에 이르는 TV 방영권을 거의 독점적으로 운영하고 있습니다. 따라서 센트럴리그 소속 구단 가운데 '거인'만이 흑자 운영을 하고 있고, 타 팀과의 격차가 클 수밖에 없는 구조입니다. 상대적으로 NPB의 퍼시픽리그팀은 IT 기업 구단주 중심으로 인터넷을 포함한 방송 방영권을 통합해 운영하고 있습니다. 팀의 상향 평준화 관점에서 방송 방영권을 통합 운영하는 것이 올바른 선택인 거죠.

구단 수익의 다음 항목은 광고 스폰서로부터 받는 스폰서 사용료입니다. 스타디움에는 다양한 광고가 붙습니다. 모든 펜스와 전광판, 그라운드의 구석구석에 광고가 게시되면, 광고 스폰서로부터 사용료를 받습니다. 선수들의 유니폼, 모자에도 기업의 브랜드가 붙는데, 그것도 사용료 수입이죠. 그런데 국내 프로스포츠의 대부분이 스폰서 사용료 가운데 가장 큰 매출은 구단의 모기업으로부터 발생합니다. 이를 모기업 광고 선전비로 표현했는데, 국내 구단의 대부분이 대형 그룹의 자회사가 운영하기 때문에 굳이 다른 기업을 광고 스폰서로 삼지 않고, 자사 혹은 그룹사의 광고로 도배하는 경우가 많습니다. 이는 구단의 적자를 방지하는 수단도 되고, 광고 비용 처리로 세무 혜택도 얻게 됩니다. 최초부터 모기업의 광고탑으로 구단을 운영한 KBO나 NPB가 MLB처럼 발전하지 못한 이유가 여기에 있습니다. 이 부분에 대해서는 CHAPTER 3에서 다시 정리하죠.

다음은 구단에서 사용하는 비용으로 〈자료 10〉의 하단부 내용을 살펴보겠습니다. 구단이 사용하는 비용은 선수들의 연봉 총합과 프런트 직원의 인건비, 코치진의 연봉 등 인건비가 최대 항목입니다. 그리고 선수들이 원정 게임을 갈 때, 원정 도시까지의 교통비, 숙박비, 식비 등의 비용이 지출됩니다. 일반 회사라면 일종의 출장비인 셈이지요. 그다음에 구단 사무실을 유지하고 또, 합숙 훈련 시설을 유지하는데 임대료, 관리비 등이 들어가겠죠. 물론 스타디움을 사용하는 사용료, 관리비 역시 비용으로 들어가는 것입니다. 앞선 수익에서 전체 비용을 차감해서 프로구단의 경영 이익이 발생하는 건데요, 앞서 지적한 것처럼 국내 프로야구 구난은 모기업의 지원이 없으면 경영이 어렵습니다. 선수들의 연봉 수준이 높고, 흥행에 성공한 일부 팀을 제외하고는 티켓 판매 수익이 적어서 적자인 경우가 많습니다. 이 부분도 CHAPTER 3에서 다시 설명하겠습니다.

프로스포츠의 세계화

미국의 Big4 스포츠

앞서 우리는 프로스포츠의 특성과 수익 구조를 분석해봤는데요. 이번 장에서는 프로스포츠가 질적 고도화를 통해 더욱 큰 자본과 결합하는 과정을 살펴보겠습니다. 로컬 시장에서 인정받은 선수들이 글로벌 시장으로 진출하는 이유는 첫째, 상업적으로 큰 시장이 형성되어 있으므로 연봉 규모가 커지고 둘째, 우수한 선수들과의 경쟁을 통해 스타 플레이어로 성장할 수 있기 때문입니다. 이러한 관점에서 볼 때, 프로스포츠의 시장성에 제일 먼저 눈을 뜬 곳은 미국입니다. 미국 스포츠 시장은 대개 캐나다를 포함하는 북미 전체 시장을 이야기합니다. 미국 프로스포츠에는 이른바, Big4라고 불리는 리그가 있습니다. 수많은 프로스포츠리그 가운데, 가장 흥행력이 높아서 결과적으로 관객 수가 비교할 수 없이 많고, 수익도 발군인 4개의 종목을 지칭합니다.

NFL(미식축구), MLB(야구), NBA(농구), NHL(아이스하키) 종목이 프로스포츠 Big4리그에 포함됩니다. NFL은 National Football League의 약자로 미식축구리그를 말합니다. 명실공히 미국의 국민 스포츠라고 불릴 만큼 최고의 인기 스포츠리그입니다. 미국의 미식 축구리그는 이미 1920년에 세워져서 100년이 넘는 역사를 가지고 있는데, NFL에 참여하는 팀은 32개입니다. 내셔널 풋볼 컨퍼런스(NFC)와 아메리칸 풋볼 컨퍼런스(AFC) 2개의 컨퍼런스로 나뉘어 경기를 치르고, 양 컨퍼런스 우승팀끼리 단판으로 승부를 내는 슈퍼볼(Super Ball)이 매년 2월 첫째 일요일에 열립니다. 슈퍼볼은 세계 최고의 단일 경기 이벤트인데, TV 방송을 통해 약 1억 5,000만 명이 시청해 단일 스포츠 결승전 시청자 수 1위를 차지합니다. 슈퍼볼 하프타임에 붙는 30초 TV 광고의 경우, 약 60억 원의 광고료가 책정되었답니다. 이렇게 방송권료와 경기장 입장료, 경기장 광고비 등을 포함해 NFL은 153억 달러의 수익을 올리고 있죠. 세계에서 가장 많은 수익을 내는 프로스포츠리그입니다. 특히, 팀당 한 시즌에 17게임을 치르고, 리그 전체 게임 수가 267게임이므로, 경기당 수익은 여타 종목과 비교가 되지 않습니다. 가성비가 매우 좋은 종목이죠.

NFL 평균 입장 관객을 보면, 2017년에 6만 7,000명으로 최대 관중을 자랑하고 있습니다. 참고로 이 책에서 다루는 프로스포츠의 수익, 관객 수 등 데이터는 2020년 전 세계에 코로나19가 발생하기 이전, 즉 2017년 말부터 2019년 말 자료를 기반으로 합니다. 왜냐하면, 2020~2022년 프로스포츠 시즌에는 코로나로 인해 무관중 경기 혹은 리그의 경기 수를 줄여서 운영하는 리그 축소 영향으로 데이터가 크게 왜곡되었기 때문입니다. 비록 구형이지만 정상 데이터를 사용하는 것이 왜곡된 신형 데이터를 사용하는 것보다 제대로 된 비즈니스 이해력입니다.

두 번째 규모의 프로스포츠는 MLB, 즉 Major League Baseball인데요, MLB는 1903년에 정식으로 설립되었습니다. 앞서 아마추어리즘과 프로

League	Sport	Year founded	Teams	Last expansion	Revenue US$ (bn)	Average attendance (2017)
National Football League (NFL)	American football	1920	32	2002	$15.3	67,396
Major League Baseball (MLB)	Baseball	1903	30	1998	$10.7	30,042
National Basketball Association (NBA)	Basketball	1946	30	2004	$8.6	17,884
National Hockey League (NHL)	Ice hockey	1917	32	2021	$5.1	17,422

〈표 3〉 미국 프로스포츠 Big4 리그

출처 : Forbes, 필자 가공

스포츠의 비교에서 1871년에 전미프로야구선수협회가 결성되었다고 했는데요, 실질적으로 MLB가 조직이 세팅된 것은 32년이나 지난 뒤입니다. MLB에는 현재 30개 팀이 소속되어 있습니다. 〈표 3〉을 보면, 라스트 익스펜션(Last Expansion 이하, 확장 완성)이라는 항목이 있는데요, 이것은 리그에 마지막으로 참여한 팀이 들어온 연도를 뜻합니다. 〈표 3〉을 해석하면, MLB가 30개 팀으로 고정된 것이 1998년이라는 의미입니다. 실제로 1998년에 아리조나 다이아몬드백스(Arizona Diamondbacks)와 템파베이 레이스(Tampa Bay Rays) 2개 팀이 MLB에 합류해서 30개 팀이 완성되었습니다. 이 표로 알수 있는 것은 미국 Big4 프로스포츠 가운데 MLB가 가장 조기에 확장 완성을 이루어 리그 안정화를 꾀했다는 것입니다. 흥행에 성공한 리그는 확장에 대한 욕심이 생기기 마련이지만, 확장 일변도로 가게 되면, 리그에 입성하지 못했을 능력 없는 선수가 무임승차할 가능성이 커져서 리그의 질이 떨어질 수 있습니다. 그래서 가장 최적의 리그 운영을 위한 구단의 개수를 확정하는 것이 중요합니다.

KBO리그에도 이러한 논의가 있었습니다. 8개 구단에서 10개 구단으로 확장하는 단계에서, 2개 구단이 갑자기 더 생기면 선수 수급의 균형이 깨집니다. 그래서 2군 리그의 상위 선수나 1군에서 게임에 출장을 많이 하지 못하는 선수, 전성기가 지난 선수 등으로 팀을 꾸리게 되는 거죠. 결과적으로 이런 선수로 구성된 수준 미달인 신규 2개 팀이 몇 년 동안 하위권을 깔아주면서, 리그 전체 흥행에 문제가 생기는 것입니다. 급속하게 리그의 하향 평준화가 이루어지는 거죠. 그러면, 당연히 팬들로부터 외면을 받게 되고요. 그래서 '확장 완성' 연도가 중요합니다. 그것이 오래되면 될수록, 그만큼 리그가 안정화되었다는 방증입니다. 실제로 1998년에 30개 팀으로 확장 완성을 이룬 MLB는 그 이후에 리그 안정화를 바탕으로 초고속 성장을 합니다. 리그 안정화를 선점한 MLB의 평균 관람객 수는 약 3만 명입니다. 30개 팀이 한 시즌에 총 2,467게임을 치르는데, 입장 수익만 해도 어마어마한 규모입니다.

Big4 프로스포츠의 세 번째는 NBA입니다. NBA는 National Basketball Association으로, 프로농구리그를 말합니다. NBA는 1946년에 설립이 되었고, 30개 팀이 리그에 참여하며 86억 달러의 수익을 올리고 있습니다. 한 게임에 약 1만 7,800명의 평균 관람객이 입장합니다. 실내 경기임에도 1만 8,000명이 입장한다는 것을 통해 경기장 규모가 매우 크다는 것을 짐작할 수 있습니다. 한 시즌에 30개 팀이 1,312게임을 소화하는 리그임에도 불구하고, NBA 경기장 입장료는 다른 프로스포츠리그에 비해 비싼 편입니다.

다음은 Big4 스포츠의 네 번째로 국내에서는 좀 낯설긴 하지만 NHL (National Hockey League), 즉 하키리그가 있습니다. NHL은 1917년에 설립되었고, 32개 팀이 참여해서 51억 달러의 시장 규모를 가지고 있습니다.

이상에서 살펴본 것처럼, 미국의 Big4 프로스포츠는 다른 나라 어느 리그와 비교해도 항상 상위에 랭크될 정도로 규모가 큰 시장입니다. Big4 스포츠 내에서도 실외 경기와 실내 경기의 근본적인 차이 때문에 수입과 관람객 수의 차이가 나는데요, 그것보다 중요한 것은 리그 게임 수의 차이입니다. 한 시즌 게임 수가 267게임으로, MLB의 1/9, NBA의 1/5 게임 수에 불과한 아메리칸 풋볼 NFL이 압도적인 1등의 인기를 구가하는 것입니다. 야구를 창시한 미국에서 아메리칸 풋볼이 더 인기 있는 것은 미국의 개척 정신과 부합하기 때문이라는 견해가 많습니다. 초창기 미국의 프론티어 정신을 그대로 반영한 게임이라는 것입니다. 땅 따먹기 게임과 유사한 방식이기 때문에 열광하는 것입니다. NFL의 인기를 반영하듯 국내 현대자동차가 30초에 60억 원이나 하는 슈퍼볼의 중간 광고 스폰서로 들어가기 위해 엄청나게 로비를 한다는 뉴스가 나올 정도로 그 임팩트가 대단합니다.

글로벌 스포츠 시장의 확대

앞서 미국의 Big4 프로스포츠를 분석해봤는데요, 여기서는 각국의 주요 스포츠를 글로벌 관점에서 살펴보겠습니다. 글로벌 스포츠 시장이 어느 정도 규모로 움직이는가를 비교하는 자료는 〈표 4〉를 기준으로 분석해보겠습니다.

〈표 4〉는 포브스에서 발표한 각국의 스포츠리그 규모 자료인데요, 유럽에서 운영되는 리그가 많아서 유로화 기준으로 작성된 것을 비교의 용이성을 위해 필자가 달러화로 환산해서 정리한 것입니다. 전 세계의 프로스

League	Sport	Country(ies)	Season	Level on pyramid	Teams	Matches/ Games	Revenue ($ mil)	Rev./ team ($ mil)	Rev./ match ($ k)
NFL	American football	United States	2019	1	32	267	15,315	478.6	57,359
MLB	Baseball	United States Canada	2019	1	30	2,467	10,758	358.6	4,361
NBA	Basketball	United States Canada	2018-19	1	30	1,312	8,562	285.4	6,526
EPL	Association football	England	2018-19	1	20	380	6,450	322.5	16,974
NHL	Ice hockey	United States Canada	2018-19	1	32	1,358	5,072	158.5	3,734
Power Five conferences	American football	United States	2018	2	65	835	4,708	72.4	5,638
Bundesliga	Association football	Germany	2018-19	1	18	306	3,799	211.1	12,415
La Liga	Association football	Spain	2018-19	1	20	380	3,678	183.9	9,679
Serie A	Association football	Italy	2018-19	1	20	380	2,854	142.7	7,511

〈표 4〉 각국의 프로리그 규모 1

출처 : Forbes, 필자 가공

포츠리그 규모를 비교했을 때, 최대 시장은 NFL, 즉 아메리칸 풋볼이 1위입니다. 그 뒤를 이어, MLB가 107억 달러로 2위, NBA가 86억 달러로 3위, NHL이 51억 달러로 5위에 랭크되었습니다. 역시 앞에서 이야기한 미국의 Big4 스포츠가 글로벌 시장에서도 상위권을 점유하고 있습니다. 4위에 랭크된 스포츠리그는 영국의 EPL(English Premier League)입니다. EPL은 축구 종목으로 세계에서 가장 큰 리그인데요, 국내에서도 손흥민 선수 덕분에 매주 EPL 경기를 친근하게 시청할 수 있죠. EPL은 20개 구단이 참여해서 한 시즌에 380게임을 소화하는데, 규모가 64억 달러에 이릅니다. 프로스포츠의 축구 종목은 세계적으로 광범위하게 흥행을 이끌고 있습니다. 영국의 EPL에 이어 독일의 분데스리가, 스페인의 라리가, 이탈리아의 세리에A, 프랑스의 리그1, 브라질의 브라질리그가 흥행의 상위권에 랭크되어 있습니다. 아울러 단일 국가 리그는 아니지만, 유럽 우수 구단이 참여하는 UEFA 챔피언스리그가 약 27억 달러로 이탈리아 세리에A리그에 버금가는 규모를 자랑합니다. 챔피언스리그 참여 자격은 유럽 4대 리그, 즉 EPL, 분데스리가, 라리가, 세리에A의 경우, 상위 4개 팀에게 참여 자격을 부여하고, 프랑스 리그1 등 다른 리그의 순위에 따라 3개 팀, 2개 팀 등 전체 32개 팀이 우열을 가릅니다. 참가 구단은 챔피언스리그에 참여하는 것만으로도 상당한 배당금을 획득함은 물론, 성적에 따라 그 액수는 기하급수적으로 증가합니다. 프로스포츠 흥행의 절정을 보여주는 사례라고 이해할 수 있습니다.

〈표 4〉에서 보이는 Level On Pyramid의 의미는 프로스포츠리그에서 나누는 1부, 2부 리그의 리그 구분입니다. 1은 1부 리그, 2는 2부 리그입니다. 〈표 4〉를 보면, 2부 리그가 상위 규모인 종목은 1개밖에 없습니다. 아메리칸 풋볼의 2부급인 파워 파이브 컨퍼런스(Power Five Conference)가 그것입니다. 2부 리그 격인 5개의 대학리그임에도 65개 팀이 참여해서 규모가 47억 달러에 이릅니다. 5개 컨퍼런스는 ACC(Atlantic Coast Conference 대서양 연안) 소속 15개 팀, Big Ten 소속 14개 팀, Big 12 소속 10개 팀, Pac-12 소속 12개 팀, SEC(Southeastern Conference) 소속 14개 팀으로 구성되어 있습니다. 순위를 한참 내려오면 일본 프로야구 NPB(Nippon Professional Baseball)가 12개 팀에 16억 달러 규모, 다음에 일본 프로축구 J1리그가 18개 팀에 9억 4,600만 달러 규모입니다.

국내 프로스포츠는 KBO가 10개 팀에 4억 4,900만 달러이고, 프로축구 K리그는 12개 팀에 3억 1,600만 달러 규모입니다. 〈표 5〉를 보면, 일본 프로야구 NPB 규모가 굉장히 큰 것처럼 보이는데, 실질적으로는 전 세계에서 20위권 밖에 있습니다.

〈표 5〉는 필자가 일본과 한국의 야구리그를 넣고 비교의 편의를 위해서 편집한 것입니다. 국내 프로야구 KBO는 한참 더 밑에 있는데요, MLB의 1/24, NPB의 1/3.6 규모입니다. 〈표 4〉와 〈표 5〉에서 보면, 전 세계 프로 스포츠리그는 매우 커지고 있는데요, TV 중계권과 연계되어 흥행에 성공하면 시장 규모는 계속해서 우상향 성장할 것으로 보입니다. 그래서 흥행력이 있는 종목과 구단의 획득을 위해 글로벌 머니가 다채롭게 움직이는 것입니다.

League	Sport	Country(ies)	Season	Level on pyramid	Teams	Matches/ Games	Revenue ($ mil)	Rev./ team ($ mil)	Rev./ match ($ k)
UEFA Champions League	Association football	Europe	2019-20	1(Int.)	38	132	2,666	70.1	20,197
F1	Auto racing	Worldwide	2019	1	10	20	2,224	222.4	111,200
Ligue 1	Association football	France Monaco	2018-19	1	20	380	2,081	104.1	5,476
Brasileirão	Association football	Brazil	2019	1	20	380	1,463	73.2	3,850
NPB	Baseball	Japan	2018	1	12	880	1,629	140.8	1,851
J1 League	Association football	Japan	2017	1	18	306	946	52.6	3,091
KBO League	Baseball	South Korea	2019	1	10	720	449	44.9	624
K League	Association football	South Korea	2019	1	12	228	316	26.3	1,386

〈표 5〉 각국의 프로리그 규모 2

출처 : Forbes, 필자 가공

프로스포츠
확대 현상과 원인

프로리그 종목별 규모 비교

이번 장에서는 프로스포츠 확대 현상과 원인에 대해 다루려고 합니다. 먼저 프로스포츠리그의 종목별 규모를 비교해보고, 확대 현상과 원인을 진단해보죠. 전 세계에서 제일 큰 프로스포츠 종목은 축구입니다. 앞서 지적한 UEFA 챔피언스리그를 보면, 4년 만에 열리는 FIFA 월드컵의 규모를 상상할 수 있겠죠. 전 세계에서 축구를 하지 않는 나라는 거의 없습니다. 그 가운데 많은 국가가 프로축구리그를 운영하고 있고요. 영국 프리미엄리그, 독일 분데스리가, 스페인 라리가, 이탈리아 세리에A, 프랑스 리그1, 브라질 축구리그, 아르헨티나리그, 러시아리그, 터키리그, 일본 J리그, 한국 K리그 등 전 세계적으로 40개 국가에서 프로축구리그를 갖고 있습니다.

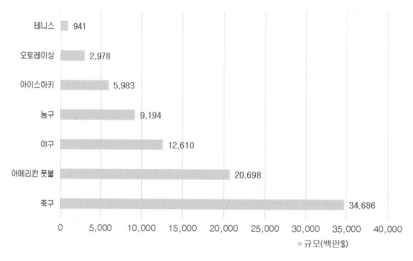

테니스 941
오토레이싱 2,978
아이스하키 5,983
농구 9,194
야구 12,610
아메리칸 풋볼 20,698
축구 34,686

0 5,000 10,000 15,000 20,000 25,000 30,000 35,000 40,000

■ 규모(백만$)

〈자료 11〉 프로스포츠 종목별 규모

출처 : Forbes, 필자 가공

〈자료 11〉은 프로스포츠의 종목별 규모를 정리한 것입니다. 프로축구의 규모는 346억 달러로, 타 스포츠 종목과 비교하면 압도적으로 축구리그가 큽니다. 프로축구가 압도적으로 큰 규모를 자랑하는 것은 국가별로 리그가 많다는 점 이외에 파생 시장이 중요한 역할을 합니다. 앞서 UEFA 챔피언스리그에 대해 설명한 것처럼, 국가별 리그 이외에 대륙 간 혹은 지역 내의 컵 대회가 다수 존재하기 때문에 그 시장성을 무시 못 하는 거죠. 유럽에는 UEFA 챔피언스리그에 버금가는 UEFA 유로파리그가 존재합니다. 참가 자격은 EPL 2개 팀(리그 5, 6위), 라리가 2개 팀(리그 5, 6위), 분데스리가 2개 팀(리그 5, 6위), 세리에A 2개 팀(리그 5, 6위), 프랑스리그 2개 팀(리그 4, 5위) 등 32개 팀이 출전합니다. 상금은 본선 조별리그 참가만으로도 약 363만 유로를 받고, 그 외에 승리 수당, 16강 진출, 8강 진출, 4강 진출 상금이 추가로 붙게 되죠. 우승팀 상금은 약 860만 유로, 준우승팀은 460만 유로의 상금을 받게 됩니다. 전술한 챔피언스리그 우승 상금이 2,000만 유로

이고, 준우승 상금이 1,550만 유로인데요, 파생 시장 상금으로서는 최대 규모입니다. 한편, 프로리그와 아마추어팀이 동시에 참여하는 FA컵(Football Association Cup)은 축구협회가 있는 거의 모든 국가에서 개최됩니다. 그 가운데 역시 762개 팀이 참여하는 영국의 FA컵 규모가 가장 큽니다.

　FA컵에도 공식 스폰서가 붙는데요, 영국의 경우에는 2015~2016시즌부터 현재까지 에미레이트 항공이 스폰서로 참여해서 '에미레이트 FA컵'으로 명명했죠. 영국 FA컵의 우승 상금은 360만 파운드입니다. 아울러, EFL컵(English Football League Cup)도 운영되는데요, 92개 프로 클럽이 참가합니다. 우승 상금이 10만 파운드인데, 부가적으로 결승전 TV 중계권료를 결승 대진 2개 팀에게 배당하는 구조입니다. 프로축구는 이렇게 메인리그 이외에 추가적인 파생 시장이 존재하므로 대회 참가에 따라 경기 일정이 빡빡하고, 결과적으로 선수들 체력 안배가 중요한 과제가 됩니다.

　그럼에도, 시장 규모가 다른 프로스포츠에 비해 월등히 큰 이점을 누리기 위해 구단은 추가적으로 선수를 보강하고 강한 팀을 만드는 데 주력하는 것입니다. 상대적으로 유럽과 남미에 비해 실력이 열세인 아시아 지역에도 AFC 챔피언스리그가 운영되고 있는데요, 참가 수당 외에 우승 상금 400만 달러, 준우승 상금 200만 달러가 지급됩니다. 〈자료 11〉에서 보면, 프로축구에 이어 아메리칸 풋볼이 206억 달러, 프로야구가 126억 달러, 프로농구가 91억 달러, 아이스하키가 59억 달러, F1 오토레이싱이 29억 달러, 테니스가 9억 4,000달러 규모입니다. 〈자료 11〉은 필자가 전 세계 각 종목의 프로스포츠리그 50여 개를 분석해서 만든 자료입니다. 결과적으로 프로스포츠의 종목 크기는 축구가 제일 크고, 그다음이 아메리칸 풋볼, 그다음이 야구라고 할 수 있죠.

프로야구 파생시장, WBC 대회

야구의 경우에도 축구의 월드컵처럼 리그 이외의 파생상품을 만들려는 노력이 계속되었습니다. MLB의 제9대 커미셔너였던 버드 셀릭(Bud Selig)이 '야구 세계 1위 결정전'을 제창해서 2006년에 제1회 WBC(World Baseball Classic)가 개최되었죠. WBC 대회는 MLB가 만든 WBCI(World Baseball Classic Inc)가 주최하는 국가 대항전입니다. 버드 셀릭 커미셔너는 2000년 초부터 야구 시장의 확대를 위해 MLB의 국제화를 추진했는데요, 멕시코와 일본 등에서 MLB 개막전을 개최함으로써 해당 국가에 MLB 팬을 대거 확보하고, 저변을 확장했습니다.

한편, 2006년 1회 WBC대회 개최를 기념해서, 2005년 MLB 올스타 게임에서 통상 게임 전에 치르던 홈런 더비를 대신해서, 국가 대항 홈런 더비 이벤트를 선보였죠. 당시 한국 대표로는 MLB에서 활약하던 최희섭 선수가 출장했습니다. 2006년 3월에 역사적인 제1회 WBC가 개최되었는데요, 초청을 받은 16개 국가 대표팀이 일본과 푸에르토리코, 미국에서 경기를 치렀습니다. 제2회 대회는 2009년 6월에 개최되었는데, 이때부터 축구의 FIFA 월드컵처럼 4년에 한 번씩 대회를 개최하는 것으로 결정되어, 3회는 2013년 3월에 개최되었고, 4회는 2017년 3월에 개최되었죠. 5회 대회는 당초 2021년에 열려야 할 것이 코로나 사태로 2023년 3월로 연기되었습니다.

〈자료 12〉는 WBC의 운영과 수익 구조, 수익의 배분을 정리한 것인데요, 횟수를 거듭할수록 총수익이 증가하고, 그에 따라 수익 배분, 특히 상금도 늘어나는 경향을 보입니다. 제1회에 1,280만 달러이던 총수익이 2회에는 3,200만 달러, 3, 4회는 WBCI에서 공개를 하지 않았지만, 상금과 참가국 협회에 배분된 수익을 감안할 때, 4회 대회에는 약 1억 1,000만 달러의 총수익이 추정됩니다. 이 경우, 1회 대회에 비해 총수익이 10배 가까이 증가한 것이죠.

이렇게 총수익이 증가한 원인은 MLB의 입장 변화 때문입니다. MLB는 애초에 '월드 시리즈' 우승팀이 세계 1위라고 생각하고 있어서 WBC에 관심이 없었습니다. 국가 대항전이기 때문에 각 구단에서 국가대표로 선수를 차출하는 것을 꺼렸고, 선수들도 국가대표의 매력보다는 시즌을 준비하는 훈련에 전심을 다하는 것이 의미 있다는 판단을 한 것이죠. 고액 연

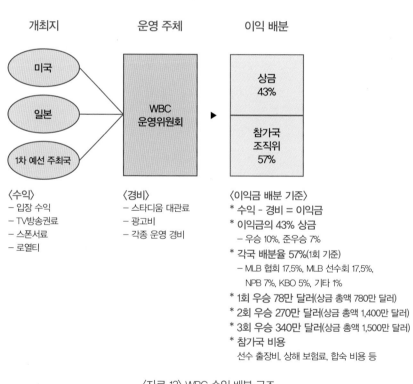

〈자료 12〉 WBC 수익 배분 구조

출처 : 필자 작성

봉의 MLB 선수가 WBC 참가로 받는 출장비는 푼돈일 수밖에 없고 부상의 위험도 따르기 때문이에요. 그래서 1, 2회 대회에는 트리플A급 선수들이 참가했죠. 그런데 3회에 도미니카가 우승하고, 일본 선수단이 대회 참여 거부를 하면서 상황이 달라집니다. 수익 배당을 받는 MLB 선수협에서도 좀 더 진취적인 자세가 되어 MLB 선수들이 참여하게 된 거죠. MLB 선수협은 MLB와 같은 금액으로 운영회사인 WBCI에 투자했다는 이유로 제1회에 17.5%, 제2회에 33%의 이익 배분을 크게 받았어요.

그런데 참가 선수 레벨을 보면 한국이나 일본은 다릅니다. 특유의 라이벌 의식이 작동합니다. 스즈키 이치로(鈴木一朗)나 박찬호 같은 MLB 소속의 선수들도 구단을 설득해서 WBC 대회에 참석하죠. 그래서 한일 양국에서는 비싼 TV 방송권료에도 불구하고 방송사 계약이 이루어지고, 다양한 스폰서가 참여하는 구조입니다. 그래서, 일본의 경우에는 제3회 WBC 참가를 거부할 정도로 억울한 입장이었습니다. 대회 개최도 도쿄돔에서 하고, NPB가 WBC로부터 받는 배당금 상당의 금액을 일본 기업이 스폰서료로 제공하는데, 입장료, 스폰서료, 방송권료 등 그 수익이 모두 WBC 운영위원회에 귀속되어버립니다. 일본 NPB는 거기에서 경비를 차감한 이익금으로 분배금을 배당받는 데 문제가 있다는 것이죠. 게다가 배당받는 수준이 1회에는 7%(KBO 5%), 2회에는 13%(KBO 9%)로 MLB의 1/2.5에 그치고, MLB와 MLB선수협을 합친 금액의 1/5에 그칩니다. 결국 WBC가 재팬머니로 이루어지는데, 배당은 MLB와 MLB 선수협이 2/3의 수익금을 가져가는 것이 문제입니다.

사실 WBC 수익의 대부분은 한일전에서 발생합니다. 한일 양국의 라이벌 의식이 입장료, TV 시청률, 스폰서료 등을 최고로 만듭니다. 그래서 대진표도 아예 예선부터 한일전을 의도적으로 만들 정도죠. 그러면, 한일전이 적게는 2번, 많게는 3번이 열릴 수 있는 것입니다. 일본 입장에서는 재주를 부린 것에 비해 제 몫을 못 받았다는 불만이 커진 것이죠. 이런 자극으로 일본은 WBSC(World Baseball Softball Confederation)와 함께 WBSC Premier12라는 새로운 대회를 주도해서 2015년부터 개최하게 됩니다.

WBSC Premier12 역시 4년에 한 번 개최되는 국가 대항전인데, WBC의 중간 해에 개최합니다. 전 세계 Top 12 국가를 초청해서 일본, 대만, 한국, 멕시코 등에서 개최하고, 내용은 WBC와 유사한 구조입니다. 2015년에 1회 대회가 개최되어 총액 상금 380만 달러(우승 100만 달러, 준우승 60만 달러)를 지출했고, 2019년에 2회 대회에는 총액 상금 521만 달러(우승 150만 달러, 준우승 75만 달러)를 지출했습니다. 그러나 전체적으로 MLB 선수의 참가가 없어서 WBC에 비해 낮은 레벨의 인식이 있는 것이 사실이에요. 야구는 앞으로 계속해서 다룰 테마 아닙니까? 그래서 CHAPTER 3에서 좀 더 집중해서 분석할 것입니다.

이렇게 종목별로 프로스포츠리그의 흥행을 살펴봤는데요. 더욱 구체적인 분석을 위해서는 각 스포츠리그의 관중, 즉 입장객 수를 비교해보면 좋을 것 같습니다. 스포츠 티켓을 구매해서 관전하는 입장객에 대한 분석 방법은 2가지가 있습니다. 특정 종목 전체의 입장객을 지칭하는 토탈 입장객 관점과 각각의 게임에 입장하는 평균 입장객 관점이 있는데요, 〈표 6〉은 평균 입장객의 숫자로 랭킹을 매겨본 것입니다. 평균 입장객은 수식으로는 토탈 입장객 숫자에서 전체 게임 수를 나눈 것인데, 평균 입장객 숫자로 본다면 역시 6만 7,000명으로 NFL이 압도적입니다. 그다음에 독일 분데스리가가 4만 3,000명, 영국 프리미엄리그가 3만 8,000명, 호주 풋볼리그가

3만 5,000명이에요. 그다음에 일본 프로야구가 3만 명, 미국의 메이저리그
가 2만 8,000명 이런 식으로 〈표 6〉처럼 각 리그의 입장객 숫자를 보여주
고 있습니다.

League	Sport	State(s)	Season	Teams	Games	Total attendance	Average attendance
National Football League (NFL)	American football	United States	2018	32	256	17,177,581	67,100
Fußball-Bundesliga (Bundesliga)	Association football	Germany	2018-19	18	306	13,298,147	43,458
English Premier League (EPL)	Association football	England	2018-19	20	380	14,503,954	38,168
Australian Football League (AFL)	Australian rules football	Australia	2019	18	207	6,954,187	35,122
Nippon Professional Baseball (NPB)	Baseball	Japan	2019	12	858	26,536,962[C]	30,928
Indian Premier League (IPL)	Twenty20 Cricket	India	2018	8	60	1,800,263	30,004
Major League Baseball (MLB)	Baseball	United States Canada	2019	30	2,417	68,494,895	28,339
Campeonato Nacional de Liga de Primera División(La Liga)	Association football	Spain	2018-19	20	380	10,189,869	26,886
Lega Nazionale Professionisti Serie A(Serie A)	Association football	Italy	2018-19	20	380	9,590,166	25,237
Chinese Football Association Super League(CSL)	Association football	China	2018	16	240	5,576,209	23,234
Canadian Football League (CFL)	Canadian football	Canada	2019	9	81	1,856,553	22,920
Championnat de France de football(Ligue 1)	Association football	France Monaco	2018-19	20	380	8,663,784	22,799
Liga MX	Association football	Mexico	2018-19	18	306	6,972,952[31]	22,787
Campeonato Brasileiro Série A (Brasileirão)	Association football	Brazil	2019	20	380	8,501,700	22,432
Bangladesh Premier League (BPL)	Twenty20 Cricket	Bangladesh	2015-16	6	34	742,000	21,824
Major League Soccer (MLS)	Association football	United States Canada	2019	24	408	8,694,730	21,311
J1 League	Association football	Japan	2019	18	306	6,349,421	20,750

〈표 6〉 프로스포츠 입장객 규모

출처 : Forbes, 필자 가공

프로스포츠와 구단 가치

프로스포츠리그는 소속 구단의 경쟁과 상호 의존이 매우 중요한데요, 리그에 소속된 팀의 숫자에 비례해서 리그 규모가 달라집니다. NFL은 32개의 팀이 존재하므로 세계 최대의 프로스포츠를 유지할 수 있습니다. 영국 프리미엄리그(EPL)는 20개의 팀이 있는데, 20개 팀을 가변적으로 운영하는 독특한 방식으로 세계 최대의 프로축구리그를 만들었습니다. 독특한 방식이란, 2부 리그(EFL 챔피언십)에서 EPL로 진입하는 3개 팀과 EPL에서 2부 리그로 강등하는 3개 팀이 생기는 승강 시스템인데요, 긴장감 극대화를 통해 리그 흥행을 유지하는 이러한 승강 방식을 다른 종목에서도 대거 채용하고 있습니다. 한편, 일본 프로야구 NPB에는 12개 팀이 있고, MLB에는 30개 팀이 있는데, 리그를 구성하는 팀의 가치는 과연 리그 가치와 동일할까요?

그래서 포브스 자료를 근거로 필자가 〈표 7〉로 정리해봤습니다. 프로스포츠 구단 가치 1위는 57억 달러의 가치를 평가받은 '달라스 카우보이'입니다. MLB의 '뉴욕 양키스' 구단은 52억 달러로, 2위에 랭크되었고, 3위는 NBA 뉴욕 닉스로 50억 달러로 평가되었죠. 47억 6,000만 달러 가치로 스페인 라리가의 '바르셀로나' FC가 의외의 4위를 차지했고, 같은 라리가의 '레알 마드리드' FC가 47억 5,000만 달러로 5위에 이름을 올렸어요. 스페인 라리가 축구 구단이 흥행의 존재감을 제대로 보여주었습니다. 다음에 6, 7위로 NBA 소속 2개 팀이 있고, 그다음 8, 9위에 NFL 소속 2개 팀이, 10위에 바이에른 뮌헨이 42억 1,000만 달러로 존재감을 보입니다. EPL의 맨체스터 유나이티드가 11위, 리버풀이 12위, 맨체스터 시티가 14위, 그다음에 야구로 돌아와서 LA 다저스가 16위, 보스턴 레드삭스가 20위의 높은 가치를 보여주고 있습니다. 이 〈표 7〉이 독자들의 관심 끌 수 있는 자료가 될 것 같아 나름대로 20위까지만 정리해봤습니다.

팀	리그	가치(USD Billion)	성장률(2016-2020)
1. Dallas Cowboys	NFL	$5,700	43%
2. New York Yankees	MLB	$5,250	54%
3. New York Knicks	NBA	$5,000	67%
4. FC Barcelona	La Liga	$4,760	34%
5. Real Madrid CF	La Liga	$4,750	30%
6. Golden State Warriors	NBA	$4,700	147%
7. Los Angeles Lakers	NBA	$4,600	70%
8. New England Patriots	NFL	$4,400	38%
9. New York Giants	NFL	$4,300	54%
10. FC Bayern Munich	Bundesliga	$4,210	57%
11. Manchester United F.C.	EPL	$4,200	27%
12. Liverpool F.C.	EPL	$4,100	165%
13. Los Angeles Rams	NFL	$4,000	176%
14. Manchester City F.C.	EPL	$4,000	108%
15. San Francisco 49ers	NFL	$3,800	41%
16. Los Angeles Dodgers	MLB	$3,570	43%
17. New York Jets	NFL	$3,550	37%
18. Chicago Bears	NFL	$3,530	44%
19. Washington Football Team	NFL	$3,500	23%
20. Boston Red Sox	MLB	$3,470	51%

〈표 7〉 프로스포츠 구단의 가치

출처 : Forbes, 필자 가공

지면 관계로 나타내지는 못했지만 〈포브스〉의 '프로스포츠 50 구단'을 종목별로 분류해보았습니다. 프로야구 구단은 MLB 소속의 뉴욕 양키스를 비롯해서 6개 팀이 등장합니다. 그 외의 종목은 NFL 소속 구단이 26개, NBA 소속이 9개 구단, 잉글리시 프리미어리그 소속 5개 구단, 스페인 라리가 소속 2개 구단, 독일 분데스리그가 소속 1개 구단, 프랑스리그1 소속 구단 한 팀이 분포하고 있습니다. 프로축구는 합계 9개 구단으로 NBA에 버금가는 종목 파워를 보여주고 있습니다. 국가별 분포를 보면 미국 스포츠 구단이 41개로 압도적으로 많습니다. 그런데 잉글리시 프리미어리그의 맨체스터 유나이티드라든가 리버풀 구단주도 역시 미국인이기 때문에 전 세계적으로 유수의 프로구단을 소유하고 있는 것은 미국 국적의 구단주라고 정리할 수 있습니다. 최근에 EPL 첼시의 구단주로 미국 프로야구 팀 LA 다저스의 구단주인 '토드 보웰리(Todd Boehly)'가 새로 등장한 것도 같은 맥락입니다.

프로야구와 구단주

프로야구의 확장과 세계화

이제부터는 본격적으로 프로야구와 구단에 대해 살펴보겠습니다.

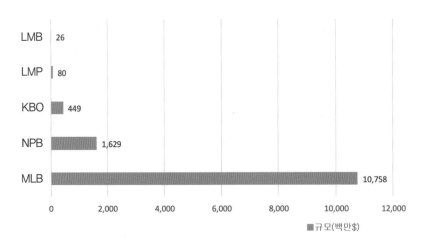

〈자료 13〉 각국의 프로야구 시장 규모

출처 : Forbes 자료, 필자 가공

먼저, 확장과 세계화라는 관점인데요. 〈자료 13〉은 프로야구를 운영하고 있는 각국의 시장 규모를 정리한 것입니다. 프로야구 시장의 규모가 가장 큰 곳은 미국의 메이저리그 베이스볼(MLB)인데요, 108억 달러로 압도적으로 큰 시장을 가지고 있습니다. 일본 프로야구, 즉 NPB(Nippon Professional Baseball)가 16억 달러의 시장이고, 세 번째가 KBO (Korea Baseball Organization)로 4억 5,000만 달러의 규모를 가지고 있습니다. 이 외에 LMP(Liga Mexicana del Pacifica) 멕시칸 프로야구 리그와 LMB(Liga Mexicana de Béisbol) 멕시칸 리그가 존재하고요, LMB는 미국 MBA와 제휴 관계가 형성되어 이들 출신이 MLB에 진출하는 경우도 많습니다. LMP의 규모는 8,000만 달러, LMB는 2,600만 달러의 시장입니다.

프로야구 구단 경영의 특성

프로야구 비즈니스 모델

다음은 프로스포츠 구단 경영의 특성입니다. 프로야구 비즈니스 모델을 〈자료 14〉처럼 오스터왈더(Osterwalder) 교수의 비즈니스 모델 캔버스로 구성해봤습니다. 〈자료 14〉에 정리된 내용은 모두 필자의 개인적 의견입니다. 캔버스 분류 방식은 2010년경 미국에 스타트업 기업이 대거 등장할 때 보급되었죠. 당시 투자자들은 새로운 비즈니스 모델에 관심을 많이 갖고 있었는데, 스타트업 기업은 이들 투자자들에게 자신의 비즈니스 모델을 쉽게 설명하기 위해 이 방법을 주로 사용했습니다.

신사업을 한눈에 쉽게 설명할 수 있는 표준화된 방식이 필요하던 차에 오스터왈더 교수가 이러한 비즈니스 모델 캔버스를 만들어서 보급한 것입니다. 이 모델은 '9개의 비즈니스 요소 즉 ① 파트너, ② 주요 활동, ③ 자원, ④ 가치 제안, ⑤ 고객 관계, ⑥ 채널, ⑦ 고객 세그먼트, ⑧ 비용 구조, ⑨ 수익의 흐름'을 가지고 비즈니스를 설명하는 것입니다. 이러한 9개의 요소로 프로야구 비즈니스 모델을 설명하기 위해서는 먼저 각 요소에 대한 이해가 필요합니다.

〈파트너〉
* TV 등 중계권자
* 스폰서
* 스타디움 소유자
  (지자체 등)
	〈주요 활동〉
	* 게임
	* 리그 운영
		〈가치 제안〉
		* 불확실성에 의한
		  게임의 흥분, 감동
		* 1승의 가치
		* 각본 없는 드라마
		* 리그의 균형
			〈고객 관계〉
			* 팬
			* 서포터즈
				〈고객 세그먼트〉
				* 본거지 팬
				* 전국 팬

	〈자원〉 * 선수 * 코치진 * 프런트		〈채널〉 * 스타디움-현장 * TV, 인터넷 등	
〈비용 구조〉 * 선수단 연봉 　　　　　　 * 스타디움 사용료 　　　　　　 * 선수단 경비 　　　　　　 * 사무실 경비 　　　　　　 * 임원, 프런트 급여			〈수익의 흐름〉 * 입장 티켓료 　　　　　　 * 굿즈/ F&B 판매 　　　　　　 * 방영권료 　　　　　　 * 광고료 　　　　　　 * 상품화권료	

〈자료 14〉 프로야구 비즈니스 모델

출처 : 필자 작성

프로야구 비즈니스 모델의 첫 번째 요소인 '파트너'는 TV 방송국이나 미디어, 스폰서, 지자체라고 할 수 있습니다. 먼저, 미디어 중계권자는 예전에는 TV 중계나 라디오 중계만 있었는데요, 최근에는 인터넷과 CATV 등이 추가되었죠. 그래서 〈자료 14〉의 파트너에 TV 등 중계권자로 표현한 것입니다. 두 번째 파트너는 스폰서입니다. 그리고 세 번째 파트너는 스타디움을 가지고 있는 소유자, 대개 지자체가 되겠죠. 프로야구 구단은 연고지, 즉 홈 경기를 소화하기 위해서 시즌 동안 지자체에 스타디움을 빌리게 됩니다. 구단은 지자체와 장기적인 파트너십을 가져야 안정적인 구조에서 비즈니스를 할 수 있는 것입니다. 그래서 20년, 30년 스타디움 사용 계약을 해서 지속 가능성을 담보하는 거죠. 〈자료 14〉를 보면, 제가 의도적으로 붉은색과 초록색의 구분을 두었는데, 다른 영역의 동일 색상에 영향을 미친다는 의미입니다. 예를 들어, 붉은색의 TV 등 중계권자는 '채널'의 TV, 인터넷 등 채널과 관계가 있고, '고객 세그먼트'의 전국 팬과, '수익의 흐름'의 방영권료와 관계 있음을 보여줍니다. 초록색도 마찬가지입니다. '파트너'의 스폰서는 '수익의 흐름'의 광고료, 상품화권료와 관계가 있는 것입니다.

〈자료 14〉를 보면, 프로야구 비즈니스의 두 번째 요소인 '주요 활동'은 세 번째 요소 '자원'에 속한 선수와 코치진이 상대팀과 만드는 게임과 균형 잡힌 리그운영으로 이루어집니다. 게임은 네 번째 요소인 '가치 제안'과 결합되는데, 게임의 가치는 불확실성을 통해 각본 없는 드라마가 되면 좋은 것입니다. 흔히 "야구는 9회 말 투아웃부터"라는 말을 많이 하지 않습니까? 이 말은 결국, 야구의 승부는 예측 가능한 수준을 넘어서면 더 재미있다는 뜻입니다. 언제든지 역전할 수 있고, 큰 점수 차로 지던 팀이 이길 수 있다는 표현인데요. 실제로 그런 일들이 수없이 많이 벌어지고 있고, 그렇기 때문에 야구가 정말 재미있는 것입니다. 흥행을 위한 요소가 많으면 많을수록 좋은데, 그중에서도 끝내기 만루홈런과 같은 각본 없는 드라마가 제일 중요합니다.

프로야구 비즈니스의 세 번째 요소는 '자원'입니다. 자원은 훌륭한 선수, 그리고 선수를 이끌어주는 감독, 코치진의 역량, 전략과 작전이 중요합니다. 구단 프런트가 가지고 있는 데이터와 이 데이터를 활용한 선수 분석, 데이터 야구가 가능한 코치진의 능력과 노하우가 여기에 포함되어 있는 것이죠.

그리고 프로야구 비즈니스 모델에서 제일 중요한 것은 네 번째 요소인

'가치 제안'입니다. 프로야구를 소비하는 고객에게 어떤 가치를 제안하느냐는 것이죠. 전술한 것처럼 불확실성에 의한 게임의 흥분과 감동, 그로 인한 1승의 가치가 하나씩 차곡차곡 쌓여가면서 고객이 재미를 느낄 때, 가치가 증가하는 것입니다. 어떤 프로스포츠 종목에서는 승리하면 3점이 부여되고, 무승부가 되면 1점, 그리고 패배하면 0점이 부여되는 룰이 존재합니다. 그런 경우에는 승점의 누적이 순위를 좌우하게 되는 거죠.

그러나 프로야구는 그렇게 점수를 부여하기에는 경기 수가 너무 많습니다. KBO의 한 시즌 144게임에 승점 3점, 무승부 1점을 부여하는 것은 무리입니다. 다른 종목처럼 무승부가 많지 않은 것도 이유의 한 가지입니다. 전체 경기에서 몇 승, 몇 패를 했느냐, 그래서 승률이 얼마인가를 판단하는 것이 더 편리하기 때문에 1승의 가치가 굉장히 중요한 거죠.

이와 관련해서 2021년 시즌에 전례 없이 재미있는 상황이 벌어졌는데요, 리그 최종 시합이 종료된 상황에서 두 팀의 승률이 같아서 할 수 없이 리그 1, 2위 팀을 결정하는 별도의 게임을 했습니다. KT와 삼성 두 팀이 76승 9무 59패로 승률 0.563의 숫자가 똑같았어요. 그래서 1위 결정을 위해 한 게임을 더 치렀는데, 이러한 순위 결정 경기는 KBO 40년 동안에 사례가 없었던 일입니다. 이때, 결정전에 승리한 KT가 정규리그 1위, 패배한 삼성이 2위 확정이 되었는데, 이 결정전 한 게임의 승패가 KT와 삼성의 운명을 완전히 바꿨습니다. 왜냐하면, KBO 포스트 시즌의 게임 편성룰 때문이죠. 준플레이오프, 플레이오프, 한국 시리즈로 이어지는 포스트 시즌은 리그 1위에게 절대 유리한 방식입니다. 같은 1승이라도 리그의 1승과 플레이오프의 1승의 가치가 다른데, 리그 1위를 내준 삼성은 뼈아픈 일이었죠. 리그 144게임을 치르는 동안 아깝게 놓친 게임이나 지지 말아야 할 게임에서 진 기억이 있다면 얼마나 안타까울까요? 결정전 한 게임의 1승도 마찬가지입니다. 결과적으로 이 결정전 한 게임으로 KT는 한국 시리즈와 리그에서 동시 우승을 했고, 삼성은 리그 2위, 포스트 시즌에서는 리그 4위인 두산에게 패배해 3위로 추락했습니다. 프로야구의 정규리그 1승의 가치는 매우 크고, 그 1승을 만들기 위한 각본 없는 드라마 하나하나가 가치 제안이 되는 것입니다.

프로야구 비즈니스의 다섯 번째 요소는 '고객 관계'입니다. 프로야구 고객은 일반적으로 팬이라고 하는데요, 팬은 특정 선을 넘어가면 열광적인 서포터즈가 됩니다. 따라서, 구단에서 만들어야 하는 고객과의 관계는 팬을 넘어선 서포터즈로 이루어져야 합니다.

여섯 번째 요소는 '채널'입니다. 고객이 게임을 관전하는 방법론을 채널이라고 할 때, 고객이 접하는 채널은 과연 어떤 것이 있을까요? 현장에서 직관하는 채널은 스타디움이라고 이야기할 수 있겠고요, 이것을 동시에 전국적으로 볼 수 있는 채널은 공중파 TV라든가 CATV, 인터넷입니다. 이러한 현장 공유 방식을 통해서 현장에 없더라도 전국적인 시청이 가능합니다.

그리고 일곱 번째 요소인 '고객 세그먼트'를 해보면 게임을 직접 관람하는 본거지에 팬이 있을 수 있고, 원정 경기도 열심히 쫓아가서 응원하는 전국 팬이 있을 수 있는 거죠. 앞에서 이야기한 것처럼 TV나 인터넷과 같은 디바이스를 통해서 전국 팬이 확보되는 것이고요. 이들 전국 팬은 앞서 정리한 것처럼 '파트너' 요소의 TV 등 중계권자와 붉은색으로 연결되는 것입니다.

그런데 여덟 번째 요소인 '수익의 흐름'에 있어서 TV 등 중계권자 파트너들이 경기 중계를 위한 방영권료를 내는 것이고, 스타디움에서 관람하는 고객은 현장에 입장하는 티켓료를 내겠죠. 또 현장에서 햄버거, 콜라도 먹고 맥주도 마시는 등 F&B 판매가 이루어지는 것 또한 수익의 흐름에 잡힙니다. 그리고 파트너인 스폰서를 통해서 상품화권료와 구장 펜스에 붙은 간판 광고나, 유니폼에 삽입된 브랜드의 광고료를 받게 되는 거죠. 〈자료 14〉의 왼쪽 아래를 보면, '비용 구조'가 있는데, 이는 아홉 번째 요소입니다. 비용 구조는 선수단 연봉, 코치진 연봉, 사무실 경비, 구단 임원과 사무실에서 일하는 프런트의 급여, 스타디움 사용료와 선수단이 합숙할 경우, 또는 원정 경기를 떠날 때 드는 호텔비와 식비 등 선수단 경비가 들어가는 거죠. 그래서 수익에서 비용을 차감하면 구단의 이익이 되는데, 이게 MLB, NPB, KBO 국가마다 다릅니다. 수익과 비용의 관계를 정리한 것이 〈자료 15〉입니다.

프로야구 비즈니스 수익 모델

전체적으로 손익을 보면 매출과 매출 원가, 판매 관리비가 들어가겠죠. 제일 중요한 것은 매출인데요, 〈자료 15〉를 통해 매출이 어떤 구조로 이루어지는가를 보죠. 우측에 붉은색으로 표시한 것은 구단 소유의 스타디움이 있는 경우입니다. 구단 소유의 스타디움이 있을 경우, 이런 수입이 추가로 더 들어온다는 거죠. 반대로 구단 소유의 스타디움이 없으면 이런 수입은 기대하기 힘듭니다. 그래서 프로구단은 연고지 지자체와 긴밀한 협조 관계를 갖는 것입니다. 지자체로부터 스타디움을 지원받는 것이 구단 수익의 극대화가 되고 안정적인 경영이 이루어지기 때문이죠. 국내의 경우는 경기장을 비업무용 부동산으로 분류하기 때문에, 기업이 소유하면 중과세

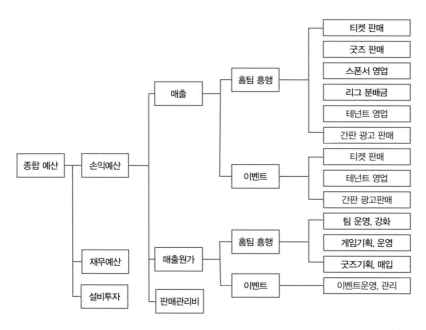

〈자료 15〉 프로야구의 비즈니스 수익 모델

출처 : 필자 작성

를 부과하는 불합리가 존재해 재벌 구단이 굳이 구장을 소유하지 않고, 지자체로부터 임차 형식을 취합니다. 이러한 사정을 감안해서 어떤 구단은 스타디움을 소유하고 있고, 어떤 구단은 그렇지 않기 때문에 이것을 한꺼번에 정리해본 것입니다.

스타디움을 가진 구단은 홈팀의 흥행과 매출이 비례합니다. 관람객을 위해서 판매하는 티켓 판매를 필두로 스타디움 내에서 구단 캐릭터 굿즈를 판매하는 것이 매출로 계상됩니다. 그리고 스폰서 영업이 산입되는데, 스폰서 영업은 구장과 유니폼에 들어가는 브랜드를 사용하는 스폰서가 구단에 지불하는 대가입니다. 리그에서 나눠주는 분배금은 리그를 운영하기 위해 협회가 각종 제도를 만들고, 그 제도를 통해서 발생하는 공통 수익을 전 구단에게 공평하게 배분해주는 것인데, 구단 입장에서는 영업 외 수익인 거죠.

예를 들어, KBO에서 관할하는 TV 방송 수입료가 해당됩니다. KBO는 2020년에 지상파 3국과 4년에 2,160억 원의 계약을 체결했습니다. 1년에 540억 원 꼴입니다. 아울러, 2019년에 뉴미디어 중계권으로 5년에 1,100억 원의 계약을 체결했고요. 연간 220억 원의 수익인데요, 이 수익금을 10개 구단에 배분하는 것입니다. 이것이 구단 입장에서 리그 분배금 수익인 거죠.

붉은색으로 된 테넌트 영업은 스타디움에서 판매하는 식음료 점포의 임대료 혹은 직영 판매 대금이 포함됩니다. 다음으로 중요한 수익은 스타디움 펜스와 전광판에 실리는 광고판의 광고 판매 수익이 있습니다. 다음은 홈팀 흥행과 분리된 항목 이벤트 매출인데요. 국내 게임 144게임 중에 72게임은 홈에서 치르고, 나머지 72게임은 원정 게임을 하지 않습니까? 그래서 원정 경기 때는 홈팀 스타디움이 비게 됩니다. 이 외에도 리그가 종료되면 스타디움이 비는 시간이 많습니다. 그런 시간에 기업 행사를 유치한다든가 멤버십 판매를 유치하고, 콘서트를 유치하는 거죠. 가수들의 콘서트를 하게 되면, 임대료 수입이 발생하고, 팬들이 사용하는 굿즈 판매와 식음료 판매 수익이 추가로 발생할 수 있습니다. 또 가수와 관련된 광고가 전광판과 간판에 붙다 보니 간판 광고 판매가 이루어짐으로써 이런 것들이 이벤트 수입으로 들어오는 구조입니다.

한편, 스타디움에 임대로 들어온 레스토랑과 편의점에 대한 영업, 구단 캐릭터 굿즈와 응원 도구를 판매하기 위해서는 상품 기획이 필요한데요, 이런 항목은 비용으로 산정되어 매출 원가에 포함됩니다. 매출 원가는 기본적으로 홈팀의 흥행을 위해서 팀 운영과 강화를 위한 운영비와 게임을 기획하고 운영하는 비용, 홈구장에서 판매하는 굿즈를 기획하고 매입하는 비용이 매출 원가입니다. 또 스타디움을 갖고 있을 때 이벤트와 행사를 하는 경우에는 이벤트 운영 관리 비용이 듭니다. 그래서 매출에서 매출 원가를 차감하면 매출 이익이 발생합니다. 매출 이익에서 하단의 판매 관리비를 차감하면, 실질적인 영업 이익이 나오는 것입니다. 프로야구의 비즈니스 수익은 이런 구조로 이루어집니다.

프로야구 스폰서십의 구조

다음은 스폰서십에 대한 구조를 좀 더 깊이 살펴보겠습니다. 사실 스폰서십에 대해 깊이 이해하는 분들이 많지 않습니다. 그래서 제가 스폰서십의 구조를 〈자료 16〉처럼 이해하기 쉽게 도식화했습니다.

권리		개요	활용 사례
노출형	광고 노출권	경기장에 광고를 설치, 노출할 권리	유니폼, 스타디움 간판과 전광판/ CM 방송 광고
	명명권	팀이나 스타디움 명칭에 스폰서 기업명을 붙이는 권리	키움 히어로즈, 미닛메이드 파크 (휴스턴 애스트로스)
	대회 명명권	대회 명칭에 스폰서 기업명을 붙이는 권리	KBO리그 타이틀(신한은행 SOL KBO리그 2022)
협업형	상표권, 초상권	팀의 상표, 선수의 초상, 명칭을 광고에 이용할 권리	선수 협업 TV CM 방영 /포스터 사진 게재로 PR
	상품화권	팀의 협업 굿즈, 패키지를 제작, 판매할 수 있는 권리	팀 한정 패키지 상품 제조, 판매/ 자사 제품에 팀 로고 부착
	독점 판매권	스타디움에서 상품을 독점 판매할 수 있는 권리	편의점, 햄버거 등 F&B
	프로모션권	스타디움 내부, 혹은 주변에서 각종 프로모션을 할 수 있는 권리	회장 주변 부스 설치, 상품 PR 활동 / 제품 홍보 이벤트

〈자료 16〉 프로야구 스폰서십 구조
출처 : DBJ (일본정책투자은행), 스포츠의 가치 산정 모델 조사

    스폰서십이란 한마디로, 스폰서 기업과 프로야구팀 혹은 스타디움 양자가 스폰서 기업의 브랜드나 상품을 표출시키는 권리 계약을 체결하는 것이고, 그에 대해 스폰서료를 제공하는 것입니다. 즉, 스폰서 기업이 프로야구팀에 광고비를 내는 것이고, 프로야구팀은 스폰서 기업에게 권리를 주는 것입니다.

    이 시점에서 궁금해지는 것은 '스폰서 기업에게 과연 어떤 권리를 주는 것인가?'겠죠. 〈자료 16〉을 분류해서 스폰서 기업이 갖는 권리를 정리하면, 크게 노출형 권리와 협업형 권리로 분류할 수 있습니다. 노출형 권리는 우리가 흔히 보는 것처럼 유니폼 표면에다 스폰서 기업의 브랜드나 상품명을 집어넣어서 하는 광고 노출권이 있는데요, 스타디움의 펜스 간판이나 전광판에 광고하는 것도 역시 광고 노출권입니다. 노출형의 목적은 기업이 브랜드 인지도를 향상시키기 위한 방법론이겠죠. 특히 노출 광고는 현장에 있는 팬들에게만 노출되는 것이 아니라 TV를 통해서 전국으로 중계될 때, 전국으로 노출되기 때문에, 일반인들에게도 인지도를 향상시킬 수 있습니다.

두 번째는 협업형 권리입니다. 예를 들어, 선수를 활용해서 특정 실험을 한다거나, 아니면 공동으로 상품을 개발해서 판매한다거나, 기업 입장에서 새로운 비즈니스를 창출하고 싶다거나, 판매 촉진을 하고 싶을 때 협업형 권리를 사용하게 되는 것입니다. 선수를 활용한 실험은 이런 것입니다. 특정 팀 선수가 그 팀 유니폼을 입고 광고에 나와서, A영양제를 복용해서 성적을 잘 냈다든가 휴식 시간에 물 대신에 특정 음료를 마시면 수분 흡수가 빨라서 운동에 용이하다는 실증적 사례를 소비자에게 전달하는 것입니다. 노출형 광고가 선수와 관련 없이 브랜드만 일방적으로 노출되는 데 반해, 협업형은 특정 선수가 먹고, 마시면서 효과가 좋다는 것을 실증적으로 표현하는 판매 촉진이라고 구분할 수 있습니다.

〈자료 16〉의 노출형 권리를 보다 세분화해서 살펴보죠. 앞서 지적한 광고 노출권 이외에 명명권(Naming Rights)도 여기에 포함됩니다. 명명권은 프로야구에서 중요한 수익이기 때문에 이미 이 책에서 여러 차례 지적했습니다. 앞서 히어로즈 구단이 명명권을 활용해 경영을 하는 사례를 설명했죠. 그런데 명명권은 스타디움에도 활용이 됩니다. 스타디움 명칭에 스폰서 기업명을 붙이는 권리입니다. 20년 이상 장기 계약에 그 기간 동안 일정액의 스폰서료를 지불하는 계약을 하는 거죠. 외국에서의 활용 사례를 보면, 미국 프로야구 MLB 소속 휴스턴 애스트로스 구단이 있습니다. 코카콜라 산하의 오렌지 음료인 미닛 메이드(Minute Maid)가 명명권을 획득해서 애스트로스 스타디움에 '미닛메이드 파크(Minute Maid Park)'라는 이름을 붙이고, 미닛 메이드 음료의 상징인 오렌지색으로 도배를 해버렸습니다. 구장에 음료 상품명을 붙이고, 오렌지색으로 펜스를 도배하고, 오렌지 운반 기차인 로코 트레인(Loco Train)을 설치할 수 있는 30년간의 권리가 있으니 스타디움 명명권은 큰 의미가 있습니다. 미닛메이드는 이 권리를 위해 30년간 1억 달러를 지불하는 것입니다.

스타디움 명명권에 대해서는 CHAPTER 3의 '미국 MLB'에서 구체적으로 더 설명할 것입니다. 왜냐하면 프로야구에서는 명명권의 수익 구조가 매우 크고 의미 있기 때문입니다. 국내에서는 키움히어로즈 정도로 인식되어 있지만, 미국과 일본 프로야구에서는 이 명명권이 굉장히 중요하게 작동합니다.

프로야구 스폰서십 구조

한편, 명명권이 세분화된 형태로 '대회 명명권'도 사용됩니다. 대회 명명권은 정해진 기간 특정 리그를 진행할 때, 그 리그 운영위에 명칭을 판매하는 것입니다. 국내 KBO리그의 타이틀이 '신한은행 쏠 KBO리그 2022'인데요, 신한은행이 명명권을 구입한 것입니다. 신한은행은 5년 이상 계속해서 KBO리그 명명권을 유지하고 있는데요, 매번 2년씩 계약을 갱신하고 있어요. 그러다 보면 모든 TV에서 리그 전 경기를 중계할 때 브랜드가 노출되는 거죠. 신한은행 쏠 마크와 2022년 KBO리그 표식이 노출되는 거예요. 그러다 보니까 효과가 굉장히 좋습니다. 신한은행은 그 진가를 알고 있는 것이고요.

다음은 협업형 스폰서십을 자세히 살펴보겠습니다. 협업형 권리는 상표권이나 초상권, 즉 팀의 상표, 선수의 초상, 명칭을 광고에 이용하는 권리입니다. 그래서 선수가 협업을 동해서 TV CM을 방영한다든가 '영양제나 음료를 먹으면 좋다' 혹은 포스터 사진을 게재하면서 PR하는 방식입니다. 상품화권은 팀과 협업하는 캐릭터 상품 패키지를 제작해서 판매할 수 있는 권리입니다. 그래서 팀 한정상품으로 패키지를 판매하는 거죠.

예를 들어, SSG 랜더스 한정 패키지를 '형지 어패럴'이 독점해서 제조 판매하는 경우가 해당됩니다. 자사 제품에 팀 로고를 부착하는 것도 활용 사례라고 할 수 있겠습니다. 독점 판매권이라는 것은 스타디움 내에서 상품을 독점적으로 판매할 수 있는 권리를 말합니다. 특정 야구장에는 'GS25' 편의점이 들어간다든가, 어떤 구장에는 특정 햄버거가 들어간다든가, 이렇게 식음료를 독점 판매하는 계약을 하게 되는 거죠.

다음으로 프로모션 권리는 스타디움 내부 혹은 그 주변에서 각종 프로모션을 할 수 있는 권리입니다. 경기장 주변에 부스를 설치하고, 상품을 PR하고, 제품 홍보 이벤트를 할 수 있는 권리입니다.

이상에서 설명한 것이 전체적인 프로야구 스폰서십의 구조인데요, 스폰서 기업은 광고비를 내고, 프로야구팀이나 스타디움에서는 스폰서 기업에게 특정 권리를 주는 구조라고 정리할 수 있겠습니다.

프로야구 구단주의 성격과 역할

다음은 프로야구 구단주의 성격과 역할입니다. 여기에서는 MLB, NPB, KBO의 프로야구 시장을 비교·정리해봤습니다.

〈표 8〉에서 보는 것처럼 3개 프로야구 시장의 격차가 매우 큽니다. 경영 관점에서 시장 규모보다 더 중요한 것은 수익 구조인데요, 수익 구조도 역시 메이저리그가 제일 좋습니다. MLB는 거의 모든 구단이 흑자를 내는 구조입니다. MLB의 소속 30개 구단은 NPB나 KBO리그에 비해 압도적으로

리그	시장 규모 ($ mil)	시합당 수익 ($ thousands)	수익 구조	구단주의 성격과 역할
MLB 미국	10,758	4,361	흑자	• 구단의 상품화 / 주주 자본주의 • 차익 실현 매물화 • 구단의 빌드업
NPB 일본	1,629	1,851	모기업 지원 부재 시 적자	• 구단의 소유화 • 모기업의 광고탑화 • 광고비로 구단 지원
KBO 한국	449	624	모기업 지원 부재 시 적자	• 구단의 소유화 • 모기업의 광고탑화(재벌 체제에 유익) • 광고비로 구단 지원

〈표 8〉 MLB, NPB, KBO 시장 비교

출처 : 필자 작성

많은 구단 수인데, 그 구조를 장기간 잘 유지하고 있습니다.

전술한 것처럼 이미 1998년에 확장 완성(Last Expansion)을 해서, 25년간 30개 구단 체제를 공고히 했습니다. 그런데 흥미로운 것은 MLB에서는 구단의 소유권이 한 개인이나 기업에 있지 않습니다. 주식 시장에 상장된 기업처럼 구단을 상품화시킵니다. 미국식 주주 자본주의가 굉장히 강한 거죠. 그래서 메이저리그에는 단일 구단주가 없고, 지분율이 높은 사람이 구단주 역할을 하는 겁니다. 확대 해석하면 주주들이 다수 참여할 수밖에 없을 정도로 구단의 가치가 큰 이유이기도 합니다. 대주주 독점으로 운영할 수 없을 만큼 자산 규모가 커진 거죠.

어쨌든 하나의 구단이 상품화되었기 때문에 언제든지 차액을 실현하고 매매할 수 있어서 주주들이 들쑥날쑥하죠. 그래서 구단은 상품의 가치를 높여 잘 팔아야 하므로 빌드업이 항상 중요합니다. 구단의 가치를 높이는 것이 자산 확대로 이어지기 때문에 좋은 성적을 내야 하고, 또 좋은 성적을 내기 위해 혁신할 수 있는 구조를 만들어놓은 거예요.

한편, 일본 프로야구와 국내 프로야구는 거의 비슷한 구조를 가지고 있습니다. 태생적으로 프로야구에 단일 대기업이 참여했고, 그들이 계열사를 만들어서 모기업의 지원 체제로 운영했어요. 그러다 보니, 모기업의 지원이 없으면 적자를 보는 구조가 만들어졌습니다. 상대적으로 메이저리그는 구단이 상품화되다 보니 구단이 스타디움을 갖고 있으면 명명권도 팔고, 구단 브랜드를 판매하는 것이 매우 발전되어 있지만, 일본과 국내 프로야구는 애초부터 대기업이 구단을 100% 소유했어요. 주주 자본주의가 아니고 대주주 독점주의인 것이죠. 그래서 시작부터 모기업이 야구를 매개로 하는 광고 지원이 비즈니스의 중심이 된 것입니다. 프로야구 구단을 그룹사의 광고탑이라고 생각하고 거기에 돈을 지원한 거죠. 바꿔 말하면, 광고비 관점으로 구단을 지원한 것입니다.

여기에는 우리나라와 일본의 독특한 경영 구조가 작용합니다. 한국과 일본에만 있는 재벌 구조 때문이죠. 재벌의 이름을 접두어처럼 사용하는 자회사가 굉장히 많습니다. 삼성을 예로 들면, 삼성이라는 브랜드를 접두어처럼 찍어놓으면 삼성 소유의 다양한 기업에 영향을 미치는 거예요. 전자, 전기, 물산, 생명, 심지어는 병원까지 삼성 브랜드로 연결됩니다. 프로야구 구단인 삼성 라이온스는 이 모든 계열사를 삼성으로 선전하는 광고탑인 것입니다. 일본은 종전 이후 재벌이 강제로 해체되긴 했지만, 은행을 통한 지배적인 영향권이 남아 있기 때문에 재벌 브랜드가 하나의 통로로다 연결되는 것입니다. 한신타이거스 구단은 한신백화점에도 영향을 주고, 한신전철에도 영향을 주고, 한신슈퍼마켓에도 영향을 줍니다. 따라서 한국과 일본에는 재벌이라는 독특한 경영 구조 속에 프로구단을 소유하면, 광고비의 메리트가 생깁니다. 계열사 각 기업에서 지출될 광고가 야구단을 통해 게다가 싼 가격으로 지출되기 때문에 그룹 본사 입장에서는 효율적이라고 판단하는 거죠. 이러한 시스템이 적정하게 광고비를 더 뽑을 수 있다고 생각하는 것입니다.

그래서 재벌기업은 프로야구를 소유하고 싶은 겁니다. 운영은 적자이긴 한데, 계열사를 다양하게 운영하는 재벌 관점에서 볼 때는 손해가 아닌 거예요. 게다가 광고 선전비 집행에 세제상의 혜택도 부여되므로 일석이조인 셈이죠. 결과적으로 이러한 구단 소유의 방식 차이로 구단 가치를 높이려는 경영 혁신이 어려운 것입니다. 구단의 가치 상승과 경영 혁신 등 야구를 만들어낸 미국 MLB에서 배워야 할 것들이 참 많습니다.

택진이 형, 용진이 형은
왜 구단주가 되었나?

KBO 구단주의 세계

여기에서는 국내 프로야구의 택진이 형과 용진이 형은 왜 구단주가 되었나를 살펴보겠습니다. KBO 구단의 적자 구조를 앞에서 대략적으로 설명했는데요, 〈표 9〉는 이것을 증명해주는 자료입니다. 이 자료는 2018년 말 기준으로, KBO 각 구단의 매출액과 모기업 지원금액을 정리한 것입니다. 〈표 9〉를 보면, 매출액 495억 원인 두산 구단의 순이익이 1억 7,100만 원으로 나왔지 않습니까? 그런데 매출 내역에 모기업의 지원금 100억 3,400만 원이 들어가 있는 거예요. 실질적으로 모기업의 지원금을 차감하면 99억 원 적자입니다. 그런데 모기업은 이것을 왜 지원하나요? 앞서 지적한 것처럼 광고비를 지원한 것입니다. 두산그룹이 광고비를 지원하는 금액은 두산 야구단 전체 매출의 약 20% 정도입니다.

2018년 결산이기 때문에 〈표 9〉에는 SK가 등장하는데요, SK의 경우에는 모기업 지원금이 44%나 됩니다. SK는 왜 이렇게 많은 지원을 했을까요? SK 그룹은 제조 중심 기업입니다. 그나마 서비스 중심 기업이 있다면, SK 텔레콤이 있어요. SK 입장에서 가장 밀접하게 소비자 접점과 이어지는

SK 텔레콤을 가지고 있기 때문에, 특히 통신사와 밀접한 20대 소비자를 타깃으로 텔레콤 관련 광고를 굉장히 많이 한 거죠. 그래서 244억 원을 지원하게 된 것이고, 같은 맥락에서 당시 'LG 유플러스'를 소유하고 있던 LG그룹도 41%인 247억 원을 지원하고요, 통신사 경쟁업체인 KT도 전체 매출의 65%인 360억 원을 지원합니다. 통신 3사의 광고 경쟁에 편승해 대량의 지원금이 프로구단에 투입된 것입니다.

한편, 〈표 9〉를 보면, 키움에만 지원금이 없습니다. 왜 키움에만 지원금

(단위:원)

구단	매출액	순이익	모기업 지원금	모기업 지원비율(%)
두산	495억 1900만	1억 7100만	100억 3400만	20
키움	374억 8700만	43억 2000만	-	-
SK	561억 8800만	9억 9900만	244억 4200만	44
LG	604억 9500만	6억 3200만	247억 3300만	41
NC	402억 1000만	33억 6600만	197억 500만	49
KT	554억 2300만	-1억 5400만	360억 2500만	65
KIA	470억 7600만	-2억 100만	213억 2500만	45
삼성	634억 1000만	6억 7100만	342억 1900만	54
한화	457억 6700만	-3억 4600만	125억 4100만	27
롯데	521억 3000만	70억 600만	257억 4100만	49

* 2019년 최종성적 기준

〈표 9〉 KBO 구단 매출액과 모기업 지원 금액

출처 : 금감원, 공정위

이 없을까요? 정확히 표현하면 키움이 아니고 히어로즈는 모기업이 없기 때문입니다. 히어로즈는 앞에서도 지적한 것처럼 브랜드 명명권을 통해 구단 운영 비용을 벌어들이는 구조입니다. 이것은 모기업 지원이 아니라 오히려, 앞서 MLB 운영 방식에 가깝습니다. 그런데 KBO에서 볼 때는 히어로즈가 굉장히 불안한 팀입니다. 모기업, 즉 지원해줄 그룹이 없으니까요.

그런데 히어로즈가 KBO에 들어올 때는 선진적인 미국식 경영을 하겠다면서 입성했던 것이죠. 실질적으로 이장석 히어로즈 구단주가 미국식 경영을 한다며 자기 자본 없이 120억 원의 KBO 분담금만 내고 들어온 것입니다. 이 분담금에는 기존에 서울을 연고지로 하던 LG와 두산에 대해 서울 연고권 침해 보상금 54억 원이 포함되어 있습니다. 한마디로, 운 좋게 또 싼값으로 서울을 연고지로 얻은 셈이죠. 그러고는 우리담배에게 명명권을 판매해서 우리 히어로즈가 된 것입니다.

그 후, 넥센타이어, 키움으로 명명권이 변경되는 것은 앞서 살펴본 바 있습니다. 키움 증권 입장에서는 프로야구가 떠다니는 광고이기 때문에 이렇게 광고비를 투하하는 것입니다. 특히, 온라인 중심인 키움 증권에서 모바일 디바이스가 확대되는 시점에 맞춰 MZ세대의 주식 시장 유입 활성화를 목표한 것이 적중한 것입니다. 야구단이 등장할 때마다 브랜드가 노출되니 효과가 매우 좋은 거죠. 키움 증권은 현명한 판단을 했던 것입니다. 키움 히어로즈의 이러한 방법론도 광고 관점에서 본다면, 명명권 스폰서 기업이 모기업 역할을 하는 것은 유사한 개념입니다.

찐(Real) 구단주를 영접하다

택진이 형과 용진이 형은 왜 구단주가 되었을까요? 제가 볼 때, 택진이 형과 용진이 형은 그냥 구단주가 아니고 찐 구단주입니다. 그래서 좀 과한 느낌이 들지만, KBO와 팬들이 찐 구단주를 영접해야 한다는 주제를 잡아 봤습니다. 찐 구단주는 리얼의 개념으로 진짜 구단주다운 구단주를 말합니다. KBO 아홉 번째 구단주 택진이 형은 원래 야구 키즈였습니다. 자신이 어렸을 때부터 야구를 좋아했고, 학창 시절에 변화구 전문 투수 노릇도 했다는 야구 마니아였어요. 신규 구단주 용진이 형의 별명은 '야구 찐 팬'이에요. 1993년부터는 3년 동안 '굿펠로우즈'라는 사회인 야구팀의 투수이기도 했고요, 야구를 좋아하고 또 우승 반지도 끼고 싶어서 프로야구단을 인수했다고, SK를 인수한 이유를 직접 설명했습니다.

이들 새로운 구단주의 공통적인 특징은 어렸을 때부터 야구를 즐기고, 야구를 꿈꿔왔던 인물이라는 것입니다. 그런데 재미있는 것은 두 형 모두 어린 시절에 투수를 했다고 자랑합니다. 야구라는 스포츠는 흔히 '투수 놀음'이라고 하잖습니까? 두 구단주 모두 투수를 강조한 것은 스포츠 리더십뿐만 아니라 돋보이고 싶은 의식도 강했던 것 같습니다. 그것이 결국 작금의 SNS와 TV 광고로 표출된 것이고요. 어쨌든 경영자로서 두 형의 공통점은 비교적 젊은 기업인이고, 또 하나는 열정이 있는 오너라는 점입니다. 아울러, 혁신적인 경영인이라고 볼 수 있습니다.

이렇게 두 명의 구단주가 KBO에 새로 등장하면서 '국내 프로야구가 어떻게 변할 것인가?'를 예측해볼 수 있습니다. 먼저, 국내 프로야구를 혁신할 수 있는 젊은 피로서 프로야구계의 신규 라이벌 구도를 만들 것으로 보입니다. 신동빈 회장의 롯데를 유통 라이벌로 경쟁 구도를 만들고, 또 IT 기업인 NC는 통신회사 SK가 이탈하면서 신규 9구단, 10구단으로 KT와 경쟁 구도를 만들 수 있겠죠. 또 다른 관점은 지역 밀착인데요, SSG 연고지 인천시와 NC의 연고지인 창원시를 지원해서 지역 경제 효과를 얻을 수 있을 것입니다. 프로야구계의 경쟁 구도가 예전에는 해태와 롯데 제과 라이벌 구도였다면, 요즘에는 딱히 경쟁 구도가 없다 보니, 1982년 체제에서 같이 시작한 롯데와 삼성의 '1984 한국 시리즈'를 소환해서 '클래식 시리즈'로 내세울 정도로 소재가 궁핍해졌죠. 그런데 SSG가 들어오면서 롯데의 이미지를 유통으로 치환하면서 신세계와 롯데 유통 라이벌 구도로 변화시키고, 또 잘 놀 줄 아는 용진이 형과 택진이 형의 라이벌 구도도 만들 수 있습니다.

"동빈이 형이 야구에 관심이 많으면 나랑 이야기기를 많이 했을 텐데, 그렇지 않아 서운합니다. 동빈이 형과 야구 이야기를 많이 못 하지만, 택진이 형과는 야구 이야기를 자주 합니다."

용진이 형은 야구판의 흥행을 위해서 이렇게 의도적으로 도발해버리는 것입니다. 이것도 재주입니다. 밉지 않게 의도적으로 흥행을 유발하는 능력입니다. 2021년에는 의도적인 라이벌 구도를 맞추려고 이런 게임이 많았습니다. 신세계가 사전에 언론으로 도발을 하는 바람에 롯데도 반응하는 구도가 형성되었죠. SSG 관계자가 롯데와 신세계의 인천터미널점 전쟁을 선수들에게 알려주었는지 모르지만, SSG 선수들은 이 일만으로도 절대 롯데에게 져서는 안 되는 명분이 서는 것입니다(이 사건은 'SSG 인천상륙작전' 편에서 자세히 설명하겠습니다). 용진이 형이 이 사건을 잊었을 리 없습니다. 그래서 제대로 인천상륙작전을 했고, 라이벌 구도를 만들고 싶은 것입니다. 어쨌든 야구를 사랑한 택진이 형과 용진이 형, 이 두 구단주는 신규 창단과 기존 팀 인수를 통해서 야구 업계에 입성했죠. 그리고 "기왕에 야구를 할 거면 무조건 우승해라"라고 강조하고 있습니다. 그러면서 돈 걱정은 하지 말라고 구단에 이야기하고 있는 것입니다.

프로스포츠에 입성하는 모든 구단주가 같은 마음이겠지요. 그러나 프로스포츠 구단도 기업입니다. 성과가 없는 구단에 돈만 마구 퍼줄 경영자는 없습니다. 프로야구에 입성하면서 돈 걱정하지 말라고 동일한 이야기를 했던 구단주가 있습니다. 소프트뱅크의 손정의 회장입니다. 손 회장은 자신의 말을 철저히 지켰습니다. 소프트뱅크 구단에 엄청난 투자를 해주었습니다. 그래서 소프트뱅크는 일본 프로야구의 NO. 1 팀이 되었습니다. 택진이 형도 자신의 약속을 지켰습니다. 그래서 NC 다이노스가 2020년에 창단 9년 만에 우승할 수 있었습니다. 용진이 형도 이에 지지 않고 구단에 열심히 투자하고 있습니다. MLB에서 뛰던 추신수 선수와 김광현 선수를 고액 연봉으로 영입하고 홈구장인 SSG 랜더스 필드를 대대적으로 리뉴얼해 선수들이 편안한 상황에서 야구를 할 수 있게 만들었습니다. 그 결과, 2022년에 프로야구 입성 2년 만에 우승을 따냈습니다. 타 구단에 모범이 되는 이런 투자의 결과가 어떨지는 상상에 맡기겠습니다.

프로야구의 판도를 바꾸다

이번에는 새로운 두 구단주 형들이 국내 프로야구 판도를 바꾸게 된 상황을 검토해보죠. KBO에 뉴페이스가 들어옴으로써 KBO 전체 구단주의 성향 변화를 기대할 수 있습니다. 〈자료 17〉에서 필자가 '82년 체제와 재벌계 구단의 시대'라는 키워드를 제시했는데요, '82년 체제'는 전두환 군사 정권에 의해서 1982년에 프로야구가 급조되는 상황을 말합니다. 전두환 정권은 국민을 정치로부터 멀어지게 하려고 스포츠, 섹스, 스크린의 3가지 규제를 풀어줍니다. 소위 3S의 규제 완화입니다. 이 3S의 가장 큰 이벤트가 1982년 프로야구 출범입니다. 요즘은 40년 국내 프로야구 역사를 축하하지만, 그 시작은 군사 정권의 우민화 정책이었던 것입니다. 특히, 지역 색채가 강했던 당시에 연고지 경쟁 구도를 최대한 활용해서 프로야구의 흥행을 도모했죠.

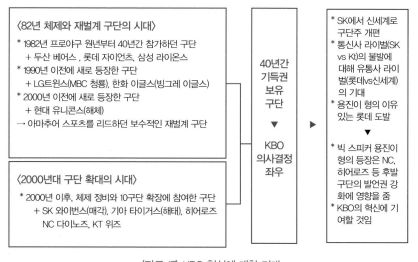

〈자료 17〉 KBO 혁신에 대한 기대

출처 : 필자 작성

그런데 프로야구 창설을 급속히 결정하다 보니, 당시에 아마추어 야구단을 운영하던 기업이나 군사 정권에 압력을 받은 재벌들만 들어올 수 있었어요. 군사 정권의 우민화 프로그램에 대해 프로구단을 급조할 수 있던 곳은 자금력이 있는 재벌 그룹일 수밖에 없습니다. 자금력이 부족한 상태에서 참여한 구단이 퇴출되는 상황은 앞서 여러 차례 설명해드렸습니다. 어쨌든 1982년 프로야구 원년부터 지금까지 40년 동안 꾸준히 참가한 구단이 두산, 롯데, 삼성입니다. 최근에 이들의 시합을 '클래식 시리즈'라고 부르는 이유입니다.

그리고 1990년에 'MBC 청룡'이 'LG 트윈스'로 이름을 바꾸면서 LG그룹이 본격적으로 프로야구에 참여하게 되고, 1986년에 한화그룹이 KBO에 등장합니다. 1996년에는 '현대 유니콘스'라는 이름으로 현대그룹이 들어옵니다. 여기까지 보면, 국내 최초의 프로스포츠인 프로야구에 당시 아마추어 스포츠를 리드했던 재벌 그룹이 모두 입성해서 약 15년 만에 구단의 경영 안정화를 걱정할 필요 없는 완전체를 이루었다고 볼 수 있겠죠.

그런데 2000년대에 들어와서 KBO가 확장하게 됩니다. KBO가 10개 구단을 만들자고 확장 선언을 하면서 SK 텔레콤이 'SK 와이번스'라고 이름을 붙이고 입성하고, 현대자동차에 인수된 KIA가 해태 구단을 이어받아 KIA 타이거즈로 들어왔습니다. 그 후, 히어로즈 구단과 NC 다이노스, KT 위즈가 들어왔어요. 2000년 이후에 새롭게 들어온 기업을 보면, 주로 SK, NC, KT 등 IT 통신, 게임 기업입니다. 기존의 제조업체 중심에서 통신을 중심으로 특히, 타깃 소비자가 매우 젊은 기업이 프로야구에 입성한 거죠. 젊은 소비자층을 가지고 있는 기업이 들어오면서 기득권에 저항하는 현상이 발생합니다. 히어로즈도 미국식으로 경영을 하겠다고 입성한 거고요, 그러다 보니 30년 이상 기득권을 보유했던 구단이 KBO 의사결정을 좌지우지하는 상황에 제한이 걸립니다. KBO 시스템에 혁신을 요구하는 것입니다.

KBO에는 미국 MLB의 커미셔너 격인 총재 직책이 있어요. 그런데 국내 프로야구의 총재는 대개 두산과 LG그룹 경영진이 번갈아가면서 하거나 정치권 인사가 낙하산으로 내려오는 구조였습니다. 현재는 리얼 야구인 허구연 총재 체제로 변했지만, 전임 총재는 두산 관계자였고, 예전에 국무 총리와 서울대학 총장을 역임했던 정운찬 총재가 KBO를 맡았던 적도 있습니다. 정운찬 총재는 스스로 두산을 좋아한다는 표현을 했습니다. 이렇게 두산과 LG 구단이 기득권을 갖고 KBO 운영에 영향력을 끼쳤는데, 어쨌든 SK가 SSG로 변하면서, 빅 스피커인 용진이 형이 구단주로 등장하고 택진이 형 등 젊은 구단의 발언권이 강화되고 있습니다. 그래서 KBO 혁신에 기여할 거라고 보는 거죠. 전체적으로 보면, 기존의 보수 안정에 기반한 정체 모드인 KBO에, 혁신가로서 용진이 형과 택진이 형이 진입하면서 역동성이 생긴 것입니다.

집행검을 들어 올린 NC 다이노스

다음은 택진이 형이 구단주가 된 이후 9년 만에 우승을 하고, 집행검을 들어 올린 과정을 정리해보겠습니다. 앞서도 살펴봤지만 NC 다이노스는 2011년에 창단 준비를 했고, 그해 11월에 '강진 결의'라고 그들에게는 매우 중요한 이벤트를 진행했죠. 전남 강진에 있는 '베이스볼 파크'에서 창단 결의를 해서 '강진 결의'라는 이름이 붙었습니다. 구단이 처음으로 가진 자체 청백전 시합에서 택진이 형이 볼파크에 찾아와서 직접 시구를 했어요. 택진이 형은 이런 것을 굉장히 좋아하는 사람입니다. 기존 구단주들은 스스럼없이 선수들에게 나서지도 않거니와 시구를 잘 안 했습니다. 그리고 선수들과 격의 없이 대화하는 것도 힘들어했어요. 왜냐하면, 그룹에서 그렇게 배웠기 때문입니다. 지금은 세상이 변해서 많이 나아졌지만, 예전에 한보그룹의 정태수 회장이 1997년 국회 청문회에서 자사 임원을 '머슴'이라고 호칭해서 화제가 된 적이 있어요. 가끔 사회 면에 기업 회장의 갑질 뉴스가 나오는 경우도 그렇습니다.

자수성가한 기업인은 이런 면에서 다릅니다. 본인이 얼마나 야구를 좋아하는지, 그리고 자신의 투구 능력을 보여주고 싶어 한 거죠. 당시 캠프 참가자였던 나상범, 박민우 등 신인 선수가 7명이 있었는데, 그때 본인들이 했던 결의 내용을 지키는 데 9년라는 시간이 흘렀습니다. 다시 말하면, 신인 시절에 했던 결의를 중진이 되던 2020년 우승으로 보답하게 된 것이죠, 신인으로 2011년에 신생팀에 배정받았다가 9년이 지난 다음에 우승 주인공이 된 것입니다. 그들에게 얼마나 보람된 일이었을까요!

그런데 이들 NC 다이노스의 성장 경과를 보면 정말 재미있는 게 많습니다. 〈자료 18〉에서 보는 것처럼 2012년에 창단하고, 2부 리그인 퓨처스 리그에 참여해서 우승하고, 2013년에는 1군에 참여해서 당연히 꼴찌를 할 줄 알았는데 의외로 7위라는 양호한 성적을 냅니다. 다음 해인 2014년에는 게임에서 이기는 능력을 터득하고 갑자기 상승세를 타서 정규 시즌에 3위를 하고, 첫 포스트 시즌을 맞이합니다. 가을 야구를 애타게 바라던 인기구단 롯데, 기아, 한화 등 타 구단 팬들은 경악을 하죠. 정규 시즌 2년 차에 포스트 시즌에 들어갔으니 말입니다. 2015년에는 좀 더 나은 성적을 냅니다. 정규 시즌에 2위를 하고, 또 포스트 시즌에 진출해서 종합 3위를 합니다. 2016년에도 정규 시즌에 2위로 포스트 시즌에 진출하고 종합 준우

승을 해요. 그리고 2017년에도 포스트 시즌 진출을 하는데, 결국 우승은
하지 못합니다.

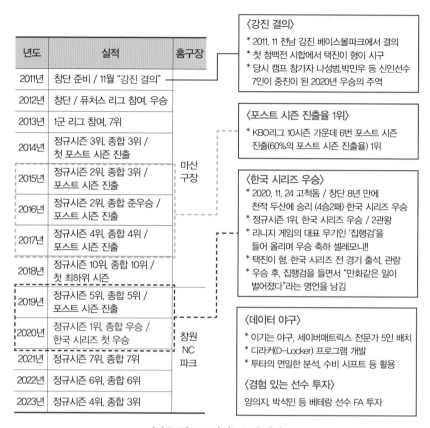

년도	실적	홈구장
2011년	창단 준비 / 11월 "강진 결의"	
2012년	창단 / 퓨처스 리그 참여, 우승	
2013년	1군 리그 참여, 7위	
2014년	정규시즌 3위, 종합 3위 / 첫 포스트 시즌 진출	
2015년	정규시즌 2위, 종합 3위 / 포스트 시즌 진출	마산 구장
2016년	정규시즌 2위, 종합 준우승 / 포스트 시즌 진출	
2017년	정규시즌 4위, 종합 4위 / 포스트 시즌 진출	
2018년	정규시즌 10위, 종합 10위 / 첫 최하위 시즌	
2019년	정규시즌 5위, 종합 5위 / 포스트 시즌 진출	
2020년	정규시즌 1위, 종합 우승 / 한국 시리즈 첫 우승	창원 NC 파크
2021년	정규시즌 7위, 종합 7위	
2022년	정규시즌 6위, 종합 6위	
2023년	정규시즌 4위, 종합 3위	

〈강진 결의〉
* 2011. 11 전남 강진 베이스볼파크에서 결의
* 첫 청백전 시합에서 택진이 형이 시구
* 당시 캠프 참가자 나성범,박민우 등 신인선수 7인이 중진이 된 2020년 우승의 주역

〈포스트 시즌 진출율 1위〉
* KBO리그 10시즌 가운데 6번 포스트 시즌 진출(60%의 포스트 시즌 진출율) 1위

〈한국 시리즈 우승〉
* 2020. 11. 24 고척돔 / 창단 8년 만에 천적 두산에 승리 (4승2패) 한국 시리즈 우승
* 정규시즌 1위, 한국 시리즈 우승 / 2관왕
* 리니지 게임의 대표 무기인 '집행검'을 들어 올리며 우승 축하 셀레모니!!!
* 택진이 형, 한국 시리즈 전 경기 출석, 관람
* 우승 후, 집행검을 들면서 "만화같은 일이 벌어졌다"라는 명언을 남김

〈데이터 야구〉
* 이기는 야구, 세이버매트릭스 전문가 5인 배치
* 디라커(D-Locker) 프로그램 개발
* 투타의 면밀한 분석, 수비 시프트 등 활용

〈경험 있는 선수 투자〉
양의지, 박석민 등 베테랑 선수 FA 투자

〈자료 18〉 NC 다이노스의 궤적

출처 : 필자 작성

　　NC 다이노스는 포스트 시즌 진출률이 1위인 구단입니다. KBO리그 10
시즌 가운데 6번의 포스트 시즌에 진출해서 60%의 진출률로 1위를 합니
다. 그런데 정규 시즌에는 잘하는데, 몇 년 동안 줄곧 한국 시리즈 우승을
못 하는 것은 문제가 있는 거죠. 전문가들이 낸 결론은 '경험이 부족하다',
'단기전에 강한 베테랑 선수가 없다'라는 것입니다. 다이노스는 2019년에

도 또 포스트 시즌에 진출하고, 2020년에 드디어 한국 시리즈 우승을 합니다. 정규 시즌에서 1위를 하고 종합 우승을 거둔 것이죠. 2020년 11월 24일, 고척돔에서 창단 9년 만에 포스트 시즌에서 매번 졌던 천적 두산에게 4승 2패로 승리하면서 한국 시리즈에서 우승하는데, 정규 시즌 1위와 한국 시리즈 우승이라는 2관왕을 차지합니다. NC는 창단 9년 만에 우승을 이루어냈어요.

공교롭게도 NC가 벤치마킹했던 일본의 라쿠텐 이글스도 2004년에 창단해서 2013년에 9년 만에 우승했지요. 미국에서는 1998년에 창단한 애리조나 다이아몬드백스가 창단 4년 만인 2001년에 월드 시리즈 우승을 했어요. 같은 해에 창단한 탬파베이 레이스가 아직까지 우승 경험이 없는 것은 물론이고, 밀워키 브루어스(1969년), 콜로라도 로키스(1993년), 샌디에이고 파드리스(1969년), 시애틀 매리너스(1977년), 텍사스 레인저스(1961년)처럼 MLB 참여 이후에 한 번도 우승하지 못한 것을 보면, 애리조나의 우승은 기적과 같은 상황인 것입니다. 국내로 돌아와 KBO에서도 2000년 이후에 키움 히어로즈, 한화 이글스, LG트윈스, 롯데 자이언츠가 아직 우승 경험이 없어요. 창단 9년 만에 우승한 NC가 이루어낸 성과가 어떤 것인지, 그 가치를 판단할 수 있는 근거가 됩니다.

그런데 이때 진행된 우승 세리머니에서 게임 기업답게 엔씨소프트 리니지 게임의 대표 무기인 집행검을 들어 올립니다. 재미있는 것은 택진이 형이 한국 시리즈 전 경기에 출석을 하고 관람한 것입니다. 이런 기업 총수는 없거든요. 또 우승 후에 택진이 형이 집행검을 들어 올리면서 "만화 같은 일이 벌어졌다"라는 명언을 남겼습니다. 이 만화라는 것은 자신이 어린 시절에 봤던 일본 만화의 스토리처럼 우승을 했다는 것이겠죠. 집행검은 모기업인 엔씨소프트가 만든 대표 게임 리니지의 최강 무기입니다. 게임을 할 때, 워낙 강력한 파워를 보유하고 있어서 게임 유저들은 이것을 음지에서 최소 1억 원에 거래하고 있습니다. 우승 세리머니 용도로 집행검을 제작했는데, 제작비만 2,000만 원이 소요되었다고 합니다. 게임 유저들에게 집행검이 상징하는 의미는 대단히 큽니다. 게임 제작업체가 우승을 하니 최강의 상징물을 이벤트로 이용한 거죠.

그런데 NC 다이노스가 이렇게 호성적을 낸 것은 '이기는 야구'를 위해 '세이버매트릭스(Sabermetrics)'를 도입한 것도 한몫합니다. 앞서, 팀 창단 때에 택진이 형이 '이기는 야구'를 하자고 강조했는데요, 그래서 구단에 세이버매트릭스 전문가를 5명이나 배치합니다. 아울러, 디 라커(D-Locker)라는 세이버매트릭스 프로그램을 개발해서 상대 투수와 타자에 대해서 면밀히 분석하고 수비 시프트를 활용했습니다. 수비 시프트는 타자에 따라 수비 위치를 이동하는 것입니다. 오른손 타자가 주로 3루쪽으로 보내는 타구가 많다면, 수비 측에서는 미리 3루측을 보강해서 움직입니다. 2루 수비를 보는 선수가 유격수 쪽으로, 유격수는 3루쪽으로, 3루수는 3루 베이스에 밀착해서 수비함으로써 1루와 2루 사이는 공간은 상대적으로 넓어집니다. 그러면, 이 오른손 타자가 1루와 2루 사이로 타구를 보낼 수 있을 것 같죠? 거의 못 보냅니다. 타자의 단점을 알기 때문에 그렇게 수비 시프트를 하는 것입니다. 맞춤형 수비를 하는 거죠. 그리고 투수는 맞춤형으로 볼을 던지는 것입니다. 투수가 오른손 타자에게 인코스로 낮게 던지면 타자는 알면서도 1루로 못 칩니다. 운 좋게 빗맞아서 안타가 되는 경우를 제외하고는 잘 안 됩니다. 수비 시프트라는 강수를 둘 때는 절대 실수를 하면 안 되는 거죠. 이런 것들이 데이터로 누적이 되면, 이기는 야구가 되는 것입니다. 세이버매트릭스에 대해서는 CHAPTER 4에서 더 자세히 설명하겠습니다.

NC 다이노스가 호성적을 낸 두 번째 이유는 그동안 문제로 지적되었던 경험 있는 선수에게 아낌없는 투자를 했다는 점입니다. 앞서 2017년 포스트 시즌에 정규 시즌 1위였음에도, 한국 시리즈에서 우승을 못 했지 않습니까? 경험이 없어서 그랬다는 뼈아픈 상처를 보강하기 위해 양의지, 박석민 등 베테랑 선수를 FA로 이적시켰습니다. 양의지 선수의 경우는 FA 금액이 무려 115억 원이었습니다. 결국, NC는 베테랑 선수를 데려와서 우승을 만들어냈습니다. 이것은 야구에 열의가 있는 택진이 형만이 할 수 있었던 일입니다. 창단 9년 만에 우승했다는 것은 매우 대단한 일입니다.

SSG 인천상륙작전

다음은 SSG의 '인천상륙작전'인데요. 이 파트는 제가 이 책을 쓰게 되는 계기와 연결됩니다. 프롤로그에서 제가 밝힌 것처럼, '용진이 형이 왜 프로야구를 택했을까?' 저는 백화점을 경영한 사람으로서 이게 무척 궁금했습니다. 그리고 '왜 인천을 연고지로 택했을까?' 이 역시 굉장히 궁금한 사안이었습니다. '이 부분이 내가 알고 있는 그것과 연결이 되는 것일까?'라고 생각도 많이 해봤죠.

그래서 제가 알던 그것을 아는 만큼 정리해봤습니다. SSG 랜더스가 '인천상륙작전'을 하는 비하인드 스토리가 무엇일까요? 인천상륙작전은 마치 맥아더(MacArthur) 장군이 6·25 전쟁 때, 인천에 상륙하는 것처럼 이야기를 풀 수도 있겠지만, 제가 알고 있는 내용으로 유추하면, 용진이 형 입장에서는 그게 아닙니다. 과거에 롯데가 했던 도발에 대한 복수입니다. 앞에서 제가 용진이 형이 롯데 신동빈 회장에게 이유 있는 도발을 했다고 표현했는데요, 표면적으로는 유통업계 라이벌끼리 새 판을 짜서 한번 해보자고 게임을 유도하는 것 같지만, 이면에는 뼈아픈 스토리가 있습니다. 1990년대 신세계는 백화점 신규 입지로 고속버스터미널에 집중하고, 터미널 소유주와 임대차 계약을 맺어 백화점을 오픈하는 전략을 추진했어요. 강남터미널의 호남선(신세계 강남점, 센트럴시티), 광주고속버스터미널(광주점), 인천고속버스터미널(인천점)이 대표적인 터미널형 점포죠. 지금 보면 신세계 강남점, 광주점, 인천점은 모두 매출이 좋은 점포입니다. 고속터미널을 통한 집객이 잘되었기 때문이죠. 그런데 문제의 발단은 1997년에 개점한 신세계 인천터미널점에서 발생합니다. 신세계는 인천터미널의 건물주인 인천시에 임차보증금 1,900억 원을 지불하고, 20년 장기임대계약(~2018년)으로 1997년에 개장해서 영업을 시작했습니다. 신세계는 인천점의 좋은 성과에 고무되어, 1,450억 원을 추가로 투자해서 터미널 부지에 신관과 주차 타워를 지었어요. 그리고 이것을 인천광역시에 기부채납하면서 2031년까지 임차해서 사용하기로 약정했습니다.

그런데 문제가 생깁니다. 인천시는 그 당시 굉장한 적자 상황이었거든요. 인천시가 재정 악화를 이유로 터미널과 건물 부지를 경쟁 입찰로 매각합니다. 우선협상대상자는 건물을 임차하고 있는 신세계였지만, 최고가를 제시한 롯데가 9,000억 원에 낙찰을 받습니다. 인천시는 부도 직전이었기 때문에 최고가를 쓴 롯데에 우선권을 줄 수밖에 없었어요. 그래서 문제는 신세계로 몰립니다. 신세계 인천점은 7,800억 원 매출로 전국 5위까지 올라갔던 점포거든요. 그런데 롯데가 부지와 건물을 매입해서 점포를 빼라고 압박하는데, 신세계는 쉽게 양도할 수 없는 상황이 벌어진 거죠. 그래서 결국은 소송에 들어갑니다. 5년간의 지루한 소송 끝에 결국, 법원은 롯데의 손을 들어줍니다. 롯데가 건물에서 신세계를 명도하고, 그 자리를 롯데 백화점 인천점으로 오픈한 거죠. 신세계는 졸지에 전국 5위였던 인천점을 뺏겨버린 것입니다. 그러다 보니 신세계는 굉장한 위기감이 들었겠죠. 전국 5위 점포를 빼앗긴 것도 그렇지만, 유사한 형태로 임차하고 있던 강남터미널점과 광주터미널점에 대해 동일한 위기감을 느끼게 됩니다. 그래서 강남터미널의 임대주인 통일교로부터 1조 원에 센트럴시티 지분 60%를 인수하는 무리수를 던집니다. 일단 최대 주주로 등극해서 영업 이슈를 잠재우는 것이 급했죠. 광주점도 부랴부랴 임대주인 금호그룹과 임대계약을 보강하고 임차 기간을 연장합니다.

결과론이긴 합니다만, 무리하게나마 신세계가 건물을 매입하고, 매장을 증설하는 등 강남점에 집중한 결과 강남점의 매출은 고공행진을 합니다. 신세계 강남점은 꾸준한 매출 신장으로 현재 2조 원이 넘는 매출을 보이면서 국내 백화점 1위로 부상했습니다. '위기가 기회로' 전환된 대표적인 사례입니다. 인천을 포기하고 강남에 집중한 전략이 주효한 것이죠. 그러나 인천에서 롯데에게 쫓겨 나온 울분은 남아 있겠죠. 5년 걸린 소송에서 참담하게 졌을 때, 경영진의 심정은 어떠했을까요? 그래서 2013년, 청라에 부지를 매입해 인천터미널에서의 한풀이를 고려하는 상황인데요, 용진이 형이 프로야구에 참여하면서 청라가 제 머릿속에 핫한 장소로 떠오르고 있는 것입니다. 이마트가 그곳에 스타필드를 건설할 계획을 하고 있었는데, SSG 랜더스 창단을 계기로 돔구장까지 개설한다는 복안이 세워진 것입니다. 맥아더 이후에 기습적으로 인천에 상륙한 SSG 랜더스를 기폭제로 인천 청라는 신세계에게 다시 기회의 땅이 될 것 같습니다.

일본 프로야구를 연구하다

KBO에 입성한 택진이 형과 용진이 형은 일본과 미국 프로야구를 벤치마킹하는데요, 특히 택진이 형은 팀 창단 즈음에 일본 야구를 깊이 연구합니다. 2004년에 일본에서도 프로야구 개조론이 있었거든요. 철도회사를 구단주로 했던 팀들이 해체되고 단일팀으로 합쳐지자, 알찬 10개 구단으로 운영하자는 방안과 경영이 불안한 퍼시픽리그에 새로운 구단을 초대해서 기존 12개 구단 체제를 그대로 유지하자는 의견이 팽팽했습니다. 결론은 12개 구단 유지였는데, 그 과정에서 여러 가지 사건이 발생했어요. 먼저, 선수 협의회가 10개 구단 방안에 대해 스트라이크를 일으켰습니다. 10개 구단으로 축소하면 2개 구단에 소속되었던 선수는 직장을 잃어버리는 것이죠. 그래서 선수협은 당연히 반대하고, 그 과정에서 NPB를 압박하기 위해 스트라이크를 벌인 거죠.

선수협 문제는 NPB의 12개 구단 유지 결정으로 수면 아래로 내려갔지만, 새로 어떤 구단이 추가될 것인가에 대해 말이 많았죠. 이때, 새로 창단한 팀이 라쿠텐(Rakuten)입니다. 당시 라쿠텐은 온라인 몰을 운영하는 IT 신흥 기업인데요, 인터넷 쇼핑을 위해 빠른 브랜드 인지도 확장이 필요했습니다. 인터넷 온라인 몰이었기 때문에 젊은 소비자들에게 브랜드를 빨리 알렸으면 좋겠다는 목표가 있었죠. 라쿠텐은 후발 구단임에도 불구하고 수익성을 담보하는 프로야구 비즈니스를 강조했습니다. 라쿠텐의 미키타니 히로시(三木谷浩史) 회장은 미국식 프로야구 비즈니스를 창조하자고 선언했는데요, 그래서 수익 확장을 위해서는 팀 오퍼레이션과 스타디움 오퍼레이션, 비즈니스 오퍼레이션의 3가지 통합이 중요하다는 것을 깨닫게 됩니다. 바꿔 말하면, 이것을 각자 분리해서 운영하면 효율이 없다는 것입니다. 그래서 스타디움도 소유해야 한다는 개념을 갖게 된 것이죠.

라쿠텐은 이 3가지를 통합 운영해서 2009년, 즉 창단 5년 만에 흑자를 달성하게 됩니다. 일본 퍼시픽리그 프로구단으로는 거의 최초로 흑자 달성을 한 것입니다. 앞서 지적한 것처럼 일본에는 기존의 재벌과 대기업이 프로야구단을 광고탑으로 운영했잖아요? 그런데 라쿠텐이 미국식 경영으로 창단 5년 만에 흑자 달성을 하다 보니 타 팀에게 좋은 연구 모델로 떠오른 것입니다.

KBO에 제9 구단으로 입성하려던 NC 입장에서는 배우고 싶은 구단이었던 거죠. 같은 IT 신흥 기업으로서 브랜드 확장이 필요한데, 동시에 수익성을 담보하는 야구를 했으면 좋겠다는 인식을 하게 되었고, 택진이 형도 역시 미국식 프로야구를 창조하고 싶어 했거든요. 라쿠텐의 미키타니 회장도 미국에서 유학했고, 택진이 형도 미국에서 유학했어요. 그러다 보니, 미국 프로야구를 접했던 거죠. 통합 오퍼레이션을 통해서 창단 5년 만에 리그 2위를 달성하고, 포스트 시즌에 진출하는 기염을 토한 라쿠텐에 감탄하던 차에, 또 창단 5년 만에 흑자를 달성하니 라쿠텐 구단을 벤치마킹해서 NC도 이러한 운영 방식을 배우자고 한 거죠. 그리고 또 소프트뱅크 손정의 회장이 다이에 호크스를 인수해서 만든 소프트뱅크라는 구단이 있는데, NC는 동 구단도 벤치마킹합니다.

소프트뱅크도 역시 IT 중심 기업이에요. 이들이 후쿠오카를 연고지로 하는데, 지자체인 후쿠오카시와 돈독한 관계가 있는 것을 알게 되었습니다. 택진이 형은 창단 시점에 창원 연고지 문제를 고민하고 있었습니다. 이 문제를 소프트뱅크 벤치마킹으로 정리하게 된 것이죠. 소프트뱅크는 팀을 인수한 후, 단기간에 일본 프로야구의 최강팀을 구축해버렸습니다. 그래서 소프트뱅크 구단을 벤치마킹하면서, NC팀 최초의 시범 경기 교류전을 소프트뱅크와 하게 됩니다. 그러면서 서로 관계를 유지하고, 거기에서 많은 것을 배우게 된 것입니다. 사실 택진이 형은 일본의 IT 기업과 같이 프로야구를 연구하게 되는데, 소프트뱅크의 손정의 회장은 택진이 형의 파트너였던 넥슨의 고(故) 김정주 의장과 돈독한 관계였습니다. 김정주 의장의 멘토가 손정의 회장이었습니다. 소프트뱅크와 이런 관계로 인해서 NC가 창단하기 전부터 깊은 연구를 했습니다. 신흥 구단 NC가 창단 9년 만에 우승까지 하게 된 계기는 이러한 연구 누적의 성과인 것입니다.

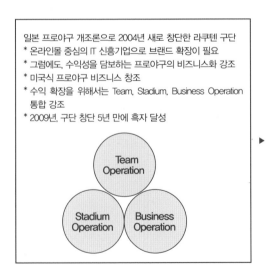

〈자료 19〉 NC 구단, 일본 프로야구의 연구

출처 : 필자 작성

CHAPTER

3

프로야구를 ‥‥‥
경영하다

미국 MLB
(Major League Baseball)

MLB의 사업 구조

이번 장에서는 프로야구 리그의 경영을 살펴보죠. 미국 MLB(Major League Baseball, 메이저리그 베이스볼)에 대해서 먼저 정리해보고, 일본 NPB(Nippon Pro Baseball, 일본야구기구), 마지막으로 국내 KBO(Korea Baseball Organization, 한국야구 위원회)의 순서대로 프로야구 리그와 구단 경영 관점에서 분석해보겠습니다. 여기에서 다루는 내용은 감독이나 선수의 활동 이야기가 아니라 MLB 나 NPB, KBO리그에 속한 구단을 비즈니스 관점에서 분석하는 것입니다.

먼저, 메이저리그의 사업 구조를 정리해보죠. 일반적인 프로야구 비즈니스 모델에 대해서는 앞에서 설명했지만, MLB의 사업 구조는 좀 더 발전한 구조입니다. 〈자료 20〉을 보면, 일반 모델에 비해 뭔가 다른 것들이 많이 존재합니다. 좌측부터 살펴보면, 미국에서는 프랜차이즈라고 부르는 연고지가 있고요, 그리고 중앙에 구단이 있고, 우측에 MLB, 즉 메이저리그 베이스볼 협회가 있습니다. MLB에서 연고지를 프랜차이즈라는 용어로 부르는 것은 각 지역을 분할해서 독점적인 연고권역으로 설정하고, 그 권리를 구단에게 부여한다는 의미입니다.

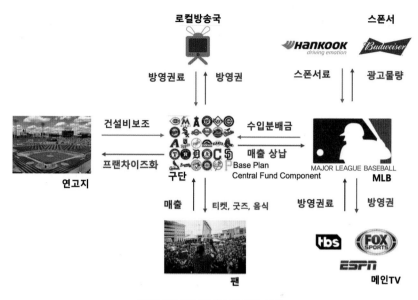

〈자료 20〉 메이저리그의 사업 구조

출처 : 필자 작성

미국 프로야구에서는 협회(이하, MLB라 통칭)가 매우 중요한 역할을 합니다. 〈자료 20〉의 우측에 있는 MLB 심볼은 협회를 표현하는 것입니다. 특정 구단은 연고지 프랜차이즈권을 갖게 되면서 연고지 지자체로부터 스타디움의 토지, 건설비를 보조받아 홈구장을 보유하죠. 홈구장에서는 하단 그림의 팬에게 티켓과 구단의 캐릭터 굿즈, 식음료를 팔아 매출을 일으킵니다. 이런 것은 기존의 프로야구 모델과 유사하죠. 일반 모델과 다른 점은 MLB가 하는 일이 굉장히 많다는 점입니다. 스폰서료를 받아서 스폰서에게 광고 물량을 배분하고, ESPN이나 폭스 스포츠(Fox Sports), TBS 같은 전국망 TV방송국에 중계 방영권을 팔고, 대가로 방영권료를 받습니다. 전국 단위 TV 방영권 수입과 스폰서료는 MLB 산하 30개 구단에게 배분해줍니다. 이것이 스폰서 수입 분배금입니다. 30개 구단 심볼 상단에는 로컬 방송국이 있어요. 로컬 방송국에서는 각 지역의 홈팀 경기를 중계하죠, 로컬 방송은 구단이 방영권을 제공하고, 로컬 방송국으로부터 방영료를 받는데요, 이것은 각 구단의 수입으로 계상됩니다. 구단이 주주로 참여하는 일부 로컬방송국은 방영권과 수익을 구단이 컨트롤합니다. 〈자료 20〉을 보면, 각 구단과 MLB 사이에는 매우 중요한 역할 분담이 있습니다. 구단과 MLB 사이에 수입 분배금, 매출 상납이라고 표시했는데요, 매출 상납의 하나는 베이스 플랜(Base Plan)이고, 다른 하나는 센트럴 펀드 컴퍼넌트(Central Fund Component)입니다. 수입 분배금과 매출 상납은 30개 구단 전력의 균형을 위해 매우 중요한 역할을 합니다. 물론 앞서 설명한 스폰서료와 TV 방영권에 대한 수입 분배도 해주지만, 매출 상납에 의한 수입 분배는 더욱 의미가 큽니다.

〈자료 21〉 MLB 공식 스폰서

출처 : MLB.com

리그의 균형 발전을 위한 운영 시스템

프로야구 게임의 특징에서 이야기한 것을 다시 한번 정리해보죠. 프로 야구는 흥행을 위해서 팀 간 격차가 없어야 합니다. 격차가 너무 크게 되면, 재미가 없어지고 흥행에 실패하는 거예요. 그래서 리그의 균형 발전이 굉장히 중요합니다. 결국, 전체 리그를 관장하는 MLB 커미셔너는 각 팀의 상위평준화를 통해서 우열을 가리지 못하는 재미있는 게임을 늘려야 지속적인 흥행 유지가 가능한 것이죠. 그래서 매출 상납과 수입 분배금에 대한 문제가 미국 MLB에서는 고도화되어 있습니다. 이것이 국내 프로야구나 일본 프로야구와 다른 점입니다. 분배 시스템이 고도화되면서 미국 프로 야구 발전 속도가 매우 빨랐다고 결론 내릴 수 있습니다.

〈자료 22〉에 MLB 매출 상납과 수익 분배제를 보다 자세히 정리했는데요, 매출 상납제는 베이스 플랜과 센트럴 펀드 컴포넌트가 있습니다. 먼저 베이스 플랜을 정리하면 이렇습니다. MLB는 각 구단의 순수익(총수입-구단경비)의 20%를 과세했습니다. 과세 비율은 시기적으로 달라지는데요, 1996~2001년까지는 20%, 2002~2005년까지는 34%, 2006년부터는 31%를 과세했죠. 그런데 이 과세는 순수익이 있는 팀에게만 과세하는 셈입니다. 이익이 나는 구단에 과세해서, 모아진 총액을 30개 구단에게 다시 분배하는 방식이죠. 상단의 스플릿 풀 방식은 과세금의 3/4을 전 팀에게 균등 분배하고, 나머지 1/4은 전 팀 평균 수익에 미달된 팀에게 평균액의 차액을 안분하는 구조입니다. 이 방식은 1996~2001년까지, 20%의 과세 비율 시기에 적용된 방식입니다. 과세 비율이 34%로 오른 2002~2005년 까지는 스트레이트 풀 방식을 채택했는데요, 이는 과세금을 전 팀에 균등 분배하는 방식입니다.

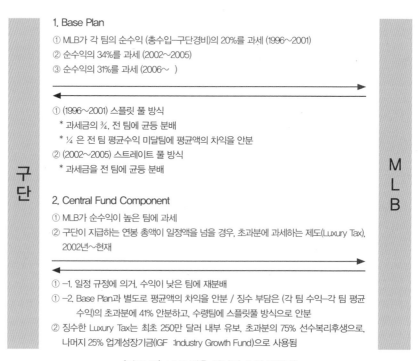

1. Base Plan
① MLB가 각 팀의 순수익 (총수입－구단경비)의 20%를 과세 (1996~2001)
② 순수익의 34%를 과세 (2002~2005)
③ 순수익의 31%를 과세 (2006~)

구단 ← / → MLB

① (1996~2001) 스플릿 풀 방식
  * 과세금의 ¾, 전 팀에 균등 분배
  * ¼ 은 전 팀 평균수익 미달팀에 평균액의 차익을 안분
② (2002~2005) 스트레이트 풀 방식
  * 과세금을 전 팀에 균등 분배

2. Central Fund Component
① MLB가 순수익이 높은 팀에 과세
② 구단이 지급하는 연봉 총액이 일정액을 넘을 경우, 초과분에 과세하는 제도(Luxury Tax), 2002년~현재

① -1. 일정 규정에 의거, 수익이 낮은 팀에 재분배
① -2. Base Plan과 별도로 평균액의 차익을 안분 / 징수 부담은 (각 팀 수익－각 팀 평균 수익)의 초과분에 41% 안분하고, 수령팀에 스플릿풀 방식으로 안분
② 징수한 Luxury Tax는 최초 250만 달러 내부 유보, 초과분의 75% 선수복리후생으로, 나머지 25% 업계성장기금(IGF :Industry Growth Fund)으로 사용됨

〈자료 22〉 MLB 매출 상납과 수익 분배제

출처 : 필자 작성

　　매출 상납의 두 번째 방식은 센트럴 펀드 컴포넌트(Central Fund Component) 인데요, 이것도 ① MLB가 순수익이 높은 팀에 과세하는 것과 ② 구단이 지급하는 연봉 총액이 일정액을 넘을 경우, 초과분에 대해서 과세하는 제 도입니다. 연봉 초과는 이른바 사치세(Luxury Tax)라고 하는데요, 2002년부 터 시작해서 현재까지 시행되고 있습니다. 사치세는 1994년 노사 분규를 봉합하는 과정에서 1996년에 처음 등장했는데요, 당시는 연봉 총액에 사 치세를 부과했습니다. 그로 인해 모아진 금원을 수익이 낮은 구단에게 배 분해서 수지를 개선하고 전력 균형을 촉진하는 방식을 채용했죠, 그런데, 호의를 악의로 이용하는 일이 벌어졌습니다. 팀이 포스트 시즌에 진출하 지 못하면, 구단 측이 유력 선수를 방출해서 의도적으로 팀 전체 연봉 총

액을 낮춰서 다액의 분배금을 받으려는 악질적인 행동이 발생한 것입니다.

그래서 2002년에 사치세의 과세 방식을 바꾸고, 배분 방식도 바꾸게 됩니다. 연봉 총액에 부과하던 것을 연봉 총액이 일정액을 넘으면 그 초과분에 대해서 과세하는 방식으로 변한 것입니다. 유력 선수를 영입하는 경우에 이런 일이 발생하죠. 훌륭한 선수 싹쓸이를 통해 실력의 격차를 벌리고 싶은 구단이 있다면, 사치세를 내야한다는 의미에서 MLB가 철저하게 리그 균형을 중시하는 것을 알 수 있습니다. 한편, 4년간 일정액을 넘은 횟수에 따라 세율을 올리는데요, 2003년에 40인 팀 로스터 연봉 총액이 1억 1,700만 달러를 넘은 유일한 팀인 뉴욕 양키스가 초과액의 17.5%를 징수 당했습니다. 세액은 위반 횟수에 따라 증가해서 2013년부터는 최대 50% 세율이 부과됩니다.

MLB가 연봉의 폭등을 억제해서 전력 균형을 도모한 결과, 2003년 이후 월드 시리즈 우승팀이 매년 바뀌는 일정의 성과를 올리고 있습니다. 사치세를 부과하는 연봉총액이나 세율은 선수협과 MLB 경영진의 노사 협정에 의해 정해집니다. 현재는 2017년에 체결된 노사 협정이 적용되고 있는데요, 연봉 총액의 일정액은 2017년 1억 9,500만 달러, 2018년 1억 9,700만 달러, 2019년 2억 600만 달러, 2020년 2억 800만 달러, 2021년 2억 1,000만 달러입니다. 센트럴 펀드 컴포넌트는 ① 순수익이 높은 구단에게 징수한 금원은 일정 규정에 의거해서 수익이 낮은 팀에 재분배합니다. 베이스 플랜과는 별도로 평균액의 차익을 안분하죠. 각 팀 수익에서 각 팀 평균 수익을 차감한 액수의 초과분에 41%를 징수하고, 수령팀에는 스플릿 풀 방식으로 안분합니다. ② 별도로 징수한 사치세는 최초 250만 달러를 내부 유보하고, 초과분의 75%를 선수 복리후생으로, 나머지 25%는 야구 성장 기금으로 사용합니다. 75% 선수 복리후생은 퇴직금이 없는 프로야구 선수들의 퇴직 이후를 위해 연금 제도를 만든 것입니다. 국내 방송에 MLB 출신인 김병현 선수가 나와서 자기가 MLB로부터 매년 1억 원씩 연금을 받는다고 이야기하는 배후에는 이렇게 펀드 기금이 모여 있기 때문입니다.

다음은 MLB 구단 가운데 어떤 구단이 사치세를 가장 많이 냈는지를 살펴보죠. 〈표 10〉은 구단별 사치세 징수 현황으로, 사치세가 도입된 2002~2018년까지의 누적 금액입니다. 〈표 10〉을 보면, 이 기간에 사치세를 가장 많이 낸 구단은 뉴욕 양키스입니다. 뉴욕 양키스는 CHPTER 2에서 살펴본 것처럼 전 세계 스포츠 구단의 가치에서 50억 2,500만 달러로 달라스 카우보이에 이어 No. 2에 오른 구단입니다. 이런 뉴욕 양키스가 15년 동안 3억 1,960만 달러의 사치세를 냈어요.

그다음에 사치세를 많이 낸 구단은 LA 다저스인데, 다저스는 2013년부터 사치세를 내기 시작해서 5년 동안 1억 4,970만 달러를 지불했습니다.

구단	연도	누계 세액
ㅈ	2003~2017	$319.6 M
Los Angeles Dodgers	2013~2017	$149.7 M
Boston Red Sox	2004~2007, 2010~2011, 2015~2016, 2018	$34.5 M
Detroit Tigers	2008, 2016~2017	$9.0 M
San Francisco Giants	2015~2017	$8.8 M
Chicago Cubs	2016	$2.96 M
Washington Nationals	2017~2018	$2.65 M
Los Angeles Angels	2004	$927,059

〈표 10〉 구단별 Luxury Tax 징수 현황(2002~2018)
출처 : MLB자료 근거, 필자 재작성

같은 관점에서 LA 다저스는 35억 7,000만 달러의 가치로 전 세계 No. 16의 가치 있는 구단입니다. 사치세를 많이 낸 3위 보스턴 레드삭스는 9년간 3,450만 달러를 지불했습니다. 보스턴 레드삭스는 34억 7,000만 달러 가치로 No. 20에 오른 가치 있는 구단이었죠. 이런 식으로 MLB 30개 구단 가운데 사치세를 꾸준히 많이 낸 팀은 8개밖에 없습니다. 이 수치로만 볼 때는 30개 구단이 균형적으로 발전하고 있다고 볼 수는 없는 거죠.

그러다 보니, 잘하는 팀이 좋은 선수를 더 영입할 때, 사치세를 내고서라도 우승해서 구단 가치를 높여야 한다는 발상이 미국식 프로야구인 것입니다. 한마디로, 자금력이 풍부한 구단은 세금을 더 내고 우승해라, 이런 것입니다. 그러다 보니까 뉴욕 양키스가 15년간 3억 1,960만 달러를 내면서도 구단 가치를 높여온 거죠. 이에 대한 판단은 구단이 상품이라는 전제가 있어야 성립됩니다. 상대적으로 이들 뉴욕 양키스, LA 다저스, 보스턴 레드삭스 같은 명문 구단이 그들의 명성을 지키기 위해 낸 사치세가 적자를 내고 있는 구단을 도와주고, 선수 복리후생비로 사용되는 것은 MLB 전체의 가치 상승에도 크게 기여하고 있다고 봅니다. 전체적으로 볼 때, 매우 미국다운 발상입니다.

MLB 구단주와 스타디움 명명권

다음은 메이저리그의 구단주를 살펴보겠습니다. 이 책에서 제가 강조하는 것은 '야구 경영과 구단주'인데요, 그래서 'MLB 구단주와 스타디움의 명명권'을 소제목으로 잡았습니다. MLB는 기본적으로 내셔널리그와 아메리칸리그, 2개의 리그가 있고, 내셔널리그, 아메리칸리그 모두 동부지구, 중부지구, 서부지구로 나뉩니다. 지구는 원래 디비전(Division)이라고 부르는데, 6개 각 지구에는 5개씩 팀이 소속되어 있어서 합계 30개 팀을 이룹니다

〈표 11〉과 〈표 12〉는 MLB 6개 지구의 구단을 정리한 것입니다. 〈표 11〉과 〈표 12〉를 보면 좌측은 구단주와 그 구단주가 소유하고 있는 기업의 성격을 분석했습니다. 〈표 11〉과 〈표 12〉 우측의 홈구장은 연고지 구장을 의미하고, 그 구장에 명명권을 부여했다면 명명권을 구매한 기업과 계약 기간을 정리한 것입니다. 예를 들어, 내셔널리그 동부지구에 속한 애틀랜타 브레이브스의 경우, 구단주는 리버티 미디어㈜이고, 기업의 성격은 미디어로 표시했습니다. 우측의 홈구장을 보면, 트루이스트 파크(Truist Park)로 명명권자는 트루이스트 파이낸셜이며, 명명권 권리 기간은 2042년까지로, 그때까지 스타디움에 트루이스트 파크 이름이 붙어 있는 것입니다.

필라델피아 필리스 구단의 경우에는 구단주가 존 미들턴(John S. Middleton)이고, 기업의 성격은 담배 회사입니다. 홈구장은 '시티즌스 뱅크 파크'인데, 2029년까지 시티즌 파이낸셜그룹이 명명권을 가지고 있습니다. 다음에 있는 뉴욕 메츠의 경우는 스티브 코헨이 구단주이고, 캐피탈 비즈니스가 구단주의 본업입니다. 홈구장은 '시티 필드'이고요, 2029년까지 시티그룹이 명명권을 소유합니다. 이런 식으로 30개 구단을 나누어 해석하면 될 것입니다.

그런데 어쨌든 미국의 MLB 구단은 전술한 것처럼 일종의 투자 상품입니다. MLB가 이렇게 상품화되어 있기 때문에 대개 캐피털이라든가 투자사 등 금융 쪽에서 투자하고 있고, 그 가운데는 전 세계 프로스포츠 구단을 다수 소유한 전문 구단주도 있어요. 보스턴 레드삭스 구단의 존 헨리(John W. Henry) 구단주의 경우, 그의 영국 스포츠 전문 법인인 펜웨이 스포츠

내셔널리그 〈동부지구〉

팀명	구단주	창단	홈구장 (명명권자 / 계약종료연도)	월드 시리즈 우승	구단 가치
애틀랜타 브레이브스 (Atlanta Braves 1965)	Liberty Media.co (2007) 미디어	1871년	트루이스트 파크(Truist Park) 2042 (Truist Financial)	4	2.83 B
필라델피아 필리스 (Philadelphia Phillies)	존 S. 미들턴(John S. Middleton) (2015) 담배사업	1883년	시티즌스 뱅크 파크(Citizens Bank Park) 2029 (Citizens Financial Group)	2	2.3 B
뉴욕 메츠 (New York Mets)	스티브 코헨(Steve Cohen) (2020) 헤지펀드 매니저	1962년	시티 필드(Citi Field) (Citi Group) 2029	2	2.48 B
마이애미 말린스 (Miami Marlins)	브루스 셔먼(Bruce Sherman) (2018) Capital	1993년	말린스 파크(loanDepot Park) (loanDepot) 2021	2	1.12 B
워싱턴 내셔널스 (WashingtonNationals 2004)	Lerner Enterprises (2006) 쇼핑몰 개발회사	1969년	내셔널스 파크(Nationals Park)	1	2.09 B

내셔널리그 〈중부지구〉

팀명	구단주	창단	홈구장	월드 시리즈 우승	구단 가치
세인트루이스 카디널스 (St. Louis Cardinals)	윌리엄 드윗 주니어(William DeWitt Jr.) (1995) 투자 회사	1882년	부시 스타디움(Busch Stadium) (2006~2025) (August Busch–버드와이저)	11	2.36 B
피츠버그 파이리츠 (Pittsburgh Pirates)	로버트 너팅(Robert Nutting) (2007) 리조트	1882년	PNC 파크(PNC Park) (2021~2031) (PNC Financial Services) / 30M	5	1.26. B
신시내티 레즈 (Cincinnati Reds)	밥 카스텔리니(Bob Castellini) (2006) 도매업	1882년	그레이트 아메리칸 볼 파크 (Great American Ball Park) (2003~2033) (Great American Insurance) / 75M	5	1.4 B
시카고 컵스 (Chicago Cubs)	토마스 리케츠(Thomas S. Ricketts) (2009) * Incapital LLC	1876년	리글리 필드(Wrigley Field) 초대 구단주	3	4.14 B
밀워키 브루어스 (Milwaukee Brewers 1970)	마크 아타나시오(Mark Attanasio) (2004) crescent Capital	1969년	아메리칸 패밀리 필드(American Family Field) (2020~2035) (American Family Insurance) / 60M	–	1.37 B

내셔널리그 〈서부지구〉

팀명	구단주	창단	홈구장	월드 시리즈 우승	구단 가치
샌프란시스코 자이언츠 (San Francisco Giants)	찰스 B. 존스(Charles B. Johnson) (1992) Franklin Templeton Investments	1883년	AT&T 파크 (2019~2038) 오라클 파크 (Oracle Park) (2019~2039) / 200M	8	3.49 B
로스앤젤레스 다저스 (Los Angeles Dodgers) (1958)	마크 월터(Mark Walter) (2012) Guggenheim Partners	1884년	다저스 스타디움 (Dodger Stadium)	7	4.62 B
애리조나 다이아몬드백스 (Arizona Diamondbacks)	켄 켄드릭(Ken Kendrick) (2004) Datatel Inc.	1998년	체이스 필드(Chase Field) (1998~2038) (JP morgan Chase) / 2.2M(1년)	1	1.28 B
콜로라도 로키스 (Colorado Rockies)	리처드 몬포트(Richard Monfort) (1992) meat distributer	1993년	쿠어스 필드(Coors Field) (2019~2048) (Coors Beer) / 200M	–	1.37 B
샌디에이고 파드리스 (San Diego Padres)	피터 세이들러(Peter Seidler) (2012) Seidler Equity Partners	1969년	펫코 파크(Petco Park) (2004~2029) (Petco) / 60M	–	1.76 B

〈표 11〉 MLB 구단주와 스타디움 명명권 / 내셔널리그

출처 : 필자 작성

아메리칸리그 〈동부지구〉

팀명	구단주	창단	홈구장 (명명권자 / 계약종료년도)	월드 시리즈 우승	구단 가치
뉴욕 양키스 (New York Yankees)	할 스타인브레너(Hal Steinbrenner) (2008) Yankee Global enterprise	1901년	양키 스타디움 (Yankee Stadium)	27	6,75 B
보스턴 레드삭스 (Boston Red Sox)	존 W. 헨리(John W. Henry)(2002) Fenway Sports Group	1901년	펜웨이 파크 (Fenway Park)	9	4,8 B
볼티모어 오리올스 (Baltimore Orioles 1954)	피터 앙겔로스(Peter Angelos) (1993) 변호사	1894년	오리올 파크 앳 캠던 야즈(Oriole Park at Camden Yards) 1992	3	1,7 B
토론토 블루제이스 (Toronto Blue Jays)	로저스 커뮤니케이션 (RogersCommunications) (2000) 커뮤니케이션	1977년	로저스 센터 (Rogers Centre)	2	1,76 B
탬파베이 레이스 (Tampa Bay Rays)	스튜어트 스턴버그(Stuart Sternberg) (2005) 투자자	1998년	트로피카나 필드(Tropicana Field)(1997~2026) (Tropicana Product / pepsi) / 1M(1년)	–	1,14 B

아메리칸리그 〈중부지구〉

디트로이트 타이거스 (Detroit Tigers)	크리스토퍼 일리치 (Christopher llitch) (2017) 패스트푸드 프렌차이즈	1894년	Comerica Park (2000~2034) (Comerica Bank) / 66M	4	1,33 B
미네소타 트윈스 (Minnesota Twins 1961)	짐 포래드(Jim Pohlad) (2009) 투자자	1901년	Target Field (2010~2033) (Target) / 5M (1년)	3	1,52 B
시카고 화이트 삭스 (Chicago White Sox)	제리 라인스도프(Jerry Reinsdorf) (1981) / NBA 시카고 불스 구단주	1888년	Guaranteed Rate Field (2017~2026) (Guaranteed Rate / 모기지) / 20,4M	3	1,65 B
클리블랜드 가디언스 (Cleveland Guardians)	래리 돌란(Larry Dolan) (1999) 변호사	1894년	Progressive Field (2008~2024) (Progressive / 보험) / 58M	2	1,37 B
캔자스시티 로열스 (Kansas City Royals)	존 셔먼(John Sherman) (2020) LPG service Group	1969년	Kauffman Stadium 1973 초대 구단주	2	1,15 B

아메리칸리그 〈서부지구〉

오클랜드 애슬레틱스 (Oakland Athletics 1968)	존 F.피셔(John J. Fisher) (2016) Gap	1901년	오클랜드 콜리시엄(Oakland- Alameda County Coliseum) (2019~2022) / 1M (1년)	9	1,3 B
로스앤젤레스 에인절스 (Los Angeles Angels)	아트 모레노(Arte Moreno) (2003) 투자자 ← Walt Disney co.	1961년	애나하임엔젤스 (Angel Stadium of Anaheim)	1	2,46 B
휴스턴 애스트로스 (Houston Astros 1964)	짐 크레인(Jim Crane) (2011) Crane capital	1962년	미니트 메이드 파크(Minute Maid Park) (2002~2032) (Minute Maid / coca cola) / 100M	2	2,19 B
시애틀 매리너스 (Seattle Mariners)	존 스탠톤(John W. Stanton) (2016) ← Nintendo of America	1977년	T-모바일 파크(T-Mobile Park) (2018~2044) (T-Mobile) /87,5M	–	1,77 B
텍사스 레인저스 (Texas Rangers 1972)	밥 R. 심슨(Bob R. Simpson), 레이 데이비스(Ray Davis) (2010) Energy Transfer Equity	1961년	글로벌 라이프 필드(Globe Life Field) (2019 -2048) (Globe Life Insurance) / 330M	1	1,84 B

〈표 12〉 MLB 구단주와 스타디움 명명권 / 아메리칸리그

출처 : 필자 작성

그룹을 통해서 영국의 프리미어리그(EPL) 명문 구단인 '리버풀 FC'를 2010년부터 운영하고 있습니다. 전 세계에서 가장 가치가 높은 리그 중의 하나인 미국 야구 MLB, 영국 축구 EPL에서 똑똑한 명문 구단만을 소유하는 능력을 보이고 있죠. 유사한 사례가 최근에 발생했는데요, 2022년 5월에 러시아, 우크라이나 전쟁으로 러시아 경제 봉쇄가 이루어지면서 EPL의 '첼시 FC'의 러시아 구단주 로만 아브라모비치(Roman Abramovich)를 대신해서 MLB LA 다저스의 20% 지분권자인 토드 보일리(Todd Boehly)가 구단을 인수했죠. 첼시 FC의 매입가는 42억 5,000만 파운드(약 6조 7,000억 원)인데요, LA 다저스의 구단주인 '구겐하임 파트너스'의 회장이자 다저스의 실제 구단주인 마크 월터(Mark Walter)도 함께 참여해, 실제로는 LA 다저스가 인수하는 것과 동일한 모양새입니다. 이곳도 MLB와 EPL의 명문 구단을 동시에 소유하는 상황을 만들었습니다.

MLB 구단주 가운데는 미국 내 다른 프로스포츠의 구단주를 겸하는 경우도 많은데, 대표적인 인물은 시카고 화이트 삭스의 구단주인 제리 레인도프(Jerry Reindorf)입니다. 그는 프로농구 NBA의 대표 구단인 시카고 불스를 소유하고 있어요. 이 경우는 연고지인 시카고를 배경으로 프로스포츠 구단을 동시에 운영하는 상황입니다. MLB 구단주 가운데는 이렇듯 연고지를 중심으로 다른 프로스포츠를 동시에 운영하는 경우가 매우 많습니다. 그만큼 구단주와 연고지 관계가 깊은 탓도 있습니다.

MLB 구단주 분석

다수 구단을 운영하는 전문 구단주

MLB 구단은 투자 상품화되어 있기 때문에 최대 주주인 구단주의 존속 기간이 대기업 그룹이 운영하는 NPB나 KBO에 비해 짧은 것이 특징입니다. 그래서 눈에 띄는 예전 구단주의 경영 방식을 살펴보는 것도 재미있을 것 같네요. 앞서 프로스포츠 구단을 다수 보유한 전문 구단주를 설명했는데, 예전에 비슷한 유형의 경영을 했던 구단주를 좀 더 추가해보죠.

1990~1994년까지 5년 동안, 샌디에고 파드리스의 구단주였던 톰 웨르너(Tom Werner)는 보스턴 레드삭스의 존 헨리와 펜웨이 스포츠 그룹의 멤버로 함께 활동하고 있습니다. 바꿔 말하면, 레드삭스의 펜웨이 스포츠 그룹이나 앞서 LA 다저스의 구겐하임 파트너스에 소속된 주주들이 구단 사냥을 한다는 이야기입니다. 좋은 매물이 나오면, 그들 주주가 컨소시엄으로 참여해 구단을 획득하고, 가치가 오르면 팔고 나오는 구조입니다. 1998년 MLB가 30개 구단으로 마지막 확장 완성되던 시기에 애리조나 다이아몬드 백스의 창단에 참여해서 2004년까지 구단주를 맡았던 제리 콜란제로(Jerry Colangelo)의 경우, 프로농구 NBA의 피닉스 선즈(Phoenix Suns)와 여자프로농구 WNBA의 피닉스 머큐리(Phoenix Mercury)의 구단주를 역임했습니다. 그는 창단 이후 최단 기간인 4년 만인 2001년에 월드 시리즈 우승을 일구면서 구단 가치를 급상승시켰는데요, 당시는 김병현 선수가 BK라는 애칭으로 랜디 존슨(Randy Johnson), 커트 실링(Curt Schilling) 등 뛰어난 원, 투 펀치 투수들을 도와 뒷문을 잠그는 역할을 하면서 운이 좋게 우승 반지를 끼게 된 시기입니다.

제리 콜란제로는 이렇게 가치를 올린 다이아몬드백스를 8년 만에 '데이터텍'사의 켄 켄드릭(Ken Kendric)에게 물려주고 MLB를 떠납니다. 재미있는 것은 콜란제로 시대에 홈구장을 시카고 중심의 금융기업 뱅크원에게 명명권을 부여해서 '뱅크원 볼파크'로 불렸는데요, 켄드릭 구단주 등장 이후 공교롭게 뱅크원이 JP모건에게 인수되면서, 뱅크원 볼파크가 '체이스 필드 Chase Field'로 명칭이 변경됩니다. 여기서 Chase는 JP모건의 회사명, JP Morgan Chase에서 비롯된 것입니다.

MLB 구단주 가운데는 2개의 구단 오너를 역임한 인물도 있습니다. 작가이자 미술상인 제프리 로리아(Jeffrey H. Loria)가 주인공입니다. 그는 워싱턴 내셔널즈 구단의 전신인 몬트리올 엑스포스(Montreal Expos)와 마이애미 말린스의 구단주를 맡은 바 있습니다. 그는 1989년에 텍사스 레인저스 산하 3A '오클라호마 시티 89ers'를 매입해서 구단 오너로서 첫발을 내디뎠습니다. 그리고, 1999년에 1,800만 캐나다 달러에 몬트리올 엑스포스를 매수해 필두 주주로 구단주가 되었으며, 2002년에 MLB 협회에 1억 3,000만 달러에 매각하고, 당시 커미셔너였던 버드 셀릭(Bud Selig)으로부터 3,850만 달러를 무이자 융자해 총액 1억 6,850만 달러에 펜웨이 스포츠 그룹의 존 헨리(John William Henry II)로부터 플로리다 말린스를 매수해서 새로운 구단주가 되었죠.

그런데 플로리다 말린스는 로리아가 매입한 첫해에 뉴욕양키스를 4승 2패로 누르고, 월드 시리즈를 거머쥐는 기염을 토했습니다. 그러나 그 후 로리아는 고액 연봉 선수를 계속 시장에 방출해서 팔아 치우는 파이어 세일(Fire Sale)을 지속해 구단 연봉이 MLB 최저 수준까지 떨어지는 상황을 만들었어요. 한편 이로 인해 MLB로부터 수익 분배를 많이 받아내 거액의 경상이익을 냈는데, MLB 수익 분배제를 악용한 사례로 비난을 받았습니다. 2012년에는 연고지를 마이애미로 이전하면서, 구단 명칭을 플로리다 마린즈에서 마이애미 마린즈로 개칭하고 홈구장도 2012년에 완성된 '마린즈 파크'로 확정했습니다. 마린즈 파크는 건설비 총액의 70%인 3억 6,000만 달러를 마이애미시에서 지원했어요. 이 구장은 2012년부터 금융회사인 론디포(Loan Depot)에게 명명권을 주면서 '론디포 파크'로 불립니다.

제프리 로리아 사례를 보면, 메이저리그에는 구단을 매각하고, 다시 구단을 인수하는 것이 통상적입니다. 구단 매각과 매수에는 MLB 커미셔너와 타 구단주의 협조 혹은 이익의 공여(Win-Win) 구조가 중요하죠. 선수 방출을 통해 오명을 얻은 로리아 이후에는 2018년에, 프로농구 스타인 마이클 조던(Michael Jordan)과 프로야구 스타 데릭 지터(Derek Jeter)가 협조하고, 금융가인 브루스 셔먼을 앞장세워 12억 달러로 마이애미 마린즈를 인수합니다. 이로써 제프리 로리아의 MLB 구단주 시대는 종식됩니다.

맥주와 프랜차이즈 구단주

MLB 구단주 가운데는 맥주 회사를 운영하던 곳이 유난히 많습니다. 세인트루이스 카디널스의 경우, 1953~1995년까지 버드와이저 브랜드로 유명한 안호이저 부시(Anheuser Busch)에서 장기간 운영했습니다. 이 회사는 이러한 인연으로 2006~2025년까지 세인트루이스 홈구장의 명명권을 획득해서 부시스타디움으로 사용하고 있습니다.

MLB의 가장 뛰어난 커미셔너로 칭송받는 버드 셀릭이 창업 구단주로 만든 밀워키 브루어스의 경우, 밀워키가 미국 제1의 맥주 제조 도시이기 때문에 브루어스라는 명칭이 붙었는데, 연고지 구장의 명칭이 '밀러 파크'였습니다. 스타디움이 2001년 새로 개장할 당시, 밀러 맥주가 구장 건설에 스폰서로 나서면서 20년 동안 명명권을 획득해서 '밀러 파크'로 사용했어요. 최근에 이 구장은 아메리칸 패밀리 보험회사가 명명권을 취득해서 2035년까지 '아메리칸 패밀리 필드' 명칭으로 사용됩니다. 명명권자의 특성에 따라 파크(Park)에서 필드(Field)로 구장의 성격도 바뀐 독특한 사례입니다.

한편, 1993년 28개 구단으로 MLB 확장 완성 시기에 마이애미 마린즈 팀과 동시에 진입한 콜로라도 로키스의 경우도 맥주 회사와 연관이 있는 구단입니다. 로키스 구단은 창단 당시, 덴버시를 연고지로 했는데요, 당시 덴버시에 사용할 야구장이 없어서 미식 축구장을 홈구장으로 사용하면서, 인근에 새로운 야구장을 건설했습니다. 이때, 새로운 구장 건설에 1,500만 달러를 투입해서 명명권을 획득한 기업이 '쿠어스 맥주'입니다. 따라서 구장 명칭이 '쿠어스 필드'로 붙여졌고, 쿠어스는 계약상 이 명칭을 영구적으로 사용할 수 있습니다.

그리고 1965~1979년까지 볼티모어 오리올스의 구단주였던 제럴드 호프버리(Jerold Hoffberger)가 운영하던 회사가 내셔널 부로잉 컴퍼니(National Brewing Company)였어요. 이 회사 역시 맥주 제조 공장으로 성장한 후, 오리올스 구장에 맥주를 공급하던 인연으로 구단 운영에까지 이릅니다. 내셔널 부로잉은 내셔널 보헤미안(National Bohemian) 브랜드와 라거 맥주, 몰트 음료 Colt 45 브랜드를 판매했으나, 경영 부진으로 문을 닫고 MLB에서도 자연스럽게 퇴장했습니다.

또 다른 장르를 찾아보죠. MLB에는 과거에 소매업자와 식품 프랜차이즈 회사가 적극적으로 참여했습니다. 가장 대표적인 곳은 레이 크록(Ray Kroc)으로 그는 맥도날드의 창업 CEO입니다. 맥도날드 형제에게 270만 달러에 브랜드를 매수한 후, 프랜차이즈를 통해 맥도날드 브랜드의 성공적인 가치 증대를 이룬 인물입니다. 그는 맥도날드 CEO를 은퇴하고, 1974년에 샌디에고 파드리스를 매수해 1984년 당뇨병으로 사망하기까지 11년 동안 구단주로서 활동합니다. 파드리스 구단은 그동안의 레이 크록 구단주의 공적을 기리기 위해서 그의 이름 'RAK'를 선수들의 영구결번과 동격으로 헌정했습니다.

한편, 디트로이트 타이거스는 피자에 특화된 구단입니다. 도미노 피자의 창업자 톰 모나한(Tom Monaghan)이 1983년에 타이거스를 인수해 1992년까지 10년 동안 구단주로 활동하는데요. 1983년 구단 인수 후, 1년 만에 월드 시리즈 우승을 했습니다. 그의 열정과 운이 따른 결과였습니다. 피자와 야구에 대한 그의 열정이 합쳐져서 1986년에 펴낸 그의 자서전 제목이 《피자 호랑이(Pizza Tiger)》였습니다. 1992년에 모나한은 디트로이트 타이거스 구단을 피자 경쟁사인 '리틀 시저스 피자(Little Caesar's Pizza)'의 창업자 마이크 일리치(Mike Ilitch)에게 매각합니다.

일리치는 특이한 경력의 소유자인데요, 1952년에 디트로이트 타이거스에 프로선수로 입단해 마이너리그에서 4년 동안 선수 생활을 한 경험이 있습니다. 그러다 1959년에 리틀 시저스 피자를 창업해서 프랜차이즈로 대박을 터트립니다. 그 후, 프로스포츠 선수의 혈기로 1982년에 프로하키 NHL의 디트로이트 레드윙스(Detroit Red Wings)를 인수해서 구단주 활동을 하다가 1992년에 드디어 MLB 타이거스의 구단주로 금의환향하죠. 마이너 선수가 구단주로 등극하는 것입니다. 2017년에 마이크 일리치 사망 후, 아들인 크리스토퍼 일리치가 구단 오너직을 승계합니다. 타이거스는 40년 동안 Pizza Tiger로 피자 파워가 센 팀입니다.

한편, Zara와 H&M으로 대표되는 SPA 의류의 선봉 역할을 했던 Gap 역시 MLB 구단주로 참여하고 있는데요, 아버지 도날드 피셔(Donald Fisher)가 Gap 브랜드를 만들어 성공했다면, 아들인 존 피셔(John J. Fisher)는 오클랜드 애슬레틱스팀의 구단주로 유명합니다. 그는 프로축구 스코틀랜드 셀틱FC의 대주주이기도 하죠. 피셔는 샌프란시코 페어필드 호텔 체인의 공동 경영자인 루이스 울프(Lewis Wolff)와 함께 2005년부터 애슬레틱스(Athletics)의 공동 주주였는데요, 2016년에 루이스 울프가 10%의 지분을 매각하면서 최대 주주가 되어 구단주에 올랐습니다.

미국 소매업의 대표 선수는 월마트죠. 월마트의 CEO 데이비드 글래스 역시 MLB의 구단주를 역임했습니다. 데이비드 글래스는 1976년에 월마트가 123점포밖에 없을 때, CFO로 입사해 2000년에 CEO로 승격할 당시는 4,000개 점포로 확장해놓고 자리에서 물러났어요. 데이비드 글래스의 프로야구 입성은 우연한 기회에 이루어졌는데요, 1993년 그의 친구인 캔자스시티 로열스 구단의 창업자 유잉 카우프만(Ewing Kauffman)이 사망하면서 로열스의 임시 CEO로 임명되었다가 2000년에 로열스의 구단주가 되었습니다. 글래스는 2019년까지 구단주로 재임했는데, 자신이 월마트에서 사용했던 비용 절감 방식을 로열스에 주입하면서 비난을 받았습니다.

글래스의 재임 기간인 2015년에 로열스는 뉴욕 메츠를 제압하고 월드 시리즈 우승을 쟁취했고, 2014년에는 월드 시리즈에 진출해 샌프란시코 자이언츠에 3승 4패로 져서 준우승에 그쳤죠. 데이비드 글래스는 2019년에 클리브랜드 인디언스의 부회장 존 셔먼(John Sherman)에게 자신의 주식을 모두 매각하고 MLB를 떠납니다.

한편, 월마트와 비즈니스 관계가 깊었던 맥레인 컴퍼니 역시 MLB 구단주 역할을 했는데요. 드레이턴 맥레인(Draton Mclane)이 주인공입니다. 맥레인은 식품 도매, 물류 회사로 1989년에 월마트에 회사를 매각하고, 그 자금으로 휴스턴 에스트로스에 투자했습니다. 월마트가 맥레인을 획득한 이유는 이 시기 월마트의 점포 전략이 바뀌기 때문입니다. 정확히 말해서 점포 콘셉트에 변경이 있었던 것입니다.

애초에 월마트는 규격 공산품 중심의 할인점으로 출발했는데요, 1989년부터 기존 면적의 20%를 확대해서 여기에 식품을 병설 판매하는 '월마트 슈퍼센터'라는 업태를 준비했습니다. 이때, 식품에 대한 노하우가 전혀 없었던 월마트 입장에서 협력 회사인 맥레인이 매우 중요한 자산이 되었죠. 맥레인의 식품 도매와 배송, 물류 노하우는 전미 소매업의 석권과 동시에 글로벌 리테일러로 도약하는 데 중요한 역할을 한 것입니다. 초창기 월마트가 P&G와 상품정보를 공유하는 업무 제휴를 체결했을 때, 세상이 놀랐던 것만큼 혁신적인 선택이었습니다.

어쨌든 맥레인은 월마트의 주주가 되고, 휴스턴 에스트로스의 주주가 되어 1993~2011년까지 구단주의 위치에 있었습니다. 맥레인은 2011년에 짐 크렌(Jim Crane)에게 6억 8,000만 달러에 주식을 매각하고 MLB를 떠났어요. 맥레인과 데이비드 글래스가 비슷한 시기에 MLB에 참여한 것은 소매업 CEO가 본격적으로 MLB 구단을 운영하는 사례를 보여줬다는 점에서 다양한 시사점이 있습니다. 할인점 특유의 비용 절감과 효율 중시 경영 방식을 구단에 적용하면서 구단 주변으로부터 비난을 받았다는 점은 되새겨볼 일입니다.

엔터테인먼트 구단주

MLB에는 엔터테인먼트 기업의 참여도 다수 있었죠. 로스앤젤레스 에인 절스팀의 경우는 월트 디즈니가 구단을 이끌었습니다. 1998~2003년까지 비록 짧은 기간이었지만, 디즈니의 족적이 많이 남은 구단입니다. 에인절 스는 2002년 월드 시리즈에서 샌프란시스코 자이언츠에게 4승 3패로 우 승했는데, 우승 퍼레이드를 같은 애너하임 시에 위치한 디즈니랜드에서 진 행한 것으로 유명합니다. 꿈과 환상의 나라 디즈니랜드와 월드 시리즈 우 승의 꿈이 매치되어 많은 호응을 불렀던 기억이 있습니다.

디즈니는 1998년에 구단주로 입성하면서, 팀이 창단 때부터 사용하던 명칭 '로스앤젤레스 에인절스'를 '애너하임 에인절스'로 변경해요. 디즈니 랜드가 위치한 애너하임을 부각시키는 지역밀착형 명칭으로 개칭해서 사 용한 것입니다. 디즈니는 애너하임 연고지에 대한 애착이 매우 강해서 이 미 1993년에 프로하키 NHL 소속의 '애너하임 덕스 Anaheim Ducks' 를 창단했습니다. 당시 디즈니는 프로스포츠 참여와 경영에 주력했는데 요. 2003년 MLB 시즌 종료 시점에서 멕시칸 실업가인 아르테 모리노(Arte Moreno)에게 1억 8,000만 달러에 매각하고 MLB에서 철수합니다.

한편, 일본 게임 기업이 MLB에 참여한 사례도 있습니다. 시애틀 마리 노스팀입니다. 1992년 마리노스가 경영위기에 빠져서 연고지를 시애틀에 서 다른 도시로 이전할 처지가 되었는데요. 게임 기업 닌텐도의 야마우치 히로시(山內 博) CEO가 개인 자금으로 마리노스 구단의 주식을 매입합니 다. 이 상황에 대해 MLB 구단주 회의가 일본 기업이 MLB 구단을 매수하 는 것에 난색을 표명하면서, ① 타 출자자도 모집해서 야마우치의 지분을 49%로 억제할 것, ② 마리노스의 중요 문제를 결정할 때는 공동 오너 7인의 투표에 의해 최종 의사결정하며 야마우치의 의향에 따르는 닌텐도는 2표를 취득함 등의 협의에 따라 마리노스의 최대 주주로 구단주가 되었습니다. MLB 사상 최초의 비백인, 아시안인 구단주가 탄생한 것입니다.

그는 2002년 닌텐도 사장 퇴임 후에도 개인 출자분으로 공동 오너로 이름을 올리고 있었는데요, 야마우치의 출자지분은 2004년에 닌텐도 아메리카가 구매해서 55%의 지분율을 확보했습니다. 이런 연유로 시애틀 마리노스는 사사키 가즈히로(佐々木主浩), 스즈키 이치로 등 일본인 선수를 영입해서 성공했고, 한편으로는 일본 선수의 MLB 이적의 통로로 사용된 적이 있습니다. 야마우치 구단주는 2005년에 이치로가 MLB의 연간 최다 안타 기록을 달성하자 개인이 보유한 닌텐도 주식 5,000주를 이치로에게 증정한 유명한 사례가 있습니다. 닌텐도 아메리카는 지분 10%만 남긴 채 2016년에 시애틀의 기업가 존 스탠튼(John Stanton)에게 대부분의 주식을 매각해서 구단주의 자리를 넘겨주었죠. 애초에 닌텐도가 참여할 당시와 같은 상황, 즉 마리노스를 시애틀 이외의 곳으로 절대 이전시키지 않는다는 조건 하나만을 달고 공동 주주에게 주식을 매각한 것입니다. 그만큼 시애틀은 닌텐도에게 중요한 도시였어요. 야마우치 평전에는 닌텐도가 시애틀을 본거지로 미국 시장을 개척해서 성공했기 때문에 시애틀에 그에 따른 은혜를 갚는다는 마음으로 프로야구에 도전했다고 밝혔습니다. 실제로 야마우치는 구단주 당시에 한 번도 시애틀 마리노스팀을 방문한 적이 없답니다.

월드 시리즈 우승 횟수를 보면, 아메리칸리그 동부지구의 뉴욕 양키스가 27회로 압도적인 우세를 보이고, 그 뒤를 내셔널리그의 세인트루이스 카디널스 11회, 아메리칸리그의 보스턴 레드삭스 9회, 오클랜드 애슬레틱스 9회, 내셔널리그의 샌프란시스코 자이언츠 8회, LA 다저스가 7회입니다. 이들 우승 구단은 각 리그를 리딩하는 구단으로 군림하고 있죠. LA 다 저스는 불행하게도 최다 준우승팀이기도 합니다.

월드 시리즈 우승 횟수를 보면, 결국은 투자를 많이 하는 팀들이 우승할 가능성이 큽니다. 사치세를 내고서도 우승을 일구면 이렇게 기록에 남고, 구단의 가치가 올라가므로 투자가 불가피하죠. 앞서 프로스포츠는 1 승의 가치가 매우 중요하다고 했는데요, 이런 관점에서는 1승의 가격도 다를 수밖에 없죠. 투자를 많이 하는 구단의 1승은 당연히 비싼 값일 것입니다. 그런 의미에서 창단 이후 가장 최소 기간에 월드 시리즈를 제패한 경우는 1승의 가치가 가장 효과적이었을 것입니다. 그 팀은 바로 애리조나 다이아몬드백스인데요, 창단 이후 단 4년 만에 우승 트로피를 품었습니다. 랜디 존슨(시즌22승), 커트 실링(시즌 21승)에 이어 김병현 선수가 마무리 투수로 나왔던 기억이 새롭습니다.

MLB 구단주의 산업 분류

〈자료 23〉은 현재 MLB에 투자한 기업을 종합적으로 정리한 것입니다. 메이저리그 투자 기업의 산업 분류 표인데요, 실질적으로 구단의 최대 주주이지, 100% 독점 주주는 아닙니다. 메이저리그는 투자 상품이기 때문에 100% 주주가 없고, 최대 주주가 구단주 역할을 합니다. 그래서 구단의 최대 주주가 속해 있는 업종과 산업은 무엇인가를 분류해봤을 때, 압도적으로 금융, 투자 분야라고 분석할 수 있습니다. 〈자료 23〉을 보면, 전체 30 개의 구단 중에 금융, 투자가 18개나 있고, 도소매 업종이 4개, 부동산 디

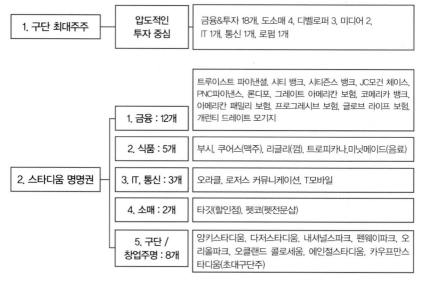

1. 구단 최대주주	압도적인 투자 중심	금융&투자 18개, 도소매 4, 디벨로퍼 3, 미디어 2, IT 1개, 통신 1개, 로펌 1개

2. 스타디움 명명권	1. 금융 : 12개	트루이스트 파이낸셜, 시티 뱅크, 시티즌스 뱅크, JC모건 체이스, PNC파이낸스, 론디포, 그레이트 아메리칸 보험, 코메리카 뱅크, 아메리칸 패밀리 보험, 프로그레시브 보험, 글로브 라이프 보험, 개런티 드레이트 모기지
	2. 식품 : 5개	부시, 쿠어스(맥주), 리글리(껌), 트로피카나,미닛메이드(음료)
	3. IT, 통신 : 3개	오라클, 로저스 커뮤니케이션, T모바일
	4. 소매 : 2개	타깃(할인점), 펫코(펫전문샵)
	5. 구단 / 창업주명 : 8개	양키스타디움, 다저스타디움, 내셔널스파크, 펜웨이파크, 오 리올파크, 오클랜드 콜로세움, 에인절스타디움, 카우프만스 타디움(초대구단주)

〈자료 23〉 MLB 투자 기업의 산업 분류

출처 : 필자 작성

벨로퍼가 3개, 미디어 관련이 2개, IT업체가 1개, 통신업체 1개, 로펌이 1개 등 투자자 관점에서는 금융 투자가 18개로 압도적으로 많습니다.

그리고 앞서 〈표 11〉과 〈표 12〉의 우측에 스타디움의 명명권을 정리했는데요, 30개 구단 가운데는 명명권을 사용한 곳이 22개 있고, 명명권을 안 주고 그냥 구단 이름을 쓰는 곳, 혹은 구단 창업주의 이름을 쓰는 곳이 8개입니다. 그들은 자산이 많은 구단이니, 굳이 명명권을 부여 안 해도 되는 기업이죠. 그들은 앞서 살펴본 것처럼 사치세를 낸 팀들이 주로 해당됩니다.

뉴욕 양키스, LA 다저스, 워싱턴 내셔널스, 볼티모어 오리올스, 로스앤젤레스 에인절스가 구단 이름을 쓰는 거고, 오클랜드 애슬레틱스는 연고지 도시명을 사용합니다. 캔자스시티 로열스의 경우, 카우프만 스타디움을 사용하는데, 카우프만(Kauffman)은 초대 구단주의 이름입니다. 이와 유사한 것이 시카고 컵스의 리글리 필드입니다. 리글리(Wrigley) 역시 초대 구단주의 이름인데요, 〈자료 23〉에는 편의를 위해 리글리가 제조한 껌을 중심으로, 식품 카테고리로 분류했습니다.

이상의 8개 구단을 제외하고는 나머지 22개 구단이 산업체에 스타디움 명칭을 판매한 것입니다. 구장 명명권도 금융이 12개, 즉 트루이스트 파이낸셜, 시티 뱅크, 시티즌스 뱅크, JP모건 체이스, PNC 파이낸스, 론디포, 그레이트 아메리칸 보험, 코메리카 뱅크, 아메리칸 패밀리 보험, 프로그레시브 보험, 글로브 라이프 보험, 개런티드 레이트 모기지 등인데, 이 중에도 보험이 제일 많고 뱅크도 많습니다. 그다음에 식품업체가 5개인데, 전술한 부시 맥주, 쿠어스 맥주, 리글리 껌, 트로피카나, 미닛메이드 등 음료 브랜드를 그대로 사용해서 미닛메이드 파크, 트로피카나 필드, 리글리 필드, 쿠어스 필드, 부시 스타디움으로 부르는 것이죠. 2022년에 휴스턴 애스트로스가 우승할 때, 오렌지색의 미닛메이드 구장이 환호의 물결로 덮힌 광경이 눈에 선합니다. 다음에 IT, 통신업체가 3개인데요, 오라클, 로저스 커뮤니케이션, T모바일이 해당됩니다. 로저스 커뮤니케이션은 캐나다 토론토 소재의 이동통신 회사입니다. 다음에 소매가 2개인데요, 할인점 타깃과 펫코샵입니다. MLB 투자 기업을 보면, 최대 주주나 스타디움 명명권에서 금융 투자 부분이 압도적으로 많습니다.

일본 NPB
(Nippon Pro Baseball)

NPB 구단주와 스타디움 명명권

미국 MLB는 프로야구를 상품화하고, 상품 가치를 높여서 사고팔고 하는 관점이 강하기 때문에 주로 금융과 투자 회사들이 구단 경영에 많이 참여했어요. 그런데, 미국보다 역사가 좀 짧지만, 약 100년의 역사를 가진 일본 NPB는 어떤 특성을 가지고 있는지 살펴보죠. 유사한 역사에 비슷한 흐름을 가지고 있는지, 아니면 다른지를 좀 더 세밀하게 산업 흐름의 관점에서 정리해보겠습니다.

일본 NPB는 12개 팀이 있어요. 메이저리그는 30개 팀에 2개 리그가 있고, 그 리그에 지구(디비전)가 3개, 즉 동부, 중부, 서부가 있어서 6개 디비전으로 움직였죠. 그런데 일본 NPB는 12개 팀에 불과해서 센트럴리그와 퍼시픽리그의 2개 리그로 움직이고 있습니다. 2개 리그를 간단하게 정리하면, 센트럴리그는 1930년대 프로야구가 등장할 때부터 직접 참여했던 기업들이 아직 건재해서 비교적 보수적인 체제로 움직이고 있는 리그이고, 퍼시픽리그는 센트럴리그에 비해 후발로 형성되어 상대적으로 진보적인 리그입니다.

NPB는 2개 리그를 따로 운영하는데요, 2개 리그의 격차를 줄이기 위해 시즌 내에 미국 MLB의 인터리그와 유사한 리그 교류전을 의무 부과하고 있습니다. 그리고 2개 리그의 상위팀이 룰에 따라 일본 시리즈를 치르는 것은 MLB 방식과 유사합니다. 단지, 최근에 흥행과 관련해서 일본 시리즈까지 올라가는 룰이 계속 바뀐다는 점만 다릅니다. KBO 역시 한국 시리즈에 오르기까지의 포스트 시즌 룰이 계속 바뀐 것과 유사하죠.

〈센트럴리그〉

팀명	구단주	창단	홈구장	일본 시리즈 우승
요미우리 자이언츠 (Yomiuri Giants)	요미우리(신문)	1934년	도쿄돔	22
한신 타이거즈(Hanshin Tigers)	한신(철도)	1935년	한신 고시엔 구장	2
주니치 드래곤즈 (Chunichi Dragons)	주니치(신문)	1936년	나고야돔	2
히로시마 도요 카프 (Hiroshima Toyo Carp)	마츠다(자동차)	1968년	마츠다 줌줌 구장 히로시마(자동차)	3
도쿄 야쿠르트 스왈로스 (Tokyo Yakult Swallows)	야쿠르트(식품)	1970년	메이지 진구 구장	5
요코하마 DeNA 베이스타즈 (Yokohama DeNA BayStars)	DeNA(게임)	1968년	요코하마 스타디움	2

〈퍼시픽리그〉

지바 롯데 마린스 (Chiba Lotte Marines)	롯데(식품)	1969년	조조 마린 스타디움(IT)	3
홋카이도 니혼햄 파이터스 (Hokkaido Nippon-Ham Fighters)	니혼햄(식품)	1974년	삿포로돔	2
사이타마 세이부 라이온스 (Saitama Seibu Lions)	세이부(철도)	1979년	메트라이프돔(보험)	10
오릭스 버팔로스 (ORIX Buffaloes)	오릭스(금융)	1989년	교세라돔 오사카(제조)	2
도호쿠 라쿠텐 골든이글스 (Tohoku Rakuten Golden Eagles)	라쿠텐(IT)	2005년	라쿠텐 모바일 파크 미야기 (통신)	1
후쿠오카 소프트뱅크 호크스 (Fukuoka SoftBank Hawks)	소프트뱅크(통신)	2005년	후쿠오카PayPay돔(IT)	7

〈표 13〉 NPB 구단주와 Stadium Naming Right

출처 : 필자 작성

〈표 13〉은 앞서 MLB와 동일하게 NPB 구단과 구단주, 홈구장의 명명권을 정리한 것입니다. 요미우리 자이언츠는 요미우리 신문이 구단주이고, 홈구장을 도쿄돔을 사용하고 있어요. 자이언츠팀은 일본 시리즈에서 22번이나 우승한 명문 구단이죠. 자이언츠의 한자인 巨人의 발음인 '교진'이라는 애칭으로 불리는 국민 구단입니다. 앞서 택진이 형이 어렸을 때, 재미있게 읽었다는 만화책 제목이《거인의 별》였다고 하는데요, 이는 자이언츠를 대상으로 하는 일본 만화라서 그런 제목이 붙었던 것입니다.

한신 타이거스는 한신 철도가 구단주이고, 오사카의 한신 고시엔 구장을 홈구장으로 사용하고 있습니다. 고시엔 구장은 우리에게 익숙한 고교야구 고시엔 대회가 열리는 바로 그 구장이죠. 한신 타이거스는 요미우리 자이언츠에 버금가는 역사와 팬덤이 강한 팀이지만, 일본 시리즈 우승은 2회에 그친 불운한 구단입니다. 주니치 드래곤즈는 주니치 신문이 구단주 기업으로, 나고야돔을 홈구장으로 쓰고 있어요. 히로시마 도요 카프는 마츠다 자동차가 운영하고 있고 마츠다 줌줌 구장을 홈구장으로 사용하며 마츠다가 명명권을 사용합니다.

도쿄 야쿠르트 스왈로스는 야쿠르트가 구단주 기업이죠. 도쿄의 메이지 진구 구장을 홈구장으로 쓰고 있고, 센트럴리그에서 자이언츠에 이어 일본 시리즈 우승 5회를 거둔 알찬 구단입니다. 요코하마 DeNA 베이스타즈는 DeNA라는 게임업체가 구단주 기업이고, 요코하마 스타디움을 홈구장으로 사용하고 있습니다. 한편, 퍼시픽리그를 살펴보면, 먼저 지바 롯데마린스가 있습니다. 구단주 기업은 일본 롯데로, 한때 신동빈 회장이 구단주를 했던 팀입니다. 1969년에 창단해서 연고지를 지바로 하고, 홈구장에 '조조 마린 스타디움'이라고 온라인 패션업체인 '조조타운'에게 명명권을 부여해서 운영하고 있습니다.

다음으로, 홋카이도 니혼햄 파이터스는 니혼햄을 구단주 기업으로 하고, 연고지 구장은 홋카이도의 삿포로돔을 쓰고 있습니다. 사이타마 세이부 라이온스는 세이부 철도가 구단주 기업이고, 연고지인 도코로자와에 홈구장으로 '메트라이프돔'을 쓰고 있습니다. 다음으로, 오릭스 버팔로스는 금융업체인 오릭스가 구단 기업이에요. 연고지는 오사카이며 교세라돔을 홈구장으로 사용하고 있습니다.

도후쿠 라쿠텐 이글스는 IT업체 라쿠텐이 구단주 기업이고, 센다이를 연고지로 하며, 홈구장은 '라쿠텐 모바일 파크 미야기'입니다. 라쿠텐의 관계 회사인 라쿠텐 모바일 회사에 명명권을 준 것입니다. 후쿠오카 소프트뱅크 호크스는 소프트뱅크가 구단주 기업이고, 후쿠오카를 연고지로 합니다. 홈구장은 '후쿠오카PayPay돔'이라고 부릅니다. 소프트뱅크 그룹 안에 페이페이라는 결제 시스템 회사가 있는데 그곳에 명명권을 부여한 것입니다. 스타디움에 명명권을 주는 곳은 대개 구단주 기업의 계열사가 많은 것이 일본의 특징입니다. 미국과 현저히 다른 부분입니다.

〈표 13〉의 우측 일본 시리즈 우승을 살펴보면, 센트럴리그의 요미우리 자이언츠가 22회로 압도적으로 우승을 많이 했는데요, 2012년을 마지막으로 10년 이상 우승이 없는 상황입니다. 퍼시픽리그에서는 세이부 라이온스가 10회의 일본 시리즈 우승을 했는데요, 최근에 제일 많은 우승을 하면서 신흥 명문 구단으로 떠오르는 곳이 소프트뱅크 호크스 구단입니다. 이 구단은 손정의 회장이 투자한 이후에 7번이나 우승하는 기염을 토했는데요. 2014~2020년까지 2016년만 제외하고 연속해서 6번이나 일본 시리즈를 제패하는 막강 구단이 되었습니다. 손정의 회장이 구단주 취임 당시,

돈 걱정은 말고 세계 No. 1을 목표로 하라는 지시를 구단과 선수들이 제대로 받아준 것입니다.

센트럴리그의 야쿠르트 스왈로스 구단은 1993년, 1995년, 1997년에 집중해서 3회나 일본 시리즈 우승을 했는데요, 당시 노무라 카츠야(野村克也) 감독의 'ID 야구'가 각광을 받았습니다. ID 야구는 'Important Data'의 약자로, 데이터를 중시하는 야구를 의미해요. 이것은 뒤에서 설명할 세이버매트릭스 이전에 초보적인 데이터 야구였습니다. 이때부터 NPB 구단은 데이터를 중시하고, 이기는 야구를 실현하게 됩니다.

NPB 구단 수익 현황

〈표 14〉는 NPB 구단의 수익 현황인데요, 이를 통해 관중 수와 매출액, 순이익 상황을 분석해보죠.

〈표 14〉를 보면, 관중 수에서는 요미우리 자이언츠와 한신 타이거스가 300만 명 이상으로 타 팀에 비해 압도적입니다. 그만큼 전통이 있고, 인기가 있는 구단인 거죠. 자이언츠의 관중 수가 303만 명 정도 되는데, 매출은 미공개가 원칙으로 약 400억 엔 정도로 추정됩니다. 한신 타이거스도 관중 309만 명에 200억 엔의 매출, 순이익이 8억 엔입니다. 주니치 드래곤즈는 관중 229만 명, 매출액이 98억 엔이고요, 히로시마 도요 카프는 222만 명 관중에 매출 190억 엔, 순이익 9억 엔 규모입니다. 도쿄 야쿠르트 스왈로스는 196만 명 관중에 72억 엔의 매출인데요, 순이익이 적자가 났습니다.

〈센트럴리그〉

팀명	관중수	매출액	순이익
요미우리 자이언츠 (Yomiuri Giants)	303만 명	미공개	미공개
한신 타이거스(Hanshin Tigers)	309만 명	200억 엔	8억 100만 엔
주니치 드래곤즈 (Chunichi Dragons)	229만 명	98억 엔	미공개
히로시마 도요 카프 (Hiroshima Toyo Carp)	222만 명	189억 엔 4,200만 엔	9억 3,000만 엔
도쿄 야쿠르트 스왈로스 (Tokyo Yakult Swallows)	196만 명	72억 엔	−1,200만 엔
요코하마 DeNA 베이스타즈 (Yokohama DeNA BayStars)	228만 명	141억 6,700만 엔	11억 1,800만 엔

〈퍼시픽리그〉

팀명	관중수	매출액	순이익
지바 롯데 마린스 (Chiba Lotte Marines)	167만 명	75억 엔	3억 8,500만 엔
홋카이도 니혼햄 파이터스 (Hokkaido Nippon—Ham Fighters)	197만 명	104억 엔	7억 4,000만 엔
사이타마 세이부 라이온스 (Saitama Seibu Lions)	182만 명	153억 6,600만 엔	15억 9,900만 엔
오릭스 버팔로스 (ORIX Buffaloes)	173만 명	82억 엔	적자
도호쿠 라쿠텐 골든이글스 (Tohoku Rakuten Golden Eagles)	182만 명	138억 6,200만 엔	−4,700만 엔
후쿠오카 소프트뱅크 호크스 (Fukuoka SoftBank Hawks)	266만 명	317억 7,400만 엔	5억 4,400만 엔

〈표 14〉 NPB 수익 현황

출처 : 필자 작성

요코하마 DeNA 베이스타즈는 관중 228만 명에 매출 141억 엔, 순이익이 11억 1,800만 엔인데요, 베이스타즈는 게임업체 DeNA가 들어오기 전에는 계속 적자였던 업체입니다. 당시 35세의 이케다 준(池田純)을 CEO로 영입하면서 상황이 변합니다. 이 젊은 경영자는 스타디움을 만원관중으로 만드는 전략을 최우선으로 운영했는데, 그 결과 흑자 전환이 된 것입니다.

프로야구 운영의 기본은 역시 홈구장 경기에서 스타디움을 관객으로 가득 채우는 것이죠. 베이스타즈가 이것을 실증한 것입니다. DeNA 베이스타즈는 폭발적인 관중 흥행을 배경으로 구단 인수 5년 만에 요코하마 스타디움을 매수해서 구단과 구장 일체의 경영을 실현했죠. 이것이 요코하마를 센트럴리그의 최고 흑자 구단으로 만든 비결입니다.

다음은 퍼시픽리그 구단인데요, 지바 롯데 마린스는 167만 명의 관중으로 리그에서 제일 적은 관중 수를 보입니다. 그래서 매출액도 상대적으로 적은 75억 엔인데요, 3억 8,500만 엔의 흑자를 내는 것은 매우 고무적입니다. 매출이 최고로 적은 롯데가 흑자를 내는 이유는 뒤에서 좀 더 자세히 정리하죠.

홋카이도 니혼햄 파이터스는 197만 명 관중에 104억 엔 매출, 7억 4,000만 엔의 순이익을 보입니다. 퍼시픽리그에서 역사도 깊고, 우승 경력도 많아 가장 영향력이 큰 구단은 세이부 라이온스인데요, 세이부는 도코로자와 홈구장에 182만 명의 관중을 집객시켜 약 153억 엔의 매출, 약 16억 엔의 순이익을 거둡니다. NPB 구단 가운데 가장 많은 이익을 내고 있습니다. 퍼시픽리그에서 최고 많은 관중을 채우는 소프트뱅크 호크스가 약 318억 엔 매출에 약 5억 4,000만 엔의 이익을 내는 것을 비교할 때, 세이부의 이익 수준은 매우 높은 것입니다.

퍼시픽리그는 2005년 IT 기업인 소프트뱅크와 라쿠텐이 진입한 이후, 이들 기업의 주도로 프로야구 경영의 혁신을 이루었습니다. 앞서 지적했던 것처럼 연고지 홈구장의 명명권 사업도 퍼시픽리그가 훨씬 앞섰죠. 조조마린 스타디움, 메트라이프돔, 교세라돔, 라쿠텐 세이메이 파크, 후쿠오카 Paypay돔처럼 5개 구단이 명명권 사업을 하고 있습니다.

삿보로돔을 임대해서 사용하는 니혼햄 파이터스도 현재 홋카이도에 새롭게 자사 구장을 건설하고 있어 센트럴리그에 비해서 수익 중심으로 움직이는 것이 보입니다. 센트럴리그가 자이언츠 도쿄돔과 드래곤즈 나고야돔으로 2개 구단만 돔구장을 사용하는 데 반해 퍼시픽리그는 4개 구단이 돔구장을 사용하는 등 프로야구 운영에 선진성을 갖추고 있습니다. 아울러, 2007년에 리그 전체를 총괄하는 퍼시픽리그 마케팅(PLM)을 설립해 2012년부터 리그 공통의 TV 방영권을 갖춘 유료 사이트 퍼시픽TV를 스타트했습니다. 이 시스템은 MLB TV를 철저히 벤치마킹한 것입니다. 퍼시픽TV 도입으로 PLM의 매출이 50억 엔을 넘어서면서, 분배금을 통해 소속 구단의 이익에 기여하고 있습니다.

그런데 퍼시픽리그의 혁신에도 불구하고 오릭스 버팔로스는 82억 엔 매출에 적자입니다. 그리고 도호쿠 라쿠텐 골든이글스도 4,700만 엔이 적자인데요, 짚고 넘어갈 것은 일본 프로야구도 이렇게 적자가 나고 있다는 점입니다. 일본 프로야구는 구단주가 거의 100%를 출자해서 독점적으로 운영하고 있기 때문에 구단은 처음부터 수익에 대해 크게 기대를 하지 않고, 그룹사 전체의 광고탑이라는 관점에서 구단을 운영했지요. 그룹사 전체의 광고 선전비를 들이는 총액보다 프로야구 구단을 운영하는 것이 훨씬 더 득이 있다고 판단했기 때문에 구단을 운영하는 것이고요. 게다가 일본 정부가 프로야구 광고비에 대해 세제상의 우대를 부여하다 보니 적자 구단이 생겨도 그룹 전체로는 손실이 크지 않은 것입니다.

세제상의 우대를 좀 더 정확히 설명하면, 1954년 일본 국세청이 인정해준 제도인데요, 구단 경영에서 발생한 적자를 모회사의 광고비로 손금 처리가 가능해지면서 모회사는 법인세를 절약할 수 있게 된 것입니다. 이 경우, 반드시 구단 이름에 모회사 기업명이 들어 있지 않으면 적용이 불가능해 구단을 그룹 계열사로 편입하는 것입니다.

NPB 구단주 산업의 변천

다음은 일본 프로야구 NPB의 구단주가 영위하는 산업의 구조를 살펴보죠. 〈자료 24〉는 프로야구 구단을 운영하는 구단주들이 어떤 기업이며 어떤 산업군에 있는 곳인가를 시대별로 나눈 것입니다. 분석의 기준은 프로야구 구단을 1년 이상 운영한 기업을 모두 포함시켰습니다.

〈자료 24〉를 보면, 먼저 1930~1950년대까지 일본 프로야구 초창기에

1930~1950	신문(방송) 3 요미우리, 주니치, 고쿠민		철도 4 한큐, 한신, 난카이, 도큐			생활용품1	기타1
1950년대	신문(방송) 3 마이니치, 고쿠민	철도 5 긴키 니혼철도, 니시 니혼철도, 도큐	해양1	영화 3 大映, 松竹, 東映		생활용품1	기타1
1960년대	신문(방송) 4 산케이신문	철도 4	해양1	식품 2 야쿠르트, 롯데	영화1	기타1	
1970년대	신문(방송) 2 마이니치, 산케이	철도 4		식품 2	해양1	기타1	
1980년대	신문(방송) 2	철도 5 세이부		식품 3 니혼햄	해양1	기타1	
1990년대	신문(방송) 2	철도 3 한큐, 난카이	식품 3	금융1 오릭스	유통1 다이에	해양1	기타1
2000년대	신문(방송) 3 TBS	철도 3	식품 3	IT 2 라쿠텐, 소프트뱅크	금융1	유통1	해양1	기타1
2010년대	신문(방송) 2 TBS	철도 2 긴테츠	식품 3	금융1	IT 3 DeNA	기타1	

〈자료 24〉 NPB 구단주 산업의 변천

출처 : 필자 작성

는 신문사와 철도회사가 주도했음을 알수 있습니다. 3곳의 신문사는 요미우리, 주니치, 고쿠민 신문사로 요미우리와 주니치는 이 시기부터 센트럴리그의 핵심 구단으로 지금까지 존속하며 영향력을 발휘하고 있죠. 철도회사의 경우는 당시, 일본 정부가 민간에게 철도 부설권을 제공하면서 소위, 사철(私鐵)이 각 지역에 등장함에 따라 그들 사철 기업의 철도 이용객 확장 목적으로 프로야구단 창단 러시가 있었습니다. 오사카, 고베를 잇는 한큐, 한신, 난카이, 도쿄와 요코하마를 잇는 도큐철도가 당시 프로야구단을 운영했어요. 〈자료 24〉에 생활용품 기업이 하나 있는데, 라이온이라는 기업입니다. 국내에도 CJ 라이온이 있는데요, CJ가 제휴를 통해 라이온의 비누, 치약 등을 판매하죠. 라이온은 당시는 치약으로 성장했는데, 브랜드를 확장하고 선전하기 위해 프로야구단을 창단, 운영했지만, 효율이 안 좋아서 단기간에 철수하고 맙니다. 기타는 히로시마 도요 카프의 주주인데요, 마쓰다 자동차 오너 일가가 개인 주주로 들어온 것입니다.

〈자료 24〉를 통해 알 수 있듯이, 1950년대까지는 철도와 신문·방송업체가 프로야구 구단의 주류를 이루고 있습니다. 그런데 신문·방송이 프로야구 구단을 가져야만 했던 이유는 뭘까요. 신문·방송으로 분류는 했지만, 당시는 모두 신문사였죠. 신문사는 프로야구 구단을 소유함으로써 신문을 확대할 수 있는 장점이 있었어요. 신문을 월간으로 구독하는 독자에게 한 달에 한 번씩 프로야구 입장권 2장을 배포했죠. 신문 구독자 입장에서는 프로야구 입장권 2장 값이 신문 구독료와 맞먹거든요. 어떨 때는 더 높을 수도 있고요. 그래서 신문을 확장하기에 굉장히 좋은 끼워팔기 수단으로 사용되었던 것입니다. 그리고 신문이 프로야구 상황을 대대적으로 기사화시키는데요, 자사 소유 구단의 기사를 크게 낼 수 있는 유리한 점이 있었다는 거죠. 그러면서 신문 구독자는 증가하고, 그들이 프로야구에 더욱 관심을 갖게 되는 선순환이 이루어지는 것이죠.

아울러 신문사는 고교야구대회, 대학야구대회, 심지어 요미우리의 경우는 미국 프로야구팀 초청 경기를 주최해서 야구 붐을 일으킬 수 있는 장점을 적극적으로 활용했어요. 그리고 철도 기업이 4개나 등장하는데요. 철도는 왜 프로야구단을 운영했을까요? 한큐, 한신, 난카이 등 오사카 지역의 사철이 이때 프로야구에 많이 참여하는데, 앞서 밝힌 것처럼 1920년대에 일본에서 사철을 확장하는 것과 관계가 있습니다. 민간 투자의 철도이기 때문에 사철을 확장하기 위해서는 철도 이용자가 증가해야 합니다. 그래서 철도 노선의 확장과 이용자의 증가를 상호 충족시키기 위한 방법으로 철도의 거의 마지막 지점에 스타디움을 만듭니다. 종점 근처에 지가가 싼 곳에 야구장을 만드는 것이죠. 당시에는 행락, 위락이 없었기 때문에 야구장을 만들면 철도 이용자들이 위락 기능으로 야구장을 찾아가게 됩니다. 그렇게 반나절 동안 야구를 보면 야구장 입장 수입이 생기고, 왕복 철도 이용 수입도 생기는 것입니다.

철도를 확장하는 기업들은 종착역 인근에 앵커 시설로서 야구장이나 테마 파크, 유원지를 만듭니다. 그래서 그곳으로 놀러 오라고 하는 것이고, 비례해서 철도 수익이 늘어나는 거죠. 이러한 목적으로 이미 1930~1950년대에 철도회사가 4개나 프로야구에 참여하고 있는 것입니다.

1950년대에 들어오면 신문·방송은 3개, 철도는 5개 기업이 됩니다. 신문에서는 고쿠민이 철수하고 신규로 마이니치 신문이 들어옵니다. 철도는 1개 구단이 더 생기죠. 도큐철도가 빠지고, 긴키 니혼철도와 니시 니혼철도가 참여해서 5개 구단이 됩니다. 당시에 해양업체가 1개 들어오는데요,

다이요(大洋)라는 수산회사입니다. 고래를 마스코트화해서 '다이요 웨일스' 구단을 만들었는데, 이 명맥이 요코하마 베이스타즈까지 이어집니다.

그런데 1950년대에는 굉장히 독특한 특징이 하나 있습니다. 영화업체가 프로야구 구단으로 다수 들어오는 것입니다. 이 시기에 영화업체가 무려 3개나 등장합니다. 다이에이(大映), 마스다케(松竹), 토에이(東映)의 3개 영화사 구단인데요, 당시는 영화의 시대였기 때문에 업계가 영화를 흥행시키기 위한 좋은 방법론이 프로야구 참여였습니다. 그래서 영화업체가 3개나 동시에 프로야구로 들어온 것이죠.

그러다가 1960년대가 되면 신문·방송사가 하나 더 늘어나죠. 산케이 신문이 들어오고, 철도는 니시니혼철도 하나가 빠져나가 4개입니다. 그리고 해양은 1개입니다. 1960년대에 들어오는 구단 가운데 우리가 좀 재미있게 봐야 할 기업군은 식품 업계인데, 야쿠르트와 롯데 2개의 식품 기업이 등장해요. 롯데는 신격호 회장이 롯데 오리온스라는 팀을 창단하게 됩니다. 롯데 오리온스 창단 비화는 뒤에서 다시 설명할 것입니다. 롯데와 야쿠르트 대신에 잘나가던 영화 구단 2개가 없어지고, 토에이 하나만 남는 상황이 되고, 이 시기에 생활용품 기업도 없어집니다.

1950년대에도 생활용품 기업이 하나 또 있었죠. 그 업체는 톤보라는 업체입니다. 문방용품 가운데 일본의 톤보 연필이 유명한데요, 바로 그 업체입니다. 생활용품 톤보가 1950년대 프로야구에 잠깐 들어왔다가 1년 정도 운영하다 철수했어요. 1970년대가 되면 신문·방송이 2개로 줄어듭니다. 마이니치와 산케이가 퇴장하고, 철도는 그대로 1960년대 체제를 유지하고, 식품 업계도 2개를 그대로 유지합니다.

1970년대까지도 역시 철도는 강세를 보이죠. 1980년대로 들어서면서 신문 업종은 2개, 철도는 세이부 철도가 하나 더 늘어나면서 5개 구단이 됩니다. 또 식품 쪽에도 니혼햄이 들어와서 3개 구단이 되면서 산업 분포 판도가 바뀌죠. 그러다가 1990년대에 철도업체들이 프로야구에 대해 부담스럽게 생각하는 상황이 벌어지면서 한큐와 난카이가 없어집니다.

그런데 앞서 1970년대, 1980년대에 철도 구단이 각각 4개, 5개가 있었습니다만, 〈자료 24〉에는 표시가 안 되었는데요, 사철업체들이 계열사로 백화점을 만들었어요. 그래서 사실은 1970년대, 1980년대, 1990년대로 넘어오면서는 철도업의 확장이 단순히 철도 노선 확장이라는 관점보다는 백화점 사업의 확대라는 점을 매우 중요하게 생각합니다. 그래서 철도 구단이 한 번에 많이 안 없어지는 거죠.

그러다가 1990년대에 들어오면서 한큐와 난카이 구단이 사라집니다. 1990년대 중반에는 일본 백화점도 버블 붕괴의 영향을 받기 시작하는 때이거든요. 그러다 보니 철도 구단이 철수하는 현상이 발생하는 것입니다.

2010년대까지 철도가 2개로 줄어드는데, 없어지는 구단은 모두 백화점을 소유한 곳입니다. 긴테츠도 백화점을 갖고 있던 곳이고, 앞서 1990년대 없어진 한큐와 도큐도 백화점을 소유하고 있었습니다. 철도 기업이 백화점을 성장시켰는데, 버블이 붕괴하는 1990년대 이후에 상황이 달라지고 철도 구단이 점차 줄어드는 현상이 벌어진 것이죠. 그것은 공통적으로 백화점의 생태 변화와 연결된다고 할 수 있습니다. 대신에 1990년대에 식품 구단이 더 들어오면서 식품이 3개를 계속 유지합니다.

철도 구단의 퇴장으로 인한 공백에 오릭스라는 금융업체가 들어오고 백화점이 하향세를 탈 때, 유통업체 다이에가 전격 진입합니다. 다이에는 이마트 같은 대형마트인데, 후쿠오카를 근거지로 삼아 세계 최대급 돔구장을 건설하며 화려하게 데뷔하죠.

한편, 2000년대에 들어서 구단 기업의 판도도 상당히 많이 변하죠. 앞서 일본 프로야구는 센트럴리그와 퍼시픽리그로 나뉜다고 했는데요, 신문과 철도로 시작한 센트럴리그는 매우 보수적이라고 표현했습니다. 그런데 상대적으로 퍼시픽리그는 혁신적인 후발 업체들이 많이 참여해서 센트럴리그에 비해 더 많은 투자를 하게 됩니다. 1990년대부터 금융 기업인 오릭스와 유통 업계 No. 1인 다이에가 진입하고, 2005년에 라쿠텐과 소프트뱅크 같은 IT 기업들이 들어오기 시작합니다. 실질적으로 IT 기업이 등장함으로써 앞서 자리 잡고 있던 나이 많고, 고루한 구단주의 쇄신을 강요합니다. IT 기업을 운영하는 손정의 회장, 미키타니 회장은 굉장히 참신한 인물이에요. 여기에 힘을 실어준 인물이 신동빈 회장이고요. 신 회장은 전술한 PLM(퍼시픽리그 마케팅), 퍼시픽TV 창설에 적극적으로 동참해 이들을 지원했습니다. 결과적으로 롯데 구단도 적극적인 혁신을 추구해서 흑자를 달성하게 되죠.

이처럼 IT 기업이 퍼시픽리그에 들어온 상황이 우리가 이 책의 테마로 삼는 용진이 형과 택진이 형이 KBO에 참여한 것과 같은 맥락인 거예요. 그래서 '이들로 인해 일본의 프로야구가 변하고 있다'라고 이야기하는 것입니다. 퍼시픽리그가 변해서 그것을 계기로 일본 프로야구를 변화시켰다는 것입니다.

한편, 2010년대가 되면 신문 2개, 철도 2개, 식품 3개, 금융 1개, IT 3개의 판도가 됩니다. DeNA라는 게임업체가 하나 들어오면서 12개 구단을 소유한 산업체가 이런 식으로 바뀌는 것입니다. 그래서 프로야구 구단주를 살펴보면, 어떤 산업이 뜨고, 어떤 산업이 지는지 산업과 경영의 흐름을 이해할 수 있는 것입니다. 앞서 〈자료 24〉가 구단주를 시대와 산업으로 분류한 것이라면, 〈자료 25〉는 NPB를 리드한 주력 산업의 변천과, '프로야구를 매개로 각 시대에 어떤 마케팅이 이루어졌는가'를 키워드 중심으로 정리해본 것입니다.

년대	신문(방송)	철도	식품	IT
1930년 ~ 1960년	* 프로야구 리더역 요미우리, 쇼리키(正力) * 신문의 확장 정책 – 신문사 주최 미일야구대회 – 야구 보도 /광고의 확대 – 요미우리, 주니치 티켓 제공	* 프로야구 리더역 한큐, 고바야시(小林) * 철도노선 확장정책 – 도시개발, 유통, 관광사업 – 도심부에 백화점, 외곽에 스타디움, 유원지 개설	산업 태생기	산업 태생 이전
1960년대	* TV, 라디오와 융합 – 미디어 왕국의 구축 – 요미우리(일본TV) – 산케이(후지TV) * 자이언츠 경기 전국 중계	* 철도이용객 확대지가 상승 * 간사이 거점 철도 집중 참여 – 한신, 난카이, 긴키철도 * 동서 라이벌 형성, 흥행성공 – 요미우리 vs 한신	* 식품 산업의 성장기 – 롯데껌의 히트 – 야쿠르트 유산균 발매 – 초콜릿 발매 * 롯데 오리온즈 창단	
1970년 ~ 1990년	* 요미우리 자이언츠의 독주 – 우월한 성적 : V9 – 압도적 관중 : 평균 290만 명 * 평균 성적의 주니치 – 평균 관객 190만 명	* 철도역사의 대형백화점화 – 백화점의 고도성장 – 한큐, 한신, 긴테츠, 세이부 * 백화점의 우승 세일 이벤트 * 한큐,난카이 구단 철수	* 식품, TV광고 주력 * 야쿠르트 아톰스 창단 – 식생활 개선 운동 – 클로렐라 보급 – 니혼햄 파이터스 창단 – 햄, 소시지 경쟁심화 – 지명도 Up 전략 필요	
2000년 ~ 2020년	* 요미우리 자이언츠 주도의 센트럴리그 * TBS 참여, 10년 만에 퇴장 * TV관객의 Mobile shift * 관객 고령화, 신규 관객 이탈	* 버블 붕괴, 백화점 사양화 * 철도 사업의 정체 * 긴테츠 구단 철수 * 명문 한신, 세이부만 존속		* IT 억만장자 등장 * 소프트뱅크 호크스 창단 * 라쿠텐 골든이글스 창단 * DeNA 베이스타즈 창단

〈자료 25〉 NPB 참여 산업의 시대별 변천

출처 : 필자 작성

〈자료 25〉를 통해 이해할 수 있는 키워드는 앞에서 강조한 대로 ① 신문의 확장, ② 신문·방송의 융합, ③ 철도 노선의 확장, ④ 철도와 스타디움, 테마파크, 백화점의 융합, ⑤ 식품 산업의 고도화와 광고 확대, ⑥ 이동통신, 온라인 몰, 게임 등 IT 기업의 성장, ⑦ 프로야구의 머니 게임화, ⑧ 모바일 시대의 프로야구로 정리됩니다. 이러한 키워드 중 일부는 현재도

<セン트럴리그>

1934~1946 도쿄 교진군			1947~현재 요미우리 자이언츠				
1935~1940 오사카 타이거즈		1941~1947 한신군	1948~1961 오사카 타이거즈		1962~현재 한신 타이거즈		
1936~1945 나고야군		1946~1954 나고야 드래곤즈		1955~현재 주니치 드래곤즈			
대동경군	라이온군	아사히군	마츠다케 로빈스	타이요 웨일즈	요코하마 타이요 웨일즈	1993~ 요코하마 베이스타즈	2012~ 요코하마 DeNA베이스타즈
1950~1968 히로시마 카프			1968~현재 히로시마 도요 카프				
1950~1965 고쿠테츠 스왈로스	1966 산케이 스왈로스	1967~1969 산케이 아톰스	1970~1974 야쿠르트 아톰스	1975~2006 야쿠르트 스왈로스	2007~현재, 도쿄 야쿠르트 스왈로스		

<퍼시픽리그>

1936~1947 한큐군	1948~1989 한큐 브레이브스	1989~1991 오릭스 브레이브스	1992~2004 오릭스 블루웨이브스	2005~현재 오릭스 버팔로스
1938~1944 난카이군	1947~1989 난카이 호크스	1989~2004 후쿠오카 다이에 호크스	2005~현재 후쿠오카 소프트뱅크 호크스	
1950~1973 니시테츠 라이온스	1974~1977 타이요 클럽 라이온스	1977~1979 크라운 라이터 라이온스	1979~2008 세이부 라이온스	2008~현재, 사이타마 세이부 라이온스
1947~1953 도큐 프라이어스	1954~1973 도에이 프라이어스	1974~2004 니혼햄 파이터스	2004~현재, 홋카이도 니혼햄 파이터스	
1949~1958 다이에이 스타즈	1958~1964 마이니치 다이에이 오리온스	1964~1969 도쿄 오리온스	1969~1992 롯데 오리온스	1992~현재 치바 롯데 마린즈
				2005~현재 도호쿠 라쿠텐 골든이글스

〈자료 26〉 NPB 구단 명칭의 변천

출처 : 필자 작성

진행 중이며 KBO도 일부 유사한 키워드를 공유하고 있습니다.

〈자료 26〉은 12개 구단의 소유주가 어떻게 변했는지를 정리해본 것입니다. 노란 색상은 현재 존속하고 있는 구단주 기업의 일관성을 연결하는 띠 선입니다. 하얀색은 변천에 참여했던 기업으로, 즉 구단 참여에 들어왔다가 나간 기업을 나타냅니다. 요미우리 자이언츠는 최초에 도쿄 교진군으로 시작했지만, 요미우리 자이언츠와 맥은 같습니다. 프로야구 탄생 시기부터 현재까지 요미우리와 자이언츠로 일관되게 운영된 구단입니다. 이름이 바뀌었을 뿐이라는 것입니다. 한신 타이거스도 이름이 달라졌지만, 오사카 타이거스, 한신군, 오사카 타이거스, 현재 한신 타이거스로 쭉 같은 맥을 이어갔다라는 의미입니다. 다음에 주니치 드래곤즈도 주니치 신문을 구단주로 나고야군, 나고야 드래곤즈로 시작했지만, 주니치 그룹이 일관 되게 쭉 운영해왔다는 것입니다.

그런데 구단주가 제일 많이 변한 곳이 있는데요, 요코하마입니다. 현재 는 요코하마 DeNA 베이스타즈죠. 예전에는 대동경군, 라이온군으로 운 영되다가 아사히 신문이 들어와서 아사히군, 영화사 마츠다케가 들어와서 마츠다케 로빈스를 거쳐 타이요 웨일즈의 시대가 옵니다. 타이요는 수산 업을 하는 기업인데요, 고래를 심볼로 했기 때문에 타이요 웨일즈로 불렸 습니다. 그 후, 요코하마 타이요 웨일즈로 불리다가 요코하마 베이스타즈, 요코하마 DeNA 베이스타즈, 이런 식으로 변하게 되는 거죠. 구단 명칭만 8번이 바뀐 것입니다. 그나마 요코하마 연고지를 지킨 것은 1970년대 이 후 요코하마가 지속해서 인구가 늘어나는 성장 도시였기 때문입니다. 히 로시마 카프는 히로시마 도요 카프로 변하는데요. 도요라는 것은 동양이 라는 뜻으로, 동양 공업 마츠다 자동차의 예전 이름이 동양이었기 때문입 니다.

야쿠르트 스왈로스를 보면 최초에는 철도 구단주 고쿠테츠 스왈로스 로 시작하는데요. 민간인에 부여된 철도 부설권을 사철이라고 한다면, 국 가가 운영하는 철도가 국철이죠. 고쿠테츠를 거쳐 산케이 신문이 구단주 로 나서면서 산케이 스왈로스, 산케이 아톰스가 됩니다. 당시 만화가 테즈 카 오사무(手塚治虫)의 〈아톰〉이라는 만화가 일본에 등장해서 대박이 났는 데요, 그 아톰스라는 이름과 심볼을 붙인 것이죠. 그 후에 본격적으로 야쿠르트가 참여해서 야쿠르트 아톰스라는 명칭을 이어가다가 야쿠르트 스왈로스로 다시 제비 캐릭터를 부활시키고, 이후에 도쿄 야쿠르트 스왈로스로 개명하는 것입니다. 최근에는 일본 NPB도 구단의 프랜차이즈(연고지) 명칭을 앞에다 넣어주는 것을 매우 중요하게 생각하고 있습니다.

다음에는 퍼시픽리그를 분석해보죠. 먼저, 오릭스 같은 경우는 최초에 한큐철도가 운영했던 한큐군이었죠. 그 후, 한큐 브레이브스로 부르다가 오릭스가 구단주로 바뀌는 1989년부터 오릭스 브레이브스, 오릭스 블루웨이브스로 구단명을 사용하죠. 그러다가 2005년 긴테츠 버팔로스와 합병하면서 오릭스 버팔로스로 바뀌게 됩니다.

후쿠오카 소프트뱅크 호크스는 애초에 오사카를 연고지로 했던 난카이 철도가 구단주로 참여해서 난카이군, 난카이 호크스로 유지했어요. 유통업체 다이에가 참여하는 1989년부터 후쿠오카로 연고지를 옮기고 후쿠오카 돔을 짓는 등 대규모 투자를 단행하고 다이에 호크스로 명칭을 변경하죠. 그런데 2005년에 소프트뱅크가 다이에 구단을 인수하면서 소프트뱅크 호크스로 명칭을 변경하게 됩니다.

세이부 라이온스는 니시테츠라는 철도 구단주로 시작하는데요, 최초에 니시테츠 라이온스로 불리다가 타이요 클럽 라이온스, 크라운 라이터 라이온스로 바뀝니다. 크라운 라이터라는 브랜드를 그냥 써버렸는데, 당시 라이터가 귀하게 여겨지던 시절에 그것을 제조하던 크라운 라이터를 구단 이름에 그대로 집어넣은 거죠.

다음에 세이부철도 그룹이 구단주로 등장하면서 1979년부터 세이부 라이온스, 사이타마 세이부 라이온스로 구단명을 계승합니다. 다음에 니혼햄 파이터스인데, 최초에는 도큐철도가 투자해서 도큐 프라이어스로 부르다가, 영화업체 도에이가 참여해서 도에이 프라이어스로 구단명을 바꾸죠. 1974년 니혼햄이 구단주로 참여하면서 니혼햄 파이터스, 홋카이도 니혼햄 파이터스로 명칭을 변경합니다.

다음에 지바 롯데 마린스인데요, 최초에 다이에이 스타즈로 시작을 하는데, 다이에이(大映)는 영화사였죠. 그러다가 1958년 마이니치 신문사가 구단주로 추가되면서 마이니치 다이에이 오리온스로 구단 명칭이 변경됩니다. 1969년부터는 롯데 오리온스로 이름이 바뀌는데요, 롯데가 당시 구단을 운영한 것은 아니고, 다이에이 영화사로부터 롯데가 명명권을 획득해서 이름을 붙인 것입니다. 그런데 1972년에 다이에이 영화사가 도산을 하면서 자연스럽게 롯데가 구단 운영권을 손에 넣은 것이죠. 그 후, 1992년부터 현재까지 지바 롯데 마린스로 개칭해 사용하고 있습니다. 롯데는 당시, 가와사키에서 지바로 연고지를 옮기는데요, 지바는 나리타 공항과 마쿠하리 신도심으로 성장하는 지역이었기 때문이죠. 실제로 롯데는 신도심 마쿠하리에 있는 조조 마린 스타디움을 홈구장으로 사용하고 있습니다.

다음에 2005년에 신규로 창단한 구단이 있는데요, 도호쿠 라쿠텐 골든이글스입니다. 앞서 라쿠텐에 대해서는 몇 번 설명했는데요, 이 구단은 상대적으로 불행한 구단입니다. 왜냐하면 창단 후 6년 만에 3·11 도호쿠 대지진을 겪으면서 본거지인 센다이와 주변 지역이 원전의 방사능에 오염이 되어 많은 원주민들이 타 지역으로 이주하고 지역 경제 체질도 떨어진 상황입니다. 라쿠텐이 창단 후, 5년 만에 흑자를 냈다가 적자로 전환한 이유도 이런 영향입니다. 프로야구가 연고지 지역에 기반한다는 것을 절실히 실감하는 사례입니다.

NPB 구단 변천 사례

다이에 호크스와 소프트뱅크

다이에는 '가격 파괴자'로 데뷔해서 1990년대 일본 유통업을 지배했습니다. 그런데 1988년에 다이에가 오사카를 연고지로 하는 '난카이 호크스' 구단을 인수합니다. 난카이 호크스는 철도를 구단주로 삼던 기업이었는데요, 같은 시기에 공교롭게 한큐 브레이브스가 오릭스로 넘어가면서 오사카의 철도 기업이 프로야구에서 손을 떼는 현상이 일어납니다. 1995년, 긴테츠 버팔로스 역시 오릭스에 합병되면서 오사카에서 철도, 백화점으로 시작한 프로야구 구단은 '한신 타이거즈' 한 곳만 남는 상황이 되죠.

한편, 난카이 구단을 인수한 다이에는 구단의 경쟁력 제고를 위해 연고지를 오사카에서 후쿠오카로 이동합니다. 당시 다이에의 나카우치 이사오 (中内功) 회장은 혁명 상인으로서 이루지 못한 것이 없는 상승 지향의 인물이었습니다. 따라서 후쿠오카로 본거지를 이동하는 것에 대한 큰 뜻을 품었습니다. 대부분의 NPB 구단이 스타디움을 임차해서 사용하던 관례를 깨고, 구단 소유 구장을 지어 1993년에 오픈했습니다. 게다가 일본에서 가장 큰 돔구장이었죠. 구장을 지은 사업지는 후쿠오카시에서 제공한 매립지였습니다. 나카우치는 이 매립지에 디벨로퍼로서의 거대한 꿈을 꾸었죠. 야구장으로 사용하는 돔을 하나 짓고, 그 옆에 실내 유원지로 사용하는 또 다른 돔을 짓기로 했던 것입니다. 즉, 캐나다의 웨스트 에드먼턴몰이나 롯데월드 잠실 같은 대규모 실내 어뮤즈먼트(amusement)를 구상한 것입니다.

아울러 호텔과 쇼핑몰을 주변에 구축하는 대단위 프로젝트를 계획했는데요. 명칭이 '트윈돔 시티' 프로젝트였습니다. 그러나 버블 붕괴로 인해 다이에는 돔 하나를 포기하면서 1995년에 호텔을 완공하고, 2000년에 쇼핑몰을 오픈해서 '호크스 타운'으로 규모를 축소한 완결체를 만들었습니다. 다이에는 대형마트를 다점포 출점해서 성장했는데요, 그래서 영원히 잘나갈 것 같았어요. 그러나 다이에도 버블 붕괴에는 속수무책이었죠. 결과적으로 호크스 타운의 돔, 호텔, 쇼핑몰은 2004년 9월에 미국 캐피탈업체인 코로니 산하로 편입되었습니다.

아울러, 다이에 호크스 구단은 손정의 회장의 소프트뱅크로 매각되었죠. 소프트뱅크는 다이에와 비교해서 철저히 미국식 경영을 했습니다. 손회장은 미국 유학 경험이 있었죠. 그래서 미국의 MLB 운영 시스템을 잘 이해하고 있었습니다. 다이에 호크스를 인수한 뒤, 곧바로 코로니와 20년간의 돔 사용 계약을 맺었습니다. 조건은 연간 50억 엔의 임차료 지불, 그러나 돔 내에서의 흥행권은 전부 소프트뱅크가 소유한다는 것이었죠. 흥행권이란, 앞서 설명한 것처럼 팀이 어웨이 경기 시에 스타디움이 공석이 되거나, 프로야구 비시즌에 대형 콘서트, 이벤트, 돔 내 광고 수익, 상업 시설 운영 등을 포함합니다.

한편, 2007년에 코로니가 싱가포르 투자청에 돔, 호텔, 쇼핑몰을 매각하자, 2012년에 소프트뱅크가 돔을 870억 엔에 매입해버립니다. 이어 싱가포르 투자청은 2010년에 호텔을 '힐튼'에 운영 위탁하고, 2015년에 쇼핑몰은 '미츠비시 지쇼'에게 신탁수익권을 부여하죠. 미츠비시 지쇼는 쇼핑몰을 해체하고, 재개발 프로젝트를 가동해 2018년 11월에 'MARK IS 후쿠오카 모모치'를 오픈합니다. 소프트뱅크는 다이에 구단을 인수할 때, 세계 1위를 목표로 했습니다. 인수 이후, 일본 시리즈에서 5회 우승이라는 대기록을 작성합니다. 프로야구는 우승이 우선이라는 명제에 가장 부합하는 구단이 된 거죠.

아울러, 2020년에 기존의 돔, 호텔, 쇼핑몰 외에 엔터테인먼트 시설을 새롭게 오픈해서 사업지의 집객력을 극대화하고 있습니다. 새로운 시설은 'Boss E zo Fukuoka'라는 독특한 명칭을 사용합니다. Boss는 산토리 식품에서 발매하는 캔커피 브랜드 이름이죠. 산토리에게 시설 명명권을 판매해서 Boss라는 이름이 붙었어요. 스타디움 역시 'PayPay'에게 명명권을 부여해 '후쿠오카 페이페이 돔'으로 이름이 붙었습니다. 소프트뱅크는 철저히 미국식 운영 방식을 지향합니다. 구단의 가치 우선, 수익 우선주의입니다. 그래서 MLB의 애틀랜타 브레이브스를 벤치마킹하고 만든 것이 'Boss E zo Fukuoka'입니다. 'MLB 카페'와 '왕정치 뮤지엄', 'Team lab', 'HKT 48 극장', 'e게임 아레나', '요시모토 후쿠오카' 등 기존의 쇼핑몰을 보완하는 최고 콘텐츠를 구축했죠. 집객 대상도 한국, 중국 등 후쿠오카 방문 외국인을 타깃으로 한다는 점이 독특하죠. 소프트뱅크가 단시간에 후쿠오카에서 일본 최고의 구단을 만들 수 있었던 근저에 다이에가 있었음을 부인할 수는 없습니다. 매립지에 트윈돔 시티를 구상하고, 축소 완성시킨 그 기반이 있었기 때문에 작금의 '소프트뱅크 호크스'가 존재하는 것입니다.

지바 롯데 마린스

일본 프로야구는 1950년부터 센트럴리그와 퍼시픽리그로 분리되었습니다. 당시 후발이었던 퍼시픽리그의 참여 기업은 주로 철도, 영화사가 주축이었죠. 그런데 퍼시픽리그 참가 기업인 다이에이 영화사가 1969년 경영난을 겪게 됩니다. 1964년 도쿄 올림픽을 계기로 TV가 급속도로 보급되었기 때문이죠. 이때, 다이에이의 '나가타 마사이치(永田 雅一)' 구단주가 도움을 요청한 사람이 롯데 신격호 회장입니다. 신 회장은 1948년에 롯데 껌을 발매하고, TV 광고를 이용해 성공가도를 달리고 있었죠.

나가타는 '다이에이 오리온스' 구단의 누적 적자 12억 엔을 5년간의 '명명권'으로 롯데에 판매했습니다. 그렇게 등장한 구단 이름이 '롯데 오리온스'입니다. 이때, 나가타는 메이저리그 시카고 컵스가 홈구장으로 사용하고 있는 리글리 필드(Wrigley Field)를 사례로 신격호 회장을 설득했죠. 리글리는 미국 최대의 껌 회사로, 시카고 컵스 시합이 있을 때마다 매스컴에 구장이 노출되므로 미국 전역에 브랜드 홍보가 가능하다는 요지였습니다. 껌과 야구라는 공통의 상품을 가지고 신 회장을 설득한 것입니다. 광고에 천부적인 감각을 가졌던 신 회장은 이를 수락했습니다.

그런데 이 거래의 이면에는 뜻밖의 인물이 숨어 있었죠. 나가타는 일본 정계 인물들과 깊은 관계를 맺고 있었는데, 그중 한 명이 '기시 노부스케(岸信介) 수상이었습니다. 당시, 신 회장과 나가타를 중개한 사람이 기시 수상입니다. 신 회장은 1960년에 기시 내각이 책정한 '수입 자유화' 정책으로 인해 미국의 '리글리 껌'이 일본에 수입될 것을 두려워하던 상황이었습니다. 나가타가 '리글리 필드' 구장을 인용한 것은 일석이조의 효과를 가져왔습니다. 기시 수상의 정치력으로 리글리 껌의 일본 수입이 2년 늦어지고, '롯데 오리온스'라는 팀 이름도 생기게 된 것입니다. 그런데 나가타의 다이에이가 1971년에 결국 도산하면서, 롯데가 자연스럽게 팀을 인수하게 됩니다. 팀 인수 후, 롯데 구단은 1974년 최초의 일본 시리즈 우승을 이룹니다. 그리고 약 20년 동안, 우승도 하지 못하고 그저 그룹의 광고탑 역할만 했죠. 비록 적자 경영이었지만, 프로야구에 대한 '세제 우대정책'으로 인해 식품기업의 광고비 효용이 매우 컸다는 판단이었죠.

이 기간, 특이할 만한 사항이 있다면, 1982년 국내 프로야구 개막과 함께 롯데 자이언츠팀으로 KBO에 참여해, 3년 만인 1984년에 한국 시리즈 우승을 한 점입니다. 한·일 양국에서 프로야구를 운영하는 구단으로서 부산이라는 야구 도시에 연고지를 둔 것은 큰 은총이었죠. 따라서 롯데는 연고지의 중요성을 인식하고, 일본에서 연고지를 옮기는 결정을 했습니다. 애초에 도쿄 인근 가와사키를 연고지로 삼던 롯데는 1992년 더욱 시장성이 큰 지바로 연고지를 옮기면서 구단 명칭을 '지바 롯데 마린스'로 변경했어요.

이때, 새롭게 구단주로 등장한 인물이 신동빈 회장입니다. 신동빈 구단주는 메이저리그 뉴욕 메츠, 보스턴 레드삭스의 감독을 맡았던 '바비 발렌타인(Bobby Valentine)'을 1995년과 2003년에 롯데 감독으로 2회나 초빙해서 팀을 개혁했습니다. 결과적으로, 롯데 마린스는 2005년 일본 시리즈 우승을 합니다. 그리고 2010년에도 일본 시리즈 우승을 거두죠. 당시 일본 시리즈의 전초전인 퍼시픽리그 클라이맥스 시리즈에서 소프트뱅크를 누르고 극적인 우승을 거두었는데, 신동빈 구단주는 롯데 마린스 선수들로부터 최초의 우승 헹가래를 받았습니다.

이때 롯데가 마린 스타디움에 입장한 팬들에게 전달한 캐치프레이즈는 '관전이 아닌 참전', '팬은 26번째 선수'였어요. 항공사 ANA의 CRM 전략을 야구에 응용해서 KBO 부산 관중처럼 열렬한 팬 만들기를 접목했고, 이것이 연고지 이전 효과로 작용하고 결과적으로 우승을 따낸 것입니다. 한편, 신동빈 구단주는 2007년에 손정의 소프트뱅크 구단주, 미키타니 라쿠텐 구단주, 오코소 요시노리(大社 義規) 니혼햄 구단주와 회담을 통해 퍼시픽리그 6개 팀이 함께 출자한 '퍼시픽리그 마케팅(PLM)'사를 설립했습니다. PLM은 프로야구 방영권 비즈니스가 주력입니다. 프로야구를 보고 싶은데, 잔업을 하고 있는 회사원을 위해 TV 대신 스마트폰으로 시청이 가능한 '퍼시픽리그 TV'도 발족했어요. 방영권 비즈니스는 구장의 객석이라는 유한 자산을 디지털로 무한하게 확장하는 수익 확대의 의미가 있고, 6개 구단이 함께 운영한다는 점에서 비용 절감의 효과가 있습니다. 따라서, 방영권 비즈니스는 6개 구단의 수익 확산에 지대한 영향을 미치게 되었죠.

한편, 롯데는 2006년에 지바시가 제3섹터로 개발한 홈구장의 '지정 관리자'가 되었습니다. 이는 구단과 지바시의 행정이 일체화되어 연고지 지역 밀착을 이루었다는 의미입니다. 롯데는 2016년에 지바 마린 스타디움의 명명권을 31억 엔에 ZOZO Town에 매각해서, 《조조 마린 스타디움으로 개명해서 사용하고 있습니다. 결과적으로 이러한 롯데 마린스의 노력에 의해 2018년 흑자화에 성공했어요. 롯데가 일본 프로야구에 참여한 지 50년 만에 이룬 성과였습니다.

관객이 가득한 스타디움 - 요코하마 DeNA 베이스타즈의 흑자 전환

일본 프로야구에서 요코하마를 연고지로 하는 구단이 생긴 시점은 1978년입니다. 도쿄 인근의 가와사키를 연고지로 삼던 '타이요 웨일즈(大洋 Whales)'가 요코하마시에서 건설한 요코하마 스타디움으로 이전하면서 도시 명칭을 추가한 '요코하마 타이요 웨일즈'로 팀 이름을 개칭한 겁니다. 요코하마 스타디움은 토지는 국유지, 시설은 요코하마시가 건설한 구장입니다. 그래서 구장의 운영 관리는 제3 섹터 방식으로 시민들이 주주로 참여한 ㈜요코하마 스타디움이 하게 되었죠. 상황이 이렇다 보니 대부분의 구장 수익은 요코하마시가 가져갔고, ㈜요코하마 스타디움은 시작부터 흑자경영을 했어요. 당시 구장 사용료의 기준은 1게임당 2,000만 엔이었습니다.

최초에 타이요 웨일즈 구단은 20년 장기 구장사용계약으로 입장료 수익의 29%와 판매 경비를 지불했습니다. 20년 계약이 종료된 뒤, 재계약 시점에서 입장료 수익의 25%로 사용료를 인하했죠. 그럼에도 불구하고 구장은 계속 흑자인 데 반해, 구단만 만성 적자를 면치 못했습니다. 이러한 만성 적자 누적으로 인해 타이요 웨일즈 구단은 2001년 당시, 3대 주주였던 TBS 방송으로 구단 운영권이 이전되고 명칭도 '베이스타즈(Bay Stars)로 바뀌게 됩니다. 당시 2대 주주는 '日本방송'이었는데요, 이 방송국의 관계 회사인 '후지TV'가 또 다른 센트럴 리그 구단 '야쿠르트 스왈로스'팀의 주식을 보유하고 있던 관계로, NPB 야구 협약에 저촉되면서 TBS 방송에게 기회가 온 겁니다. 당시 일본 프로야구기구 NPB는 TBS의 주식 양수가 단지 '최대 주주의 교대'일 뿐 신규 구단 참여가 아니라는 판단을 내렸습니다.

결과적으로 TBS는 당시 야구 협약에 규정된 신규 가입금 60억 엔을 내지 않고 새로운 구단주가 되었죠. 한마디로 요코하마팀의 게임 방영권까지 획득한 TBS는 타 구단주에 비해 상대적으로 구단 운영의 행보가 가벼웠습니다. 그럼에도 TBS가 운영하던 '요코하마 베이스타즈'는 10년의 구단 운영 기간 동안 8번이나 센트럴 리그 최하위 성적을 기록했어요. 성적이 안 좋다 보니 경기장의 관객 동원율은 50% 이하로 계속 떨어지고, 매년 20억 엔 이상의 적자를 봤죠. TBS 방송이 베이스타즈 게임 방영권을 보유하고는 있었지만, 10년간 만년 하위 구단에 대한 시청자들의 외면으로 시청률도 저조했습니다. 결과적으로 TBS는 베이스타즈를 운영하는 10

년 동안 누적 적자가 막대했어요. 그러면서 자연스럽게 누군가에게 구단을 매각하고 싶었겠죠. 이때 구세주로 등장한 곳이 게임업체 DeNA였습니다. 매출 50억 엔 구단이 24억 엔의 적자를 내고 있던 상황에서, 새로운 성장 산업인 게임을 주력으로 하는 기업이 구단을 인수해준다는 소식은 낭보였죠. 그래서 2012년 시즌부터 베이스타즈의 구단 경영권이 게임업체 DeNA로 넘어갑니다. 당시 DeNA는 창업자인 난바 도모코(南場智子) 사장이 암에 걸린 남편을 간병하기 위해 갑자기 퇴임하고, 40대 초반의 하루다 마코토(春田真)가 DeNA 회장으로 취임한 시점입니다. 전권을 받은 하루다 회장이 본인의 첫 작품으로 비록 만년 하위의 초라한 성적을 유지하고 있지만, 그래도 프로야구 구단을 인수하려던 목적은 명확합니다. 앞서 CHAPTER 1에서 엔씨소프트의 택진이 형이 NC 다이노스를 창단한 이유를 설명했는데, 그와 궤를 같이하죠.

DeNA가 베이스타즈를 인수한 후, 구단 운영 패턴은 확 바뀌었습니다. 2011년 말, 구단을 인수하자마자 혁신이 이루어졌죠. 혁신은 제로에서 시작했어요. 금융맨 출신으로 야구를 전혀 모르는 하루다 마코토 회장은 구단의 적자를 줄이기 위해 요코하마 구장 사용료부터 손을 댑니다. NPB 타 구단과 비교해서 비현실적으로 높은 구장 사용료를 개선했는데요, 입장료 수익의 13%로 사용료를 내리고 구장 내 간판 광고의 신규 스폰서 수입과 장외 물판 수입을 구단이 소유하는 것으로 계약했어요. 그리고 35세의 이케다 준을 구단 대표로 영입하는 특단을 내립니다. 이케다 대표는 광고회사 마케팅 출신으로 야구 전문가가 아니었죠. 구단주가 야구를 모르는 상황에서 비전문가를 구단 대표로 내세우기가 쉽지 않은데, 젊은 이케다를 대표로 세운 것은 그의 혁신성을 기대했기 때문입니다.

이케다는 '35세의 사상 최연소 프로야구 구단 사장', '적자 24억 엔', '야구 비전문가'라는 비상식적인 수식어를 달고 부담스러운 업무를 수행했죠. 우연한 기회에 필자가 그의 강연을 들은 적이 있는데, 그때 큰 공감을 했던 것은 그의 일하는 방식이 다르다는 것, 즉 발상의 전환이었어요. 구단 경영자로서 흑자를 내기 위해서 가장 먼저 해야 할 일은 관중을 늘리는 것이 중요하겠죠. 주변에서는 최하위 성적을 내는 팀이 관중을 스타디움에 가득 채우는 것은 무리이니 우선 팀을 강하게 만들고 관중을 불러야 한다는 주장을 했어요. 맞는 말이긴 하지만, 마케팅 전문가인 이케다는 그런 방법론으로는 10년이 지나도 적자를 벗어나지 못한다는 판단을 했죠. 그래서 먼저 스타디움에 관중을 채우고 나중에 팀을 강하게 만드는 전략을 추진한 것입니다. 구단 대표인 자신이 먼저 만원 관중을 만들 테니, 그다음은 팀이 강해져야 한다고 역할 분담을 강조한 것이죠.

만원 관중 전략에는 다양한 이벤트가 전개되었어요. '커뮤니티 볼파크'를 콘셉트로 '1년 100만 엔 VIP 티켓'을 발매해서 연인, 동료, 가족과 동반하는 연간 고객을 증대시켰고, '가나가와 현의 72만 명 어린이에게 야구 모자를 선물해서 가족이 함께 관람하는 기회를 늘렸죠. 무엇보다 높게 평가할 만한 일은 고객이 누구인가를 제대로 파악한 것입니다. 티켓의 구매 데이터를 분석한 결과, 30대 남성이 주요 관객인 것을 파악하게 되었죠. 그래서 이들에게 더욱 재미있는 경험을 제공하고자 요코하마 구단 오리지널 맥주를 발매해서 판매했어요. 구장 밖에 비어 가든을 설치해서, 30대 남성에게 경기 관전 외에 다양한 이벤트를 제공해서 호평을 받았죠. 이케다 대표의 꾸준한 마케팅 전략에 힘입어 2015년에 요코하마 스타디움은 43회의 만원 관중이 들었고, 2016년에는 총관중 194만 명에 매출 100

억 엔으로 흑자를 달성했죠. 2011년 대표 취임 당시에 110만 명이었던 관중을 194만 명으로 76%나 증대시켰고, 매출도 2배나 성장시킨 겁니다. 이때부터 이케다는 '베이스타즈를 흑자로 만든 남자' 혹은 '요코하마 스타디움을 만원으로 만든 남자'라는 애칭이 붙습니다.

아울러 요코하마 구단은 2016년에 ㈜요코하마 스타디움에 100억 엔 규모의 우호적 TOB(주식공개 매수)를 실시해서 76%의 주식을 소유하게 되죠. 프로야구 구단 매수 이후 5년 만에 모두의 염원이던 구단과 스타디움의 운영 일체화를 완성시킨 겁니다. 구단 경영진이 이렇게 스타디움의 소유권을 확보하고, 만원 관중을 채우자 팀도 이에 호응했습니다. 2016년에는 드디어 포스트 시즌에 참여했고, 비록 우승은 못 했지만 2017년에는 센트럴 리그를 대표해서 일본 시리즈에 진출하는 쾌거를 이루었죠. 이후 베이스타즈는 만년 하위팀이라는 오명을 벗고 상위권에 안착해서 2019년, 2022년에도 포스트 시즌에 참가하는 꾸준함을 보이고 있습니다. 요코하마 베이스타즈의 흑자 전환과 팀 전력 강화 사례는 프로야구 경영에 다양한 시사점을 제공합니다. 특히, 그중에서도 관객이 가득한 스타디움 만들기가 프로야구의 기본임을 깨닫게 해줍니다.

한국 KBO
(Korea Baseball Organization)

KBO 구단주

다음은 국내 KBO 구단을 살펴볼게요. KBO는 앞서 설명한 것처럼 재벌 계열 기업이 1982년 창단 6개 구단 체제에서 시작했잖아요. 재벌계 구단은 계열사가 많기 때문에 광고만 해도 그 광고비 보전 차원에서 적자가 발생해도 운영이 가능한 구조입니다. 국내에서는 프로야구 시작 이전에 이미 실업야구가 있었어요. 비록 아마추어지만 실업야구팀을 만들어 운영했던 기업이 있었고, 그들이 경쟁을 펼치는 실업야구 리그도 있었던 거죠. 아마추어라도 야구팀을 운영하는 것은 어차피 자금이 들어가는 것인데요. 기업 입장에서 조금 더 많은 자금이 들어가는 프로야구 6개 구단 체제가 그렇게 부담스럽지는 않았던 것입니다. 그래서 1982년에 프로야구가 신속하게 만들어질 수 있었는데, 그때 참여한 기업이 두산, 롯데, 삼성, MBC, 해태, 삼미입니다. 〈표 15〉는 현재 KBO에 소속된 10개 구단을 앞서 MLB와 NPB를 분석했던 방식으로 정리한 것입니다.

팀명	구단주	창단	홈구장	한국 시리즈 우승
두산 베어스	두산	1982년	서울종합운동장	6
롯데 자이언츠	롯데	1982년	사직야구장	2
삼성 라이온즈	삼성	1982년	대구삼성라이온즈파크	8
기아 타이거즈	기아	2000년	광주기아챔피언스필드	2
LG 트윈스	LG	1990년	서울종합운동장	3
SSG 랜더스	신세계	2021년	인천SSG랜더스필드	1
한화 이글스	한화	1994년	대전한화생명이글스파크	1
키움 히어로즈	–	2008년	고척스카이돔	–
NC 다이노스	엔씨소프트	2012년	창원NC파크	1
KT 위즈	KT	2013년	수원KT위즈파크	1

〈표 15〉 KBO 구단 현황

출처 : 필자 작성

　국내 프로야구의 구단주를 보면, 모두 기업이고 키움 히어로즈만 이장석 의장이라고 정리되어 있죠. 이것은 앞서 말씀드린 명명권을 가지고 운영하는 구단이기 때문에 공석으로 되어 있습니다. 깊게 따져보면, KBO 구단 가운데, 연고지 홈구장을 소유하고 있는 스타디움 오너는 전무합니다. 연고지 지자체에서 지원을 받아서 파크나 필드를 만들어서 여기에 그룹 혹은 기업 이름을 넣는 것으로 명명권을 획득한 것인데요, 이것은 정확히 말해서 명명권은 아닙니다. 단지, 홈구장에 자사팀 이름을 넣어서 쓰는 수준인 것이죠.

　그래서 삼성라이온즈파크, 기아챔피언스필드, SSG랜더스필드, 한화생명이글스파크, KT위즈파크, NC파크 이렇게 6개 정도가 스타디움에 구단명을 사용하는데, 그나마 후발로 참여해서 미국 야구를 많이 연구한 팀들이 이런 브랜드를 쓰게 되는 것입니다. 앞서 일본 NPB를 구단 명칭 변화로 분석해봤다면, 국내 구단도 같은 방식으로 비교해봐야 합니다.

　그런데 국내 프로야구는 〈자료 27〉처럼 단순한 모양입니다. 구단주가 영위하는 산업도 큰 특징이 없고, 구단주가 변천하는 것밖에 없어요. 1982

년부터 OB 베어스로 불렸던 팀이 두산 베어스로 바뀌는 정도에 그칩니다. 롯데 자이언츠가 40여 년 동안 꾸준히 구단명을 유지해왔고, 삼성 라이온스 역시 40여 년간 일관된 운영을 해온 것이 특징입니다. 해태 타이거즈가 1982~2000년까지 운영하다가 기아자동차가 구단주로 들어오면서 구단 명칭이 2000년부터 기아 타이거즈로 바뀌는 거죠. 1982년 원년 멤버로 신고한 MBC 청룡이 1990년도부터 LG구단주로 바뀌면서 LG 트윈스로 구단 명칭을 바꿔 오늘에 이릅니다.

진짜 격동의 시절을 겪었던 구단은 이 책에서 이야기하는 용진이 형의 SSG 랜더스 구단이죠. 인천을 연고지로 하는 기업들이 많이 바뀌었다는 것은 앞서 말씀드렸잖아요. 삼미 슈퍼스타즈로부터 청보 핀토스, 태평양 돌핀스, 현대 유니콘스, SK 와이번스, SSG 랜더스 이런 식으로 6번이나 구

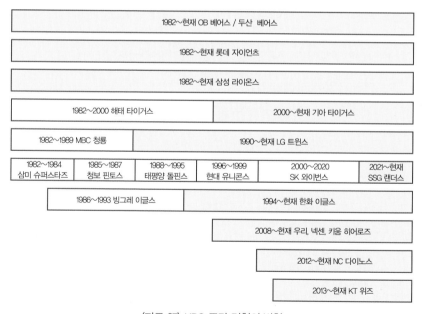

〈자료 27〉 KBO 구단 명칭의 변천

출처 : 필자 작성

단이 바뀌었는데요, 삼미는 철강 기업이었고, 청보식품이라는 라면 기업이 잠시 들어왔고, 생활용품 기업 태평양이 들어왔다가 나가는, 한마디로 소프트한 기업들이 잠깐 이름을 비추고 퇴장했습니다.

그러다가 7개 구단 체제가 되면서 식품기업인 빙그레 이글스가 들어왔는데요, 빙그레는 한화와 형제적 합의를 통해 한화그룹에 운영권을 넘겼고, 그때 구단 명칭이 한화 이글스로 바뀌었죠. 다음에 8번째 구단으로서 히어로즈가 들어왔는데, 히어로즈는 우리, 넥센, 키움 히어로즈로 이름을 바꾼 과정이 있었고, 2012년부터 NC 다이노스, 2013년부터 KT 위즈가 KBO에 명함을 내밀고 운영되고 있는 것입니다.

KBO 구단의 가치 평가

〈표 16〉은 국내 프로야구단의 가치를 정리한 것입니다.

프로야구단의 가치를 평가하면, 먼저 두산이 1,907억 원, LG가 1,883억 원입니다. 이 정도의 가치라면 그게 그렇게 높지가 않습니다. SK 구단의 가치는 1,546억 원인데요, 〈표 16〉은 2019년 기준인데, 이것이 현실적인가는 SSG 랜더스와의 거래 내역을 살펴보면 쉽게 알 수 있습니다.

2021년 1월 26일, 이마트가 SK 텔레콤으로부터 SK 와이번스의 보통주식 100만 주(지분 100%) 및 소유 토지 및 건물을 총 1,352억 8,000만 원(주식 1,000억 원, 토지 및 건물 352.8억 원)에 인수한다고 공시했죠. 공표된 가치의 87%에 거래가 이루어진 것으로 보입니다. 급매물이 일반적으로 구매자 우위의 거래가 되는 경우가 많아서, 〈표 16〉의 가치는 합당할 것으로 보입니다.

순위	구단	시장 가치	경기장 가치	스포츠 가치			총액
				연봉	중계	성적	
1	두산	370	1099	117	166	155	1907
2	LG	370	1139	112	167	95	1883
3	SK	340	788	127	166	125	1546
4	롯데	394	650	131	160	85	1420
5	삼성	281	686	97	161	150	1375
6	키움	370	616	75	175	82	1318
7	NC	120	748	104	166	66	1204
8	KIA	168	519	119	211	180	1197
9	한화	170	554	100	214	84	1122
10	KT	140	361	81	163	67	812

〈표 16〉 KBO 구단의 가치 평가 (2019년, 단위 : 억 원)

출처 : 포브스 코리아

그런데 재미있는 것은 구단 가치에 비해 특정 선수들 몸값이 비싸다는 점입니다.

대표적 사례로 2022년에 SSG 랜더스가 MLB에서 활동하던 김광현 선수를 135억 원에 데리고 왔잖아요. 계약기간을 고려해도, 한 선수 몸 값이 구단 가치의 약 10%인 거죠. 유사한 상황이 있는데요, 앞서 잠깐 소개했지만 NC 다이노스 구단의 가치가 1,204억 원임에도 2019년에 양의지 선수를 125억 원에 영입했습니다. 이것도 구단 가치의 10%가 넘죠. 국내 FA 제도에서 대박을 내는 선수들을 보면, 구단 가치와 비교할 때 국내 프로야구는 실질적으로 일부 유명 선수 쟁취 놀음인 것 같습니다.

그런데 선수 몸값이 올라가는 구조는 항상 같아요. 자존심 때문입니다. 선수 이름에 붙는 자존심 때문에 기존 가격보다 1원이라도 더 붙여 대우를 해주는 거죠. KBO 소속 선수들은 절대 가치가 아니라 상대 가치를 중시하는 것입니다. 〈자료 28〉은 필자가 '가격 정책 Pricing : Making Profitable Decision'을 강의할 때, 수강자의 개념 이해를 위해 만든 것인데요, 잠시 설명 드리고 이 상황을 비교해보죠.

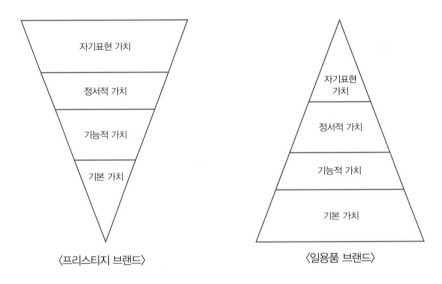

〈프리스티지 브랜드〉

〈일용품 브랜드〉

〈자료 28〉 브랜드 가치의 계층 구조

출처 : 필자 작성

왼쪽 그림은 '프리스티지 브랜드'의 가치 구조이고, 오른쪽은 '일용품'의 가치 구조입니다. 개념적으로는 이들은 트레이드 오프 관계입니다. 투수를 예로 들면, ① 기본 가치는 잘 던져야 하는 것입니다. ② 기능적 가치는 속구, 변화구 등 구종과 제구력, 위기 관리 능력이 해당됩니다. ③ 정서적 가치는 선발과 구원, 선발의 경우는 20승, 10승 투수 등 승수가 중요하고, 구원의 경우는 세이브 포인트가 중요하겠죠. 사실 이런 요소는 세이버 매트릭스나 구단의 연봉 책정을 위해 보다 고도의 정밀한 데이터를 사용하지만, 그것은 일반적으로 정서적 가치 레벨에서만 적용됩니다.

프리스티지 브랜드의 경우는 자기표현 가치가 훨씬 중요합니다. 선발 승의 경우도 완봉으로 지키는 경우가 있고, 승리 투수 요건만 충족하고 내려오는 경우도 있듯 1승의 가치가 다르기 때문이죠. 국내 야구팬들이 1984년 한국 시리즈를 두고두고 기억하는 것은 최동원 투수가 홀로 4승을 따내는 투혼을 보여주었기 때문입니다. 프리스티지는 팬과 관객에게 확신을 주는 요소입니다. 이런 이미지의 투수가 나오면 걱정 없이 보고, "역시"라는 한마디로 1승을 확보한다는 개념인 거죠.

그래서 팬과 관객이 20승 보장이라는 자기표현을 확신하게 만드는 선수가 이 영역에 들어서는 것입니다. 요즘 백화점 업계에서 이른바, 에르메스와 샤넬, 루이비통 브랜드의 입점이 안 되면 고객에게 외면당하는 현상이 있는데요, 프로야구도 이와 무관하지 않습니다. MLB나 최소 NPB 경력이 있는 선수는 이미 검증이 되어 관객에게 자기표현 가치를 확실하게 보여줄 것으로 생각하니까요. 프리스티지 레벨에서는 절대 가치보다 상대 가치를 더 추구하는 거죠.

그래서 '국내 프로야구 구단의 가치에 비해 선수 가치가 비대해진 것은 아닌가?'라는 의문을 지울 수 없습니다. 왜냐하면, ① KBO에서 이런 대접을 받는 선수가 과연 '에루샤(에르메스·루이비통·샤넬)' 레벨인가? ② MLB나 NPB에서 절정기를 누리고 유턴한 상황에서 KBO에서 몇 년이나 기량을 유지할까? ③ 일용품의 가치에 해당하는 수많은 선수들이 한 명의 프리스티지 선수 연봉으로 인해서 진짜 일용품 취급을 받고 퇴장하는 것은 아닌가? 이런 생각을 하게 됩니다. 그리고 선수 리스크를 빠트릴 수가 없죠. FA 에서 대박을 터트리는 선수, 즉 이렇게 과한 가치로 영입한 선수가 혹시 계약 년도 첫 시즌에 큰 부상을 당하거나 불미스러운 상황을 당하면, 구단의 손실은 말할 필요가 없죠. 우리는 이런 상황을 먹튀로 표현하는데, MLB처럼 보험으로 리스크를 대비하기도 하지만, 돈만의 문제는 아니죠. 그만큼 구단 가치가 폭락하는 것입니다. 상장 기업이라고 생각하면, 이런 악재로 인해 수직적인 주가 하락이 오겠죠. 특정 선수 쟁취 경쟁이 부르는 그늘이라 할 수 있습니다.

KBO의 명명권 활용

다음은 명명권으로 구단을 운영하는 독특한 구단 히어로즈를 총정리해 봤습니다. 명명권 수입으로 운영하는 구단은 세계적으로 히어로즈밖에 없는 것 같아요. KBO가 8개 구단 체제를 빠른 시기에 만들고 싶어서 제대로 검증을 안 한 것입니다. 자금력이 달린 이장석 대표가 구단을 매입하려는데, KBO 가입금 납부도 버거웠습니다. 그래서 가입금 120억 원을 분납해줄 테니까, 분납 약속을 하고 들어오라고 혜택을 줬는데, 이장석 대표는 그 자금도 없었던 거죠. 여기에서 이 당시 KBO의 판단이 잘된 것인지, 그렇지 않은 것인지를 판단하기 위해 유사한 사례를 정리해보겠습니다.

최근에 쌍용자동차 인수를 둘러싸고 산업은행과 인수업체 A사 간의 알력이 있었습니다. 산업은행이 볼 때 A사는 자금 능력이 충분치 않았거든요. 그래도 A사가 산업은행에 1조 원의 대출을 요구하고, 그것으로 능력이 된다고 우기는 바람에 결국은 시간만 소모하고 A사는 우선협상자에서 탈락해버렸습니다. 이건 누구의 잘못이죠? 산업은행은 분명히 1조 원 대출을 안 해주고, 경고를 했었는데, 그 후 쌍용자동차는 2차, 3차 인수 후보자들이 나서고 있는 상황입니다. 하지만 2022년 6월 현재 아직도 제대로 정리되지 않고 있습니다. 이런 유사 사례를 통해 당시 KBO의 판단을 보면, 리그 활성화 관점에서 결과적으로 최선을 다해 잘된 판단을 했다고 봅니다. 당시 관계자들은 피 말리는 시간의 연속이었겠지만, 그 경과 사항이 투박하고 미래를 장담하지 못했을지라도 2022년 시점에서 히어로즈가 존속해서 KBO리그의 주축이 되어 있는 것은 훌륭한 성과입니다.

〈우리 히어로즈〉
* 2008. 3～2008. 8
* 스폰서 : 우리담배
* 계약 : 100억 원/년(3년 계약)
* 우리담배 경영난, 스폰서료 연체 5개월 계약 취소

〈서울 히어로즈〉
* 2008. 8～2009
* 스폰서 철수로 서울 히어로즈 명칭
* 가장 가난한 구단
* 주요 선수들을 팔아 120억 원 KBO 가입금 완납

〈넥센 히어로즈〉
* 2010～2018
* 스폰서 : 넥센타이어
* 계약 : 60억 원/2010년 2011년에 2년 2013년에 2년 2015년에 3년 계약연장

〈키움 히어로즈〉
* 2019～2023
* 스폰서 : 키움증권
* 계약 : 500억 원+@ (5년 계약)

〈자료 29〉 히어로즈(Heroes) 팀 명명권 변천 / 스폰서명 + 히어로즈
출처 : 필자 작성

KBO의 가입비 분납에 대해 히어로즈가 취한 행동을 다시 한번 살펴보죠. 이장석 대표는 '우리담배'에게 히어로즈 브랜드를 이용할 수 있는 명명권 계약을 체결했어요. 연간 100억 원씩 3년 계약을 했는데 이장석 대표는 이것을 믿고 KBO에 입성하려 했던 거죠. 지금 봐도 계약 자체는 훌륭한

것이었습니다. 그런데 생각지 못한 일이 벌어진 거죠. '우리담배'에 경영난이 생겨서, 스폰서료를 연체하다 보니까, 5개월 만에 계약 취소가 되면서 히어로즈가 그냥 나락에 빠진 것입니다. 그러다가 할 수 없이 연고지가 서울이니까, 서울 히어로즈라고 구단명을 써서 가장 가난한 구단이 되었습니다. 그리고 주요 선수들을 시장에 내다 파는 파이어 세일(Fire Sale)을 통해서 자금을 확보하고, 겨우 120억 원의 KBO 가입금을 완납했어요. A선수한 명 팔면 40억 원, B선수 한 명 팔면 30억 원, C선수 한 명 팔면 20억 원, 이렇게 몇 명의 선수를 팔아넘겨서 자금을 만든 거예요. 그러다 보니 이장석 대표가 선수를 팔아 구단 만들었다는 비난을 받을 수밖에 없었던 거죠.

이 당시의 자금난으로 인해 이 대표는 다른 차입금과 관련된 문제로 구속된 상황입니다. 그런데 대전환이 일어납니다. 넥센 타이어가 2010년부터 명명권을 획득하는 계약을 했어요. 넥센이 1년에 60억 원의 계약을 했거든요. 이로 인해 히어로즈도 그렇고, 넥센도 그렇고 대박이 난 거예요. 윈-윈(Win-win)이 된 것입니다. 소비자들은 넥센 타이어라는 이름을 알지도 못했는데, 넥센 히어로즈 이름을 통해, "넥센이 뭐야?" 이렇게 넥센을 찾아보게 되면서 자연스럽게 넥센 타이어의 인지도가 높아져 넥센이 대박이 난 거예요. 넥센의 지명도가 엄청 올라가다 보니까 넥센 경영진에서 2011년에 2년 계약을 연장하고, 2013년에도 2년 계약을 연장하고, 2015년에 또 3년 계약을 연장해서 결국은 9년 동안 계속해서 명명권을 사용합니다.

계약이 연장되면 자연스럽게 계약금도 올라가겠죠. 이런 식으로 히어로즈의 재정 상태가 굉장히 좋아졌는데, 이장석 대표가 초창기 차입금 문제로 구속되어 공백 상황이 계속되었습니다. 히어로즈 주주총회는 경영 정상화를 위해서 허민 대표를 의장으로 추대하는데요, 그는 '던전앤파이터'

게임을 만든 네오플의 창립자입니다. 네오플을 넥슨에게 매각하고 그 자금으로 쿠팡과 경쟁 상대인 위메프를 창업합니다. 또, 독립야구단 고양 원더스를 창단해 3년간 운영하는 독특한 행보를 보이며 2019년에 히어로즈 의장을 맡게 되었으나, 여러 논란 속에 2022년 연임을 포기하고 의장직을 내려놓습니다.

히어로즈는 2019년에 키움 증권과 명명권 계약을 하는데, 5년간 500억 원 플러스 알파의 계약을 하게 됩니다. 키움은 왜 이 타이밍에 프로야구로 들어왔을까요? 당시 키움은 젊은 고객용으로 모바일 증권을 개설하고 싶었어요. 요즘은 젊은 세대가 거의 모바일 증권 앱을 사용하잖아요. 게다가 키움이 원래 주식 수수료가 싸지 않습니까, 이 가격 메리트와 모바일을 연결해서 젊은 고객층에게 모바일 증권을 홍보하고 싶었는데, 이것이 결국은 대박이 난 거예요. 젊은 고객층은 사실 키움 증권을 잘 몰랐거든요. 그런데 키움 히어로즈를 통해서 대박이 난 거죠. 특히 앞선 넥센 히어로즈의 넥센은 국내에서의 광고 효과를 보고, 영국 프리미엄 리그에도 광고를 열심히 하고 있는 중이에요. 비록 명명권을 가지고 팀을 운영하고 있지만, 그래도 히어로즈는 흑자 경영을 했어요. 그룹 기업의 어떤 광고 스폰서도 안받고, 흑자를 이루었다라는 것은 이장석 대표의 판단이 맞았을 수 있습니다. 프로야구 경영이 이런 식으로도 가능하다라는 다양한 관점이 있을 수 있죠.

또 히어로즈가 잘했던 것은 박병호 선수, 강정호 선수, 김하성 선수 같은 기량이 높은 선수들을 미국의 MLB로 이적시키면서 이적료를 많이 받았습니다. 이런 것도 하나의 방법론인 것입니다. 그래서 구단 경영에는 여러 가지 수입원이 있겠지만 선수의 발굴, 육성, 관리도 중요한 포인트라는 것을 히어로즈를 통해서 배우게 됩니다. 이는 기획사가 아이돌 그룹을 잘 키워서 대박을 내는 시스템과도 유사합니다.

다음은 같은 명명권과 관련해서 리그 스폰서십에 대해 정리하겠습니다. 〈표 17〉은 KBO리그에 스폰서십을 제공하는 기업과 명명권 사용의 기간과 금액을 정리한 것입니다.

KBO는 2000년부터 리그에 네이밍을 부여하는 리그 네이밍 스폰서십을 활용하고 있는데요, 먼저 2000~2008년 시즌까지 9년 동안은 삼성그룹의 계열사들이 독식하며 리그 명칭을 사용했습니다. 특히, 삼성전자 PAVV를 사용할 당시는 예년에 35억 원/년 금액에서 50억 원/년 금액으로 현격히 상승하는 효과를 보였습니다.

년도	리그 네이밍	금액	비고
2000~2001년	삼성 Fn.com	2년 65억 원	삼성증권 30억/ 35억 원
2002년~2004년	삼성증권	3년 100억 원	
2005년~2008년	삼성전자 PAVV	4년 190억 원	
2009년~2010년	CJ 마구마구	2년 70억 원	
2011년	롯데카드	1년 50억 원	
2012년	팔도	1년 55억 원	비빔면(야쿠르트)
2013년~2014년	한국야쿠르트 세븐	2년 120억 원	
2015년~2017년	타이어뱅크	3년 195억 원	
2018년~2020년	신한은행 My Car	3년 240억 원	금융권 기업 두번째 스폰서
2021년~2023년	신한은행 Sol	3년 240억 원	연장 계약

〈표 17〉 KBO리그 스폰서십 제도(2000~현재)

출처 : 필자 작성

이후, 명목상으로는 금융 위기, 실제로는 스폰서들이 오른 금액을 감당하기 어려워서 장기 계약이 점차 없어지고 1년, 혹은 2년의 계약으로 단가만 상승하는 상황이 지속되죠. 그러다가 2018년부터 신한은행이 스폰서 기업으로 참여해 80억 원/1년 계약을 체결한 이후, 2021년부터 3년 연장 계약을 통해 현재에 이르며, '신한은행 Sol KBO리그'로 사용하고 있습니다. KBO가 수입원 확대 차원에서 리그 스폰서십을 채용한 것은 히어로즈의 명명권 비즈니스 모델의 연장선상에서 높은 평가를 받아 마땅합니다.

CHAPTER

4

새로운
팬 비즈니스의 시대

프로야구 비즈니스 구조의 개편

MLB 급속 성장의 이유

이번에는 프로야구 비즈니스 구조의 개편을 살펴보죠. 앞서 CHAPTER 3에서 우리는 MLB의 비즈니스 모델 변천과 2000년대에 들어서면서 MLB가 전력 균형을 이루면서 성장하는 과정을 봤습니다. MLB의 성장 과정은 경이롭습니다. 단순히 MLB만을 놓고 보면, 그 놀라운 성장력을 가늠할 수가 없을 것 같아서, 〈자료 30〉처럼 NPB와 비교 포인트를 작성해봤습니다.

1990년대, 구단 평균 매출 NPB 〉 MLB - MLB 유력 선수들 NPB에서 대거 활약	2020년대 NPB 〈 MLB 전체매출 1,629m\$ 〈 10,758m\$ (6.6배) 평균매출 140m\$ 〈 358m\$ (2.5배) 평균연봉 54만\$ 〈 400만\$ (7.4배) - NPB 최고 선수들 MLB에서 활약

〈자료 30〉 MLB와 NPB 매출 비교

출처 : 필자 작성

1990년대 구단 평균 매출을 보면, 일본 프로야구 NPB가 미국 MLB에 비해서 높았습니다. 그래서 MLB의 유력 선수들이 1980년대와 1990년대에 일본 NPB에서 대거 활약하는 상황이 벌어졌고, 유명 감독들도 일본에서 일하다가 MLB로 복귀한 경우도 많았죠. MLB와 NPB는 이미 1960년대, 1970년대에 협력 관계를 맺어서 선수 획득, 기술 교류 등을 했는데요, 특히 니혼햄과 뉴욕 양키스, 주니치와 다저스의 관계가 깊었습니다.

MLB 선수들이 일본 NPB에서 활약한 계보를 살펴보면, 이해가 쉬울 겁니다. 이미 일본과 미국의 프로야구는 1930년대부터 교류전이 있었습니다. 1934년 전미 프로야구팀과 전일본팀의 대결이 특별한 기록으로 남아 있는데요, 미국 프로야구의 영웅 베이브루스(Babe Ruth)와 루게릭(Louis Gehrig)이 참가했고, 일본인 투수 사와무라 에이지(沢村栄治)의 투타 대결로 유명합니다. 사와무라는 그들을 연속 삼진으로 잡아내는 기록을 세웠죠. 당시 16게임의 교류전을 치렀는데, 전미팀이 16승 0패로 완벽한 격차를 보여주었죠.

그러나 사와무라에 대한 MLB 선수들의 평가는 남달랐습니다. 그 후에 사와무라는 3번이나 노히트 노런을 달성하는 등 당시 최고 투수로 군림합니다. NPB는 그 업적을 기려 미국의 사이 영(Cy Young)에 버금가는 투수 최고의 영예를 부여하죠. 일본 투수들이 가장 받고 싶어 하는 사와무라 상(賞)을 제정한 것입니다. 어쨌든, 이런 시절을 거쳐 일본 NPB는 발전을 거듭해서 버블이 한창이던 1980년대 중반부터 미국 MLB 선수들이 NPB를 직장으로 선택하는 때가 왔던 것이죠. 최초의 현역 MLB 선수의 NPB 이적은 제임스 마샬(James Marshal)인데요, 1962년까지 뉴욕 메츠에서 뛰던 마샬이 1963년에 주니치 드래곤즈로 이적하면서 MLB 선수들이 NPB로 몰려오는 계기를 만듭니다. 그 후, 돈 블레이신게임(Don Blessingame)이 1967년부터 난카이 호크스에서 뛰게 되는데요, 그는 생각하는 야구(Thinking Baseball)

를 일본에 전파합니다. 그에게 영향을 받은 인물이 데이터 야구라고 불리는 ID 야구를 펼친 노무라 카츠야 감독이었죠. 1980년대 후반부터는 본격적으로 높은 연봉에 MLB 거포들이 일본 NPB로 이적을 합니다. 제임스 호너(James R Honer)는 1986년 MLB에서 11번째로 1게임에 4개의 홈런을 친 선수인데요, 그가 1987년에 야쿠르트로 이적합니다. 연봉 3억 엔으로 당시 NPB 최고의 연봉을 받고 와서 시즌 중 부상으로 93게임만 뛰고 규정 타석에 미달하고도 31홈런, 73타점의 성적을 거두었는데요, NPB 최초의 규정 타석 미달의 30개 이상 홈런기록입니다. 이 외에도 1980년대 후반부터 1990년대 초반에 MLB 선수의 NPB 이적이 늘어나는데요, 랄프 브라이언트(Ralph W. Bryant)는 LA 다저스에서 긴테츠 버팔로스로 이적해 1989년 49개 홈런으로 NPB 홈런왕을 차지하고, 아울러 4연타석 홈런 기록을 남깁니다. 1989년 세이부로 이적한 데스트라데(Orestes Destrade)는 세이부 AKD 타선(아키야마 고지(秋山幸二), 기요하라 가즈히로(清原和博), 데스트라데)을 구성해 세이부 라이온스의 전성기를 이끌었습니다. 워렌 크로마티(Warren K. Cromartie)는 몬트리올 엑스포스에서 요미우리 자이언츠로 이적과 동시에 6시즌 동안 3할대 중반의 타율을 올리고, 1989년 타율 0.378로 수위 타자를 차지합니다. 이 외에도 MLB로부터 많은 선수가 1990년대 버블기에 NPB를 거쳐갑니다.

그런데 30년이 지나면서 MLB가 급속히 성장하게 되었습니다. 2020년대에 들어오면서 MLB가 NPB에 비해 월등히 시장성이 큰데요, 전체 매출로 봤을 때 MLB는 107억 6,000만 달러이고 NPB는 16억 3,000만 달러로 MLB가 NPB의 6.6배나 큰 규모입니다. 또 전체 매출을 구단 개수로 나눈 구단 평균 매출로 봤을 때도 MLB가 3억 6,000만 달러이고 NPB가 1억

4,000만 달러로 2.5배 규모가 큽니다. 선수들의 평균 연봉을 보면, MLB가 400만 달러, NPB가 54만 달러로 NPB의 7.4배입니다. 상황이 이렇게 변하면서 NPB 최고의 선수들, 즉 스즈키 이치로(SEA)라든가, 마츠이 히데키(NYY), 마츠자카 다이스케(BOS), 다르비슈 유(TEX), 다나카 마사히로(NYY), 오타니 쇼헤이(LAA) 같은 선수들이 MLB에서 활약하는 상황이 벌어지는 것입니다.

TV 방송권 수익 확대

그렇다면 MLB가 왜 이렇게 급속히 성장하게 되었을까요? MLB 성장의 이유를 살펴봐야 하겠죠. MLB 성장의 첫 번째 계기는 TV 방송권료 수익이 확대된 점입니다. 앞서 MLB의 수익 구조를 살펴봤는데요. MLB에는 MLB 기구가 전체 구단의 경기를 직접 통제하는 공식 방송권료가 있습니다. ESPN이라든가 FOX 스포츠 등 대형업체와의 계약을 MLB 기구가 직접 관리하는 것입니다. 그리고 또 한 가지 방영권이 있는데, 구단의 연고지에서 로컬 방송사와 방송권을 계약해서 수익을 올리는 것입니다.

로컬 방송권은 연고지 시청자들에게 유료로 구독하도록 제공하는 시스템입니다. 이는 MLB 방송권과 달리 각 구단의 수입인데요, 30개 구단의 전체 로컬 방송권을 합치면 총액이 29억 달러에 이릅니다. MLB 방송권 전체 계약 금액이 2022년에 19억 6,000만 달러(2021년 15억 5,000만 달러)인데, 이 둘의 합계가 48억 6,000만 달러인 거예요. 앞서 MLB의 수익이 107억 6,000만 달러였는데요. 시점 차이가 있지만 48억 달러가 수익에 포함되면, 약 45%가 방송 수입인 것입니다.

로컬 방송권의 사례를 들어보죠. 뉴욕 양키스의 경우는 2012년에 골드

만삭스 등과 자체 채널인 YES Network(Yankees Entertainment & Sports Network)를 만들어서 양키스의 로컬 경기를 중계합니다. 이 채널은 양키스 수입의 주역이 되었고, 양키스 구단의 가치를 높이는 데 크게 기여했습니다. 그런데 2014년에 Fox 스포츠에 주식의 80%를 양도하고, 20%만 소유하죠. 최근에는 다시 아마존, 싱클레어 브로드 캐스팅 등이 협력해, Fox의 주식을 역매수했어요. 결과적으로 양키스는 26% 지분의 최대 주주가 되어 운영권을 확보하고, 싱클레어 20%, 아마존 15% 등의 지분 구조를 갖게 되죠. 여기에 아마존이 참여한 것은 OTT 시장 확장 추세와 관계가 있습니다.

YES는 양키스와 2013년에 30년 동안 56억 5,000만 달러의 계약을 맺었습니다. 첫해는 8,500만 달러에서 시작해 매년 5%의 상승률을 적용하는데요, 계약 종료 시점인 2042년에는 3억 5,000만 달러에 이르는 구조입니다. 연평균으로 환산해도 1억 9,000만 달러가 들어오는 수익의 보고인 것이죠. LA 다저스의 경우는 로컬 방송 '타임 워너'와 25년 동안 83억 5,000만 달러를 받는 대박 계약을 체결했는데요, 재미있는 것은 다저스 구단주인 '구겐하임 파트너스'와 타임워너가 50:50으로 설립한 스펙트럼 스포츠넷 LA(Spectrum Spors Net LA)가 방송권자라는 것이에요. 최근에는 이처럼 구단이 아예 로컬 TV방송국에 출자를 해서 주주가 되는 경우가 많습니다. 방송권 수익뿐만 아니라 배당 수익도 함께 얻을 수 있는 구조입니다. 게다가 배당금 수익은 MLB의 수익배분제도에 적용이 안 되기 때문에 힘 있는 구단들이 적극적으로 활용하고 있는 방법입니다. 그런데 MLB에는 왜 이렇게 방송 중계권 수익료가 많아질까요?

우리나라나 일본은 공영방송 KBS나 NHK만 방송 수신료를 받고, 공중파나 종편은 방영권료가 없지요. 방송국은 광고료 중심으로 운영되는 구조입니다. 최근에야 OTT가 등장해 구독료를 받는 정도입니다. 그러나 미국은 워낙 땅이 넓다 보니까 공중파 중심에서 CATV와 위성방송 중심으로 재편이 되고 있어요. 특히, 스포츠 콘텐츠는 특정 방송 채널이 장악하고 있는 상황입니다. 그래서 CATV와 위성방송에서 주요 콘텐츠를 유료 시청하게 되는데요, 평균 월 200달러 정도가 들어가고 있습니다.

최근에는 OTT의 보급으로 뉴스나 예능프로, 드라마 등을 언제 어디서나 시청할 수 있는데요, 스포츠는 '언제든지' 관점에서는 시청이 부적절한 콘텐츠입니다. 왜냐하면, 스포츠가 가진 속성인 '각본 없는 드라마'의 즉시성이 중요하기 때문이죠. 그래서 현장을 실시간으로 봐야 하는 니즈가 큽니다. 이것이 콘텐츠를 유료로 구독하는 구조를 만드는 것이죠. 게다가 특정 콘텐츠를 개별 페이하는 것도 있습니다. 예를 들어, 2015년에 열렸던 메이웨더(Mayweather)와 필리핀의 파퀴아오(Pacquiao)의 복싱 헤비급 타이틀 매치의 경우, 하이비전 시청료가 한 대당 100달러였어요.

상황이 이렇다 보니까, 미국 4대 빅 스포츠인 NFL, NBA, NHL, MLB는 방송의 효자 콘텐츠로 자리를 잡게 되었죠. 이 가운데 NFL은 엄청나게 수익이 많이 나는 거죠. NFL의 30초 광고 하나가 몇십억 원씩 하는 상황이 벌어지는 것입니다. 이런 상황 속에서 MLB가 방송권료를 통제해서 전체 계약을 하고, 연고지 구단이 로컬 방송권을 따로 받는 구조가 정착한 것이죠. MLB가 7년 단위 장기 계약과 요일별로 방송사를 정해서 게임을 판매하는 등 시장을 통제하면서 효율을 높이는 방식으로 공급자 중심 시장을 만든 것이 자연스럽게 방송권료 인상으로 연결된 것입니다.

최근에 계약한 터너 스포츠(Turner Sports)와의 계약을 예로 든다면, 요금 인상이 실감납니다. 이전에는 2014년부터 2021년까지 7년에 26억 달러의 계약을 체결했는데요, 이번 연장 계약에는 2022년부터 2028년 7년간 37억 4,500만 달러로 44%나 인상된 계약을 했어요. 터너 스포츠가 MLB로부터 받은 권리는 ① 포스트 시즌의 와일드 카드 1게임, ② 디비전 시리즈 2게임, ③ 리그 우승 시리즈 1게임, 아울러 ④ 매주 화요일 나이트 게임, ⑤ 디지털 중계권을 포함합니다. MLB 기구는 이 외에도 FOX, ESPN, NBC, DAZN, 애플TV 플러스 등과 별도 계약을 했는데요, 모든 방송권료를 합치면 19억 6,000만 달러로, 2021년 15억 5,000만 달러에 비해 26%나 수익이 늘어난 것입니다. 이러한 사례 하나만으로도 MLB 수익이 왜 급증하는지를 이해할 수 있습니다.

마찬가지로 국내 KBO도 방영권을 통합해서 관리하고 있는데요, 미국과 달리 연고지 홈구장의 로컬 방영권이 전혀 없어서 수익 배분액 규모가 다릅니다. 일본 NPB도 역시 여기서 차이가 났던 거고요. NPB의 센트럴리그는 요미우리 자이언츠와 그 외 5개 구단의 방송권료 격차가 커서 문제가 더 많았어요. 자이언츠는 요미우리 그룹의 니혼 TV를 소유하고 있었는데요, 자이언츠의 인기에 비례해서 시청률이 워낙 높다 보니 게임당 1억 엔의 중계료가 책정되었어요. 다른 팀들은 지역 TV와 니혼 TV의 10% 수준에서 로컬 방송을 운영하고 있고요. 어떤 경우에는 자이언츠팀과 홈에서하는 12게임의 중계료가 시즌 전체 중계료보다 더 큰 구단도 있으니까요.

센트럴리그는 TV 중계가 자이언츠 독점 구조로 60년 이상 이어져왔습니다. 그래서 퍼시픽리그처럼 통합 마케팅이 불가능한 구조였죠. 자이언츠가 자사 수익을 포기하지 않았기 때문이죠. 그런데 최근에 기류가 바뀌고 있어요. 자이언츠가 2019년에 글로벌 OTT그룹 DAZN과도 1년 20억 엔의 개별 계약을 합니다. NPB 모든 팀들이 2018년에 DAZN과 계약을 체결할 때, 홀로 버티던 자이언츠도 시대의 흐름은 역행할 수 없던 거죠. 월간 3,000엔을 내고도 프로야구를 구독하려는 팬들이 늘어나는 상황에서 어쩔 수 없는 선택인 거죠. 이렇게 방송권을 관리하는 노하우만 봐도, 왜 MLB가 NPB에 비해서 급속히 발전했는지를 이해할 수 있습니다.

연고지의 적극적인 협조

한편, MLB가 급속 성장하는 또 다른 원인은 연고지 지자체가 프로야구 구단에게 적극적인 협력을 했다는 점입니다. 앞서 국내 KBO에서 NC 다이노스 창단을 논할 때, 창원시가 협조해준 상황을 살펴봤는데요. 미국은 지자체가 더 본격적으로 구단에 조력했습니다.

미국은 프로야구 역사가 길다 보니까 연고지 스타디움이 노후화한 곳이 많았어요. 그래서 스타디움 노후화를 지자체의 재개발과 연계해서 지원해주는 프로그램이 많이 등장합니다. 그 첫 번째 사례가 시카고인데요, 1980년대 후반에 시카고 화이트 삭스의 연고지 구장이 노후화되자 구단이 시카고시와 일리노이 주정부에 재건축을 요청합니다. 약간의 협박을 섞어서요. 시와 주정부에서 전용 구장 신축을 거부한다면, 자신들에게 시카고 대신에 연고지 이전을 촉구하는 플로리다, 템파로 이전을 할 수 있다는 협박을 하죠. 그래서 이 안건에 대해 시카고시와 일리노이주는 주민 투표를 합니다. 투표 결과, 다운 타운 재개발 명목으로 구단 전용구장 건설비용 전액을 조성해주기로 통과시키죠. 게다가 시카고 화이트 삭스가 시카고시를 외부에 홍보해주는 공로를 인정해서, 매년 운영 비용 1,000만 달러를 제공하는 안건도 통과시킵니다. 새로 신축하는 홈구장에 대해 365일, 24시간 사용 우선권을 제공하고, 연간 사용 비용은 1달러로 책정합니다.

굉장히 파격적인 제안인 거죠. 그래서 1980년대 시카고 화이트 삭스의 다운타운 재개발을 이용한 스타디움 신축 플랜이 MLB 다른 구단에 영향을 많이 줍니다. 당장에 MLB 기구가 아예 전 구단에 협조 요청을 보냅니다. 이와 같은 시카고의 사례가 1990년대에 볼티모어라든가 클리브랜드에 파급이 되어 MLB 구단의 신형 전용구장 개장 러시가 일어납니다. 전용구장을 새로 짓고, 시설도 현대식으로 바꾸는 것입니다. 자연스럽게 팬 친화적인 멋진 구장이 많이 생기는 거죠. 돔구장도 많이 등장하는데요, 심지어는 개폐식 돔까지 등장하면서 날씨에 관계없이 쾌적한 경기가 가능해집니다. 이는 MLB 경기 운영에도 긍정적인데요, 돔구장이 기후의 영향을 받지 않아 경기가 순연 없이 제때 치르기 때문에 중계권에 영향을 덜 주는 것입니다. 그리고 시설이 좋아지면서 티켓 가격이 상승하는 효과도 있는데요, 이는 객단가 상승으로 연결되어 구단 매출에도 긍정적 효과를 줍니다.

프로야구 비즈니스의 디지털화

MLB가 양적으로 급속히 성장하게 된 것은 앞서 살펴본 것처럼 방송권과 지자체의 강력한 지원 때문이었어요. 그리고, 질적으로는 시대에 합치하는 시스템을 통해 보다 튼튼한 구조를 갖추었습니다. 그 가운데 중요한 축은 프로야구 비즈니스의 디지털화입니다.

다른 산업과 마찬가지로 프로스포츠 산업에도 디지털 트렌스포메이션(DX)이 급속히 일어나고 있는데요, 〈자료 31〉은 프로야구의 디지털화를 정리한 것입니다. 프로야구 DX는 다음의 5개 분야에서 촉진되고 있습니다.

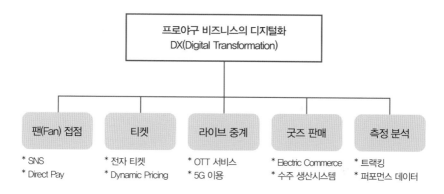

〈자료 31〉 프로야구 비즈니스의 디지털화

출처 : 필자 작성

① 팬과의 접점, ② 티켓의 진화, ③ 라이브 중계, ④ 캐릭터 굿즈 판매, ⑤ 측정 분석에서 DX가 활발히 이루어지고 있습니다. 프로야구 DX 역시, 출발은 디지털 디바이스의 발전을 통해 전개됩니다. TV와 PC 정도에 대응하던 업계가 모바일 기기의 등장으로 어디서든(Any Where)이 완벽히 가능해졌는데요, 심지어 실시간으로 참여하는 환경이 만들어진 것입니다. 게다가 이런 상황을 SNS로 커뮤니티에 즉각 전달할 수 있는 세상이 된 것이죠. 소비자의 이런 변화에 산업은 빠르게 변신해야 합니다. MLB가 잘하는 것은 이러한 시대성에 빠르게 합치하고 적극적으로 이용하는 점입니다. 물론 시장이 워낙 크다 보니, 참여하는 다양한 플레이어의 제안과 추천이 빠른 변신을 유도했을 수도 있겠죠. 그리고 SNS 비즈니스가 모두 미국에서 시작되었고, 그곳이 최대 시장으로 성장한 이유도 있습니다.

그러나 같은 시장을 가진 NPB를 보면, 격차가 큰 것이 분명합니다. 그 격차는 의사결정 과정에 있는 인물들의 시대성을 읽어내는 능력의 차이입니다. 프로야구를 관장하는 기구의 역량 차이가 매출의 격차를 만드는 것입니다. 프로스포츠의 DX화에서 가장 먼저 고려할 점은 ① 팬과의 접점인데요, 이것은 2개의 다른 시장이 존재합니다. 먼저, 다이렉트 Pay 시스템인데요, 앞서 MLB가 OTT와 다양한 계약을 체결하는 것을 봤죠? DAZN은 물론, Apple TV 플러스, 아마존 등 디지털 영상 플래폼을 구독, 소비하는 고객이 증가하고 있기 때문에 프로스포츠 산업이 적극적인 배팅을 하는 것입니다.

다음은 커뮤니케이션 확대가 중요하죠. DX화를 통해서 SNS를 통한 팬과의 접점이 늘어나면서, MLB 구단의 전략적이고 적극적인 커뮤니케이션 능력이 중요한 화두입니다. 스포츠 신문이나 잡지 등 일방적인 정보 전달 시대와 달리 트위터, 인스타그램, 유튜브는 소비자가 확대 재생산하는 개인 미디어이기 때문에 이들 소비자를 따라가려는 전략이 필요한 것이죠. SNS로 자기 발신을 하는 세대가 프로야구에 증가하기 때문이죠.

DX 시대의 또 다른 고려 점은 ② 티켓의 진화입니다. 디지털을 통한 전자 티켓이 등장한 것은 물론, AI에 의해 티켓 가격 조정이 가능한 다이내믹 프라이싱(Dynamic Pricing)이 상용화되고 있습니다. NFL, MLB, NBA, NHL 등 프로스포츠계에는 몇 년 전부터 AI에 의한 다이내믹 프라이싱이 도입되고 있습니다. 스포츠 관람 티켓 가격은 관람 Zone의 차이만 있을 뿐, Zone에서의 가격은 일률적이라는 것이 당연했습니다. 그런데 관중의 수급 상황에 따라 Zone에서의 가격이 변동되는 것입니다. 비행기나 호텔은 오래전부터 다이내믹 프라이싱을 활용했습니다. 프로스포츠 관람의 가치가 뭘까요? MLB의 최고 가치라면 뉴욕 양키스와 보스턴 레드삭스의 라이벌 경기 혹은, 월드 시리즈 최종전이 떠오릅니다. 이런 경기의 티켓 가격은 매우 비싸겠지요. 그런데 일반 경기의 티켓 가격을 결정하는 데는 다양한 요소가 있습니다. 경기 개최 시기나 날씨, 보기 편한 좌석, 연휴, 평일, 토요일, 일요일, 예고된 선발 투수, 은퇴 경기 등이 소비자가 티켓 구입을 결정하는 중요한 요소입니다.

다이내믹 프라이싱은 이들을 모두 수치로 분석해 고객 만족도와 이익이 극대화될 가격을 결정합니다. 이 시스템에서 도출되는 가격은 무작정 높은 가격에 표를 팔려는 것이 아니죠. 구입하는 소비자 역시 납득한 가격이라는 것이 포인트입니다. 특별한 경기는 수요가 많아서 비싼 돈을 지불해야만 보러 갈 수 있다는 단점도 있지만, 조건에 따라서는 평소보다 저렴한 가격에 티켓을 살 수도 있죠. 미국에서 MLB와 NHL의 경기를 관람하는 티켓은 대전 카드에 따라 가격이 크게 다릅니다. 실시간으로 가격이 변동하는 경기도 있습니다.

각 구단은 다이내믹 프라이싱을 도입하고 독자적 커스터마이징을 실시해서 티켓 가격을 정하고 있습니다. 다이내믹 프라이싱을 통한 티켓 판매는 혁신을 가져왔고, 실제로 많은 팀의 티켓 수익성이 개선되었죠. KBO에서도 NC 다이노스가 이 시스템을 적극 사용하고 있습니다. 8,000원 외야석을 1/4 가격인 2,000원에 판매하면 손해일까요? 수급에 맞춰 가격이 관리되기 때문에 2,000원에 공석을 줄이는 효과와 식음료 부가 판매를 고려하면 추가 수익입니다. 이 시스템에 익숙한 소비자의 체리 피커(Cherry picker) 성향을 고려해도 손실은 없습니다. AI에 의한 다이내믹 프라이싱 시스템을 제공하는 곳으로는 Qcue사가 유명한데요, 시장 환경과 경기의 가치를 수치화해 통계학에 따라 가격을 결정합니다.

스포츠의 DX화가 제공하는 합리적인 소비자 편익이라고 할 수 있죠. DX화의 다른 항목은 ③ 라이브 중계인데요, 최근에 OTT 구독 서비스를 통해서 시장의 변화가 매우 빠르게 진행되고 있습니다. 구독자를 늘리기 위해 화제성 있는 다양한 콘텐츠를 제공해야 하는 OTT 제공 경쟁이 심해지면서 프로스포츠 콘텐츠의 위상이 매우 높아지고 있습니다. 이른바, 킬러 콘텐츠로 프로스포츠를 활용하는 것이죠. 게다가, 5G 기술이 보급되면서 소비자 맞춤형 방송을 제공하는 등 라이브 송출 환경이 좋아진 것도 이 시장의 성장 가능성을 높이고 있습니다.

프로야구 DX화의 또 다른 관점은 ④ 캐릭터 굿즈 판매입니다. 캐릭터 굿즈의 판매처가 예전에는 홈구장이나 제휴 스포츠 점포에 국한되었던 반면에, 최근에는 EC(Electric Commerce, 전자상거래)를 통해 언제, 어디서나 구매가 가능하게 되었습니다. 따라서 EC 시스템을 활용해, 캐릭터 굿즈의 수주, 발주, 생산 프로세스가 진행되고, 판매 및 재고 관리까지 일관된 서플라이 체인(supply chain) 구축이 가능해진 것이 중요합니다.

마지막으로 DX화의 또 다른 관점인 ⑤ 측정 분석을 살펴보죠. 야구는 타 스포츠에 비해서 많은 데이터를 생산하는 게임입니다. 따라서 선수들의 플레이로 만들어지는 각종 데이터를 모으고, 분석하는 시스템 구축이 매우 중요합니다. 특히, 최근에 세이버매트릭스를 통해 이기는 야구를 지향하는 상황에서 트래킹을 이용해서 각종의 퍼포먼스 데이터를 활용하고 분석하는 전문팀이 등장하는 것은 매우 고무적입니다. AI에 의한 빅데이터 분석을 통해 선수의 퍼포먼스를 측정해서 팬들에게 제공하고, 연봉에도 적용할 수 있게 되었습니다.

돈이 되는
프로야구 경영

머니볼(Money Ball)

다음은 돈이 되는 프로야구 경영입니다. 앞서 프로야구 비즈니스 재편으로 미국 MLB가 급속히 수익력을 확보하는 상황을 이해했는데요, 이러한 혁신의 궁극적 목표는 리그 가치의 상승입니다. 리그 전체 가치를 상승시키면, 당연히 구단도 혜택을 보는 것이죠. 아울러, 구단은 나름대로 돈이 되는 프로야구 경영을 해야 하는 것이고요. 수익을 높이는 경영은 다른 의미로는 '이기는 야구를 하는 것'입니다.

프로야구에서 '이기는 야구'가 화두가 된 것은 2003년 《머니볼(Money ball : The Art of Winning An Unfair Game)》이라는 서적이 베스트셀러가 되면서부터입니다. 2000년대 초, MLB에서 재력이 없는 구단은 승리에 기여하는 스타 선수를 획득하기 어려운 구조였습니다. 재력 없는 구단 오너는 "이제 야구는 스포츠가 아니라 돈의 전쟁터가 되었다"라고 한탄하던 시기였는데요, 이런 상황에서 리그 최저 연봉 총액에도 불구하고, 황금시대를 구축한 팀이 있어 화제가 되었습니다. 그곳은 바로 소설 《머니볼》의 오클랜드 애슬레틱스 구단입니다. 마이클 루이스(Michael M. Lewis)의 《머니볼》은 MLB 구단 오클랜드 애슬레틱스의 단장(GM)인 빌리 빈(William Lamar Beane II)이 세이버매트릭스를 통해 가난한 구단을 강팀으로 만든 이야기입니다.

이 책을 원작으로 2011년에 베네트 밀러(Bennett Miller) 감독, 브래드 피트 (Brad Pitt) 주연으로 영화가 만들어지면서 세이버매트릭스가 대중에게 보다 폭넓게 전파되었죠. 국내에도 개봉되어 약 100만 명이 관람했습니다. 빌리 빈이 1997년 10월에 GM에 취임한 이래 2007년 시즌 종료 시점까지 10년 동안, 공식 경기 누적 승리는 뉴욕 양키스와 보스턴 레드삭스에 이어 아메리칸리그 3위인 901시합에 달했습니다. 그 기간 오클랜드 애슬레틱스는 는 5회의 플레이오프에 참가하는 실적을 보였죠. 특히 2001년과 2002년, 2년 연속으로 한 시즌 100승 이상을 올리는 기염을 토했어요. 2002년에 는 MLB 연봉 총액 1위인 뉴욕 양키스의 1/3 연봉으로 30개 구단 가운데, 최고 승률(0.636) & 최다 게임 승리(103승)와 불멸의 20연승을 기록했습니다.

'애슬레틱스 구단이 강한 비밀', 책의 필자는 그것을 풀고 싶었던 건데 요, 그 의문의 해답이 바로 세이버매트릭스였던 거죠. 이후 MLB는 세이버매트릭스를 구단 운영의 축으로 하는 팀과 이를 의미 없게 보는 팀으로 나 뉩니다. 머니볼 형태의 팀은 애슬레틱스 이외에도 토론토 블루제이스, 보스턴 레드삭스, 클리브랜드 인디언스, 샌디에고 퍼드레스, 뉴욕 양키스 등 이 있습니다. 이들은 신사고파(新思考派)팀이라고도 불리죠.

영화 〈머니볼〉에서 주인공 보좌역의 예일대 출신 피터 프랜드라는 인물 의 실존 모델은 폴 디포데스타(Paul DePodesta)로 하버드대에서 경제학을 전 공 후, 1999년에 오클랜드 애슬레틱스로 이적 5년간 GM 보좌를 맡으면 서 빌리 빈과 함께 일했습니다. 영화 〈머니볼〉은 배우 브래드 피트 때문에 야구에 관심이 없던 사람들도 많이 보게 되었는데요, 덕분에 어렴풋하게 야구에서 이기는 게임을 하기 위한 방법론이 있다는 것을 알게 되었죠. 이것을 계기로 초보 단계의 세이버매트릭스의 이론이 야구팬들에게도 회자되었습니다.

〈머니볼〉에서 빌리 빈이 가장 중요하게 생각했던 것이 출루율입니다. 출루하지 않으면 득점할 수가 없잖아요. 안타를 치는 것도 출루지만, 볼넷과 몸에 맞는 볼(4사구)을 통해서 출루하는 것도 굉장히 중요한 역할을 한다는 거죠. 출루율이 높은 선수를 선구안이 좋다고 평가하잖아요. 볼을 보고 잘 판단해서 볼넷으로 출루하는 능력도 인정받아야 합니다.

빌리 빈은 '버티는 힘인 선구안은 천부적인 재주로 결정된다. 이는 야구의 성공(승리)과 가장 직결되는 능력'이라고 이야기합니다. 이는 출루율을 높이기 위해 필요한 요소이면서, 상대 투수들에게 더 많은 투구를 시키는 능력입니다. 그런데 안타를 많이 치는 선수보다 4사구로 많이 출루하는 선수는 화려한 모습이 안 보여서 연봉이 상대적으로 낮았죠. 예전에는 그랬어요. 홈런 치고 장타 치는 선수가 명성이 높고 비쌌죠.

그런데 빌리 빈이 뉴욕 양키스의 1/3 연봉으로 출루율이 높은 선수를 대거 영입합니다. 출루율이 높은 선수를 싸게 영입해서 효율적인 승리를 만들어냅니다. 세이버매트릭스의 혜택을 본 국내 선수는 추신수입니다. 추신수 선수는 MLB 타자에 비해 장타력이 있는 것은 아니지만 선구안이 좋았죠. 그래서 4사구가 많았어요. 결과적으로 출루율이 굉장히 높았죠. 그래서 추신수 선수가 텍사스 레인저스와 장기 계약을 할 수 있었고, 오래 버틸 수 있었던 거예요. 한국 타자로서 오랫동안 그렇게 잘한 선수는 없습니다.

보내기 번트 무용론

두 번째는 보내기 번트와 도루는 점수를 내는 데 그렇게 유효하지 않다는 명제를 냅니다. 보내기 번트와 도루는 일본식 스몰 야구라는 인식이 강해서 MLB에서는 잘 사용하지 않지만, 그래도 종종 사용하는 감독이 있던 거죠. 번트와 도루의 목적은 진루에 있지만, 병살 회피도 있습니다. 보수적이고 소극적인 감독은 번트를 많이 시도합니다. 그런데 27개 아웃 카운트 중에서 한 개를 희생하면서 번트, 혹은 도루를 감행할 이유가 있는지를 묻는 것이죠. 뒤 타석에 출루를 더 잘할 수 있는 선수가 있으면 아웃 하나를 버리지 않아야 합니다. 도루가 성공할 확률도 그리 높지 않습니다. 무사, 1루의 상황에서 도루 실패를 한다면 1사, 무주자 상황이 되는 것입니다. 번트나 도루 모두 아웃 하나를 희생시킬 것인가에 대한 판단인 거예요. 그래서 기존의 상식에 맞지 않아 그 상식을 신봉하는 사람들에게 강한 반발이 나왔어요. 그런데 최근에는 모든 구단에게 이것이 적용되고 있습니다. 해 보니까 이게 맞는 것 같다는 확신이 선 것입니다.

득점을 하기 위해서는 확률적으로 번트와 도루를 하지 않는 것이 낫다는 것이 세이버매트릭스의 기본 논리였습니다. 그래서 KBO에도 병살타가 많아졌습니다. 〈표 18〉은 일본 NPB에서 2014~2018년까지 측정한 자료인데요, 같은 기간 KBO의 타고투저(打高投低) 현상에서 측정한 자료보다는 실증 값이 더 낮습니다. 그래서 번트에 대한 유혹이 더 많은 상황인데요, 이 자료를 가지고 보내기 번트의 유용론을 검증해보겠습니다. 여기서 말하는 득점 기대치는 특정 아웃카운트, 주자 상황에서 그 이닝이 종료할 때까지 얻을 것으로 예상되는 평균적인 득점 수입니다. 〈표 18〉을 보면, 무사에 주자가 없을 때는 평균적으로 0.45점을 득점할 수 있고, 무사 1루 시에는 0.804점을 득점할 수 있습니다. 앞서, 세이버매트릭스가 출루율을 중시한다고 했습니다만, 무사에 4사구로 출루를 하면, 득점 기대치가 0.354점 증가하는 것입니다. 물론, 무사에 2루타, 3루타를 치고 나가면 수치는 더 올라가지만, 한 경기에 2루타, 3루타가 나올 확률은 4사구 확률보다 매우 낮기 때문에 기대감이 떨어지는 상황이죠. 어쨌든 무사 4사구로 출루했을 때, 보내기 번트의 효과는 어떨까요?

Out	주자 상황							
	무주자	1루	2루	3루	1, 2루	1, 3루	2, 3루	만루
무사	.450	.804	1.071	1.285	1.386	1.693	1.860	2.103
1사	.246	.500	.674	.917	.904	1.143	1.337	1.504
2사	.093	.210	.317	.345	.430	.482	.524	.712

〈표 18〉 득점 기대치 표
출처 : 히루카와 코우헤이, 《세이버매트릭스 입문》, (2014~2018 NPB 분석 자료)

〈표 18〉에서 보면, 무사 1루의 득점 기대치는 0.804점인데요, 아웃 카운트 하나를 버리고 번트를 하면, 1사 2루 상황이 되고, 이때 득점 기대치는 0.674점으로 기대치가 0.13점 떨어집니다. 무사 1, 2루 상황에서도 1사 2, 3루가 되면, 기대치는 0.049점 낮아집니다. 무사 2루 상황은 1사 3루가 되어 기대치는 0.154점 낮아집니다.

다음은 〈표 19〉를 살펴보겠습니다. 여기서 득점 확률은 특정 아웃 카운트, 주자 상황에서 그 이닝이 종료할 때까지 1점 이상을 얻을 수 있는 평균적인 확률입니다. 앞에서 본 것처럼 무사 주자가 없는 상황은 득점 확률이 25.2%고요, 4사구 등으로 진루하면 40.2%로 득점 확률이 15%나 높아집니다. 1사에도 일단 1루에 진루하면 11.4% 확률이 높아집니다. 이것 역시 출루율이 중요함을 알려줍니다. 그런데 무사 1루에서 보내기 번트를 하면 상황이 변할까요? 확률이 40.2%에서 39.4%로 0.8% 정도 떨어집니다. 그런데 무사 1, 2루 시에는 60.7%에서 1사 2, 3루도 변하면서 62.5% 확률로 의외로 1.8% 상승합니다.

Out	주자 상황							
	무주자	1루	2루	3루	1, 2루	1, 3루	2, 3루	만루
무사	25.2	40.2	60.3	78.9	60.7	83.5	82.8	82.6
1사	14.7	26.1	39.4	62.4	41.0	65.7	62.5	64.5
2사	6.2	12.1	21.6	24.8	22.4	25.1	27.1	31.4

〈표 19〉 득점 확률 표
출처 : 히루카와 코우헤이, 《세이버매트릭스 입문》, (2014~2018 NPB 분석 자료)

〈표 19〉에서 보내기 번트로 득점 확률이 올라가는 경우는 또 하나 있습니다. 무사 2루 시에 번트를 하면, 1사 3루로 상황이 변하고 확률은 60.3%에서 62.4%로 2.1%나 상승합니다. 외야 플라이나 깊은 땅볼, 투수의 폭투 등 확률에 영향을 주는 변수가 많아지기 때문이죠. 이렇게 확률이 오르는 경우라도 앞서 〈표 18〉에서 본 것처럼 득점 기대치는 떨어졌으므로, 현장 분위기로 판단해야 한다는 것이 전문가의 의견입니다. 그러나 팽팽한 투수전의 9회 말 1점 승부처에서 노아웃 선두타자 출루의 경우는 번트나 도루의 작전이 걸릴 확률이 높습니다. 연장전도 같은 경우이겠지요. 아무리 논리적이고 훌륭한 이론이라도 반드시 그래야만 한다는 것은 없습니다. 현장 분위기가 우선인 경우도 있습니다. 타순에 누가 등장하는가, 당일 컨디션이 최고인 선수에게 믿고 맡기는 것도 야구입니다. 그래서 보내기 번트와 도루에 대한 찬반 논의는 끝나지 않을 것입니다.

한편, 세이버매트릭스를 활용하면서 요즘에 아주 극단적인 사례들이 많이 발견됩니다. 특정 타자가 나오면 수비팀에서는 수비 시프팅을 합니다. 3루 쪽은 아무도 안 지킵니다. 거의 비워놓습니다. 대신에 3루수와 유격수, 2루수가 촘촘하게 2루와 1루 쪽에 포진합니다. 타자는 3루 측이 열려 있는 것을 알면서도 그쪽으로 못 칩니다. 투수가 3루 측으로 칠 수 있는 쉬운 공을 주지 않기 때문이죠. 이렇게 극단적인 시프트가 일어나는 것은 세이버매트릭스에 근거한 것입니다. 미국에서는 세이버매트릭스 시프팅을 없애야 한다는 여론이 높아졌습니다. 그래서 2023년 시즌부터 MLB에서는 수비 시프트를 제한하는 룰이 시행됩니다. 타자의 약점을 이용해 시프팅으로 재미가 없어진 게임을 못 하게 하고, 게임을 원래대로 바꾸는 룰이 등장한 거죠.

세이버매트릭스

세이버매트릭스의 원조는 빌 제임스(George W. James)인데요, 《Baseball Abstract》 시리즈를 쓴 인물입니다. 그는 경제학자 출신으로, 빌딩 관리소에서 빌딩 관리 일을 하면서 밤마다 야구에 관한 책을 썼어요. 1977년부터 제임스는 야구 역사와 데이터에 대해 방대한 문헌을 집필했습니다. 미국야구학회(SABR)에 따르면, 그는 통계 데이터를 이용해 팀의 승패 결정 요인을 과학적으로 분석했답니다.

그의 1980년대 저서인 《Baseball Abstract》는 베이스볼 프로스펙터스(Baseball Prospectus)와 베이스볼 프라이머(Baseball Primer) 같은 세이버매트릭스를 활용한 웹사이트의 선두주자가 되었습니다. 그는 야구의 득점 구조를 해명해봐야겠다는 생각을 했습니다. 야구는 득점해야만 이기는 게임이니까요. 이기기 위해서는 득점의 메커니즘을 규명하는 것이 중요하죠. 기존에 잘 치고 득점하는 타자들만 좋은 평가를 하는 데 반해, 수비를 잘하는 선수에 대한 평가도 중요해서 수비 평가 시스템을 체계화했습니다. 이러한 시스템을 세이버매트릭스로 이름 붙인 것은 이런 이유 때문입니다.

세이버는 아메리칸 야구학회(SABR)입니다. 매트릭스는 측정 기준입니다. 그래서 아메리칸 야구학회의 측정 기준이라는 조어로 만들었던 것입니다. 앨버트 베넷 (Albert J. Bennett)이 저술한 《메이저리그의 수리 과학(원제 'Curve Ball')》은 세이버매트릭스에 대해 알기 쉽게 해설하고 있어요.

"야구에는 다양한 가치 기준·지표가 존재하는데, 세이버매트릭스는 이들의 중요성을 수치화해서 객관적으로 분석했다. 이를 통해 실적 평가에 통계학적 근거를 부여하고자 했다. 그러나 이는 야구 상식인 번트, 도루의 효력을 부정하는 등 야구의 기존 가치관을 뒤엎는 동시에, 제임스 자신이 본격적으로 야구를 뛴 경험이 없는 무명의 작가에 불과해 처음에는 비판적으로 다루어졌다. 이론이 일반화된 현재에도 야구는 데이터가 아니라 인간이 하는 플레이라는 신념을 가진 일부 사람들로부터 환영받지 못하는 풍조도 있다."

이론에 머물던 세이버매트릭스를 실용적으로 활용한 인물이 빌리 빈 GM인 거죠. 앞서 지적한 것처럼, 그는 1997년 이후 2007년까지 10년간 공식 경기에서 901승을 했고, 그동안 팀을 5번이나 플레이오프에 오르게 했죠.

한편, 세이버매트릭스의 창시자인 제임스는 2002년 테오 엡스타인(Theo

Epstein)에 의해 보스턴 레드삭스의 일급 컨설턴트로 초빙되었습니다. 세이버매트릭스가 성공적이었음을 증명한 사례입니다. 영화 〈머니볼〉 마지막 장면에서도 레드삭스의 헨리 구단주가 빌리 빈을 레드삭스 단장으로 초빙하는 장면이 나오는데, 보스톤 레드삭스 역시 세이브매트릭스를 신봉하는 구단이 되었죠.

세이버매트릭스 사고법

세이버매트릭스의 기본 사고는 '① 종래 상식에 구속되지 않고, 도식을 근본부터 다시 파악하라, ② 주관에 의존하지 말고, 객관적 사실에 근거해서 생각하라, ③ 정량적으로 생각하라'입니다. 야구 규칙에 타율이 높은 타자가 우수하다는 정의는 없습니다. 시합의 목적은 상대팀보다 많은 득점을 올려서 이기는 것입니다. 승리하지 못한 팀의 수위 타자는 의미가 약해집니다. 타자의 랭킹이 타율순으로 정리된 것에 의문을 품지 않았다면, 창출된 득점(RC : Runs Created)이 탄생하지 않았을 것입니다.

타율은 득점의 70%를 설명해주지만, RC는 상대편의 에러를 제외할 때, 100% 가깝게 득점을 설명합니다. 그래서 RC를 공식화한 것입니다. 'RC = (안타 + 4사구) × 루타 / (타수+4사구)'인데요, 루타는 단타 1, 2루타 2, 3루타 3, 홈런 4로 총합계를 표시합니다. 이 식에서 득점에 중요한 요소는 안타가 아니라 장타임을 알 수 있죠. 시합에서 승리하기 위해 타자가 할 일은 많은 안타를 치는 것이 아니라 27개의 아웃카운트 내에서 최대한 많은 득점을 올리는 것입니다. 야구에서 득점이 어떻게 생기는지 구조를 생각하면, RC 공식은 다양한 시사점을 던집니다.

제임스는 수비에서도 혁신적인 공식을 발명했습니다. 종래의 수비 평가는 '어깨가 강하다', '수비 범위가 넓다', '포구에서 송구 타이밍이 빠르다', '눈이 빠르다' 등 움직임 관찰로 평가했는데요, 이는 보는 사람마다 평가가 다르게 나타나 객관화가 어려웠죠. 그래서 레인지 팩터(RF : Range Factor)로 지표화했습니다. 'RF = 9×(刺殺, (Put Out) + 補殺, (Assist)) / 플레이한 이닝수'입니다. Put Out은 타자나 주자를 아웃시킨 야수에게 주어지는 수비 기록입니다.

보살(Assist)은 타자나 주자를 아웃시킬 때, 그 과정에 도움을 준 야수에게 주어지는 기록입니다. 좌익수가 강하고 정확한 송구로 홈에서 주자를 잡아내면, 좌익수에게 보살이 기록되고, 포수에게 Put Out이 기록됩니다. RF는 야수가 아웃을 많이 시킬수록 그만큼 실점을 방지하고, 승리 가능성을 높이는 것이므로 수비 능력을 높게 평가받는 지표입니다.

다음은 세이버매트릭스를 채용하는 구단에서 채택하고 있는 주요 평가 기준입니다. 타자의 경우는 OPS(득점 생산성, 출루율+장타율), wOBA(가중 출루율), Spd(발의 빠름), IsoP(장타력), IsoD(4구 출루, 선구안) 그 외에 '리그 평균 타자와 비교해서 어느 정도 득점을 냈는가' 등을 수치화해서 평가합니다. 투수의 경우는, 승리한 경우의 승률, WHIP(1이닝당 몇 명을 출루 허용했는가), K/BB(탈삼진과 4사구 제공 비율), BB/9(4사구 제공비율, 90이닝당 4구), K/9(탈삼진율), 그 외에 한 시합에서 맞은 홈런수, 투수 책임 피홈런수 & 4사구 제공, 탈삼진 등을 수치화해서 평가합니다.

그런데 요즘에는 세이버매트릭스 체계를 넘어서 더욱 다양한 수치화된 이론이 등장하고 있는데요, 트래킹 데이터도 그중 하나입니다. 〈자료 32〉는 세이버매트릭스와 트래킹의 관계를 정리한 것인데요, 트래킹(Tracking)은 고성능 레이다와 카메라를 활용해서 타격, 주루, 수비, 투구 등 그라운드

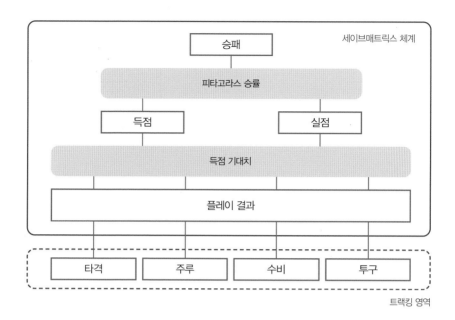

〈자료 32〉 세이버매트릭스와 트랙킹

출처 : 필자 작성

위의 모든 물리적 움직임을 관측, 기록하는 것을 말합니다. 예를 들어, 투구의 궤도, 회전 수를 가시화해서 투구 내용을 상세히 분석할 수 있게 되었습니다. 참고로, 〈자료 32〉에서 피타고라스의 승률이란 빌 제임스가 개발한 공식으로, '피타고라스의 승률 = 득점^2 ÷ (득점^2 + 실점^2)'으로, 팀의 득점과 실점을 통해 통계적으로 타당한 승률을 산출하는 계산식입니다. 현재 MLB 전 구장에 '트랙맨'이라 불리는 시스템이 설치되었고, NPB와 KBO 구장에도 도입되었습니다. MLB에서는 트랙킹 분석이 매우 진전해서 각 선수의 플레이 내용을 세밀하게 분석하고 있습니다. 트랙킹 분석은 5G 기술과 융합해서 관객에게 다양한 볼거리 콘텐츠를 제공할 것으로 보입니다. 이제는 과학으로 야구하는 시대입니다.

ID 야구와 세이버매트릭스

한편, 일본 NPB에서도 세이버매트릭스와 유사한 데이터 야구를 시도했는데요, 일본식 ID 야구가 그것입니다. 일본식 ID 야구를 전파한 인물은 난카이 호크스, 야쿠르트 스왈로스팀을 맡았던 노무라 카츠야 감독입니다. 노무라 감독에게 ID 야구를 배운 다카츠 신고(高津臣吾) 야쿠르트 감독 같은 인물들이 최근 NPB에서 두각을 나타내고 있습니다. 노무라의 ID 야구는 '확률과 근거' 위에 성립되어 있는데요, 즉, '이 투수는 카운트 2-1부터 100% 커브! 그러니까 커브를 노려라'처럼 투수는 카운트에 따라 각자 '투구 버릇'이 있다는 것입니다.

맞는 말입니다. 습관이라는 것이 중요하거든요. 어떤 선수가 어떤 습관을 가지고 있는가를 판별하는 방식이 일본식 스몰 야구로 개화한 것입니다. 확률은 가능성이고 근거는 사실이니까요. 일본의 ID 야구와 MLB의 세이버매트릭스는 데이터 야구라는 관점에서는 같을 수 있지만, 내용을 보면 다른 점이 있습니다. 개인의 실전을 육성하는 주관적인 관점과 팀의 결과를 좌우하는 객관적인 관점이라 할 정도로 완전 별개의 것입니다. 노무라의 ID 야구는 매우 이치에 맞고 결과도 잘 내고 있습니다. '인간×스포츠'가 헤아릴 수 없는 감동을 준다는 일본식 소비자 감성으로 생각하면, 데이터만으로 야구가 성립하지 않다는 것을 알게 됩니다.

이런 상상을 한번 해보죠. 월드 시리즈의 최종전에서 양 팀이 총력전으로 임한 싸움은 긴박함 속에서 진행됩니다. '0 - 0 동점으로 맞이한 9회 말 투아웃 만루! 투스트라이크 스리볼 풀카운트!' 이 장면을 상상해보죠. 전세계 야구팬들이 숨을 고르는 순간입니다. 이 타이밍은 투수와 타자 서로 후회하고 싶지 않은 최선을 다하는 장면입니다. 프로와 프로가 상대하는 싸움입니다. 선구안이 좋아서 4사구를 많이 내는 선수도 제구력이 좋고 혼신을 다해 던지는 투수를 쉽게 공략하기 어렵죠. 이 순간은 데이터 야구로는 측정할 수 없는 싸움입니다. 서로 최선을 다할 뿐입니다. 그래서 스포츠는 각본 없는 드라마가 되는 것입니다. 인생은 드라마로 넘쳐납니다. 인간은 감정으로 행동을 좌우당하기 때문입니다. 다음 한 공으로 경기가 결정되고요. 어떤 결과가 나오든 사람들은 세기의 한 판을 영원히 기억하는 것입니다.

모두가 구단주가 되는
가상 세계

야구 게임 소프트의 발전

이번 주제는 모두가 구단주가 되는 가상 세계, 즉 게임의 세계인데요. 〈자료 34〉는 1970년대 후반의 게임용 야구판입니다. 왼쪽을 보면 야구 배트가 있죠. 투수 마운드에서 볼이 굴러 나오면 스프링 배트를 이용해서 탁 치면 공이 맞아서 필드로 날아가는 것입니다.

〈자료 33〉 최초의 야구판, 1958년

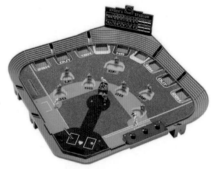

〈자료 34〉 야구판, 1978년
자료 33, 34 출처 : Epoch社 HP

이것은 발전된 유형이고, 그 이전에는 책받침을 동그랗게 오려서 볼펜으로 튕기는 똑딱이 형태의 종이 야구판이 있었어요. 두꺼운 종이로 만들어진 그 판 위에 접혀서 누워 있던 선수를 세워놓고 책받침 공이 거기에 걸리면 아웃이고, 필드의 다른 곳으로 가면 안타가 되는 거죠. 각 지역은 1루타, 2루타, 3루타 구획이 나뉘어 있고요. 물론 펜스를 넘어가면 홈런이 되는 규칙의 야구판입니다.

야구 게임은 어쨌든 이러한 원초적인 야구판 게임에서부터 시작되었습니다. 최초의 시판용 야구판은 1958년 일본 에포크(Epoch)사에서 발매되었는데요, 야구판에 서 있는 선수들은 모두 인형을 올려놓았습니다(〈자료 34〉). 60cm×60cm 사이즈로 가격이 매우 비쌌습니다. 당시 대졸 초임이 1만 2,000엔 시절에 야구판의 가격은 1,759엔이었으니 월급의 15%나 하는 고가 상품이었죠. 야구판은 1960년대를 거치면서 변화구를 장착하는 등 기능이 추가되었습니다. 그런데 무엇보다도 야구판 판매에 영향을 주는 것은 캐릭터였죠. 당시는 요미우리 자이언츠의 인기가 하늘을 찌를 때였는데요, 자이언츠 관련 캐릭터를 넣은 야구판이 잘 팔렸습니다. 그러다가 1978년도에 반다이가 텔레비전 게임을 시판합니다. 아직 아케이드 게임에 이르지 못한 수준이지만, 게임장에 가면 텔레비전 화면 속에 나오는 가장 초보적

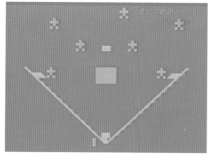
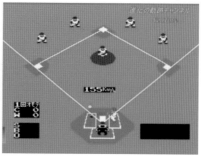

〈자료 35〉 반다이社 'In Television Game', 1978년　　〈자료 36〉 세가社 '패미컴 베이스볼', 1983년
자료 35, 36 출처 : 進化の軌跡 Channel

인 게임인 거죠(〈자료 35〉). 세계 최초의 텔레비전 게임입니다. 모니터에 사람 형태가 나오고, '똑똑똑 띠디디디디' 소리가 들리는 것 같습니다.

그러다가 1983년이 되면 닌텐도의 패미컴과 세가의 아케이드 게임이 동시에 등장합니다. 패미컴은 Family Computer의 일본식 표현인데요, FC라고 약어를 사용하기도 하죠. 게임업체인 닌텐도의 개발자들이 게임 장의 아케이드 게임을 가정 버전으로 만든 것인데요, TV에 연결해 컨트롤러로 작동하는 게임입니다. 하드웨어 패미컴이 등장하면서 야구 소프트가 급속히 발전하는데요, 그러면 또 하드웨어도 개량되는 선순환 구조가 발생합니다.

패미컴이 등장하자 전 세계 소비자들이 이 신기한 기기에 반해 버렸는데요, 판매량을 보면, 일본 1,935만 대, 미국 3,400만 대, 기타 6,191만 대로 합계 1억 1,500만 대가 판매됩니다. 닌텐도는 이후, 1991년에 슈퍼 패미컴(판매량 9,000만 대), 2001년에 닌텐도 게임 큐브(판매량 4,300만 대), 2006년에 새로운 버전인 Wii(판매량 1억 6,000만 대), 2012년에 Wii U(판매량 2,400만 대), 2017년에 닌텐도 스위치(판매량 2억 대) 등 신형 하드웨어를 꾸준히 발매합니다. 물론 경쟁사인 소니의 플레이 스테이션(PS) 등과 치열한 판매 경쟁 우위를 점하기 위한 방법이지만, 결과적으로 이를 통해 다수의 야구 소프트가 등장해서 히트를 치게 됩니다. 〈자료 36〉은 1983년에 세가가 발매한 패미컴 베이스볼입니다.

패미컴에 게임을 장착하면서 화면 구성이 다양해졌습니다. 〈자료 37〉은 슈퍼 패미컴 대응으로 1992년에 남코가 출시한 '슈퍼 패미컴 베이스볼'입니다. 이 게임은 야구 게임의 흥행을 이끈 베스트 셀러입니다. 선수를 테스트해서 팀을 구성할 수 있고, 게임을 통해 선수 레벨을 상승시키는 기능이 충실한 기종이어서 인기가 높았어요. 감독 마인드로 게임을 할 수 있어서 몰입도 및 흥분 지수가 올라가는 색다른 경기 경험을 할 수 있었죠.

〈자료 37〉 남코社 '슈퍼 패미컴 베이스볼', 1992년 　〈자료 38〉 SCE社 'MLB', PS4 2017년
자료 37, 38 출처 : 進化の軌跡 Channel

세가, 남코, 코나미는 게임 소프트를 만드는 회사입니다. 아케이드 게임을 많이 출시했는데, 닌텐도 패미컴 등장 이후, 이 기기에 대응하는 소프트를 출시해 다수의 히트 상품을 만들었습니다. 한편 1995년 소니의 플레이스테이션이 등장하면서 이 기기에 대응하는 소프트도 대거 출시되는데요, 1998년부터 코나미가 아메리칸 베이스볼 MLB를 테마로 시리즈 게임을 만들어내기 시작합니다.

그러다가 SCE가 2010년에 'MLB 2010' 플레이 스테이션 판을 만들어 보급하는데요, 이때부터 3D를 채용해서 화상이 매우 좋아집니다. 선수의 체형이나 얼굴이 실제 인물처럼 보이고, 실제 선수와 비슷한 다양한 기능을 사용할 수 있게 되었죠. 게임 소프트가 점점 진화하면서 선수 데이터를 자유자재로 조작 가능한 게임기도 등장하는데요, SNS사가 2017년에 MLB 플레이스테이션 4를 대상으로 한 게임을 발매합니다.

모두가 구단주가 되는 게임

　간략하게 야구 게임기 진화의 궤적을 살펴봤는데요. 최근에는 국내 엔씨소프트 계열사가 관점이 다른 야구 게임을 만들었습니다. 구단주가 되어서 조작하는 '프로야구 H3'라는 게임입니다. 이것은 구단주 입장의 게임이에요. 이 책의 테마가 구단주 아닙니까? 구단주 택진이 형을 소재로 하고 있는데요, 엔씨소프트가 자신들도 야구 구단을 만들고 운영하면서 야구단과 연계해서 기존 게임과는 다르게 감독 관점이 아닌 구단주 관점의 게임을 만들게 된 것이죠. 이 게임의 콘텐츠는 현실 구단에 프런트가 있는 것처럼, 구단 가치를 높이기 위해 각 분야의 전문가들로 구성된 5개 팀이 존재합니다. 정책 조정실, 전력 분석실, 마케팅팀, 메디컬팀, 스카우트팀이 존재해서 이들이 각각의 정보를 활용해서 구단을 강하게 만드는 구성입니다. 구단의 전력 강화를 위해서는 구단 안건이라는 것을 완료해야 하는, 일종의 미션 개념으로서 각 팀이 안건을 제안하면 이를 수행, 완료시켜 구단의 성적을 강화하는 것입니다. 구단을 파워업시키는 거죠. 그래서 각 팀은 구단 성장을 위해서 다양한 안건을 구단주에게 제안하고, 팀별 안건을 수행하면 해당 팀의 레벨이 올라서 더 좋은 안건을 가져올 수 있죠. 그리고 스카우트를 통해 선수를 영입할 수도 있습니다.

　아울러 이적 시장이라는 거래소 콘텐츠를 제공하는데 이적 시장에서는 유료 재화를 통해 선수를 판매하거나 구매할 수 있습니다. 즉, 현질의 장소라고 표현할 수 있습니다. 스마트폰을 이용하는 국내 거의 모든 게임에는 현찰이 움직이고 있습니다. 현질이라고 하죠. 현찰을 지르는 거예요. 게임 유저 입장에서 좀 더 강력한 팀을 구성하고 싶으면 현찰을 지불해서 이적 시장이라는 거래소 콘텐츠에서 훌륭한 선수들을 사오는 것입니다. 현질해서 강한 선수를 데려올 수 있는 구조인 거예요. 현실에서도 강하고 좋은 구단이 되려면 좋은 선수를 비싼 값에 사와야 하잖아요. 똑같은 구조가 가상 게임 현실에서도 이루어지고 있는 것입니다. 가상 세계에서 실물도 아닌데, 이런 것들을 매매하고 있는 것입니다. 어쨌든 가상 세계 게임이 현질의 장소가 되기 때문에 이것이 나중에 엔씨소프트에 문제가 됩니다.

〈자료 39〉 엔씨소프트社 '프로야구', 2022년

출처 : 엔씨소프트

그런데 게임에서는 딥 러닝이라고 해서 컴퓨터가 자율학습을 합니다. 딥 러닝을 활용해서 주요 지표별 리그 평균과 유저의 기록을 비교한 데이터를 제공합니다. 그래서 기록이 별로 안 좋은 유저들은 또 현금을 통해서 아이템을 새로 사야 하는 것이죠. 딥 러닝은 구단 선수 기록과 다양한 상황 등을 세분화한 세이버매트릭스 지표를 제공합니다. 그리고 AI 센터와 협업해서 다양한 뉴스를 유저에게 바로 노출시키는 기능도 추가합니다. 현실과 비슷하게 "오늘 현재 SSG 랜더스가 10연승을 했습니다. 누가 지금 홈런을 몇 개 때렸습니다" 이런 현실적인 스토리를 게임에 막 집어넣는 거예요. 현실과 가상이 헷갈리는 거죠.

이런 것이 구단주로 빙의해서 하는 게임입니다. 구단주 입장에서는 구단 소속의 팀 하나하나와 한 선수, 한 선수가 중요하고, 그들을 잘 구성해서 구단을 제대로 만드는 것이 굉장히 중요한 거죠. 이러한 역할을 해본 사람들은 용진이 형과 택진이 형이 구단을 어떻게 만들고, 잘 육성하는지가 보이겠죠.

팬과 더
가까워지는 방법

새로운 시도 : 한화이글스, 클럽하우스

앞서 프로스포츠의 DX화에서 필자는 팬과의 접점을 강조했습니다. 팬과의 커뮤니케이션 확대가 중요함을 피력했습니다. SNS를 통한 팬과의 접점이 늘어나면서, 구단의 전략적이고 적극적인 커뮤니케이션 능력이 중요한 화두가 되었죠. 스포츠 신문이나 잡지 등 일방적인 정보 전달 시대와 달리 트위터, 인스타그램, 유튜브는 소비자가 확대 재생산하는 개인 미디어이기 때문에 이들 소비자를 따라가려는 전략이 필요한 것입니다. 이런 상황에서 구단의 홍보와 관련된 SNS는 누가, 어떤 시각을 가지고 전달해야 전략적인가를 고민하게 되는 거죠.

이런 의미에서 국내 온라인 동영상 서비스(OTT) 플랫폼 왓챠가 오리지널 다큐멘터리로 제작한 〈한화이글스 : 클럽하우스〉는 매우 의미 있는 사례입니다. 2022년 3월 말에 방영하자마자 기대 이상으로 흥행이 되었습니다. 이미 국내에는 관찰 예능이 일상화된 지 오래죠. 유명 연예인의 가정과 회사, 일하는 현장에 카메라가 들어가서 그들의 일거수일투족을 보여주자 대중은 즉각 반응했죠. 멀게만 느껴졌던 연예인도 우리와 다르지 않다는 친근감을 느낀 거죠. 그래서 TV는 온통 관찰 예능으로 도배되었습니다.

그런데 이런 것을 스포츠 구단에서 보여주면 어떨까? '야구팬이 입장할 수 없는 선수들만의 공간, 야구장 곳곳에서 선수들은 어떤 모습을 하고 있을까?' 궁금해하는 팬들이 많습니다. 그것을 자연스럽게 보고 싶고, 기대하는 스포츠팬들의 수요가 분명히 있습니다. 프로야구 구단 운영을 다룬 〈스토브리그〉라는 TV 드라마가 히트를 칠 정도로 국내 프로야구도 대중의 관심을 많이 받고 있어요. 〈스토브리그〉가 잘 구성된 각본의 드라마였다면, 〈한화이글스 : 클럽하우스〉는 필드 뒤편에서 일어나는 솔직한 이야기여서 대중이 더 관심을 갖게 된 것입니다.

1999년 한국 시리즈 첫 우승 경험을 빼고, 만년 꼴찌를 하는 구단의 리빌딩 이야기는 팬 입장에서 흥미진진합니다. 새롭게 영입된 감독은 클럽하우스 입구에 게시된 1999년 우승 사진을 보면서 '내가 저 사진 대신에 새로운 우승 사진을 걸겠다'라는 결심을 하겠죠. 그것을 이루지 못하고 떠난 감독은 셀 수 없이 많았고요. 그래서 구단은 늘 리빌딩의 욕구가 강한 것입니다. 그런데 결과적으로 국내 최고 감독들을 초빙했음에도 리빌딩은 실패했습니다. 성적에 대한 압박감 때문입니다. 특히, KBO리그는 외국인 용병 의존도가 높아서 더 그런 것 같습니다.

외국인 용병은 즉각적인 전력입니다. 육성 선수들과는 다르죠. 일반적으로 투수 2명, 야수 1명의 구조로 외국인 선수 구성을 하는데요, 스토브리그에 프런트가 열심히 움직여서 진용을 잘 짜서 시즌을 준비합니다. 그런데 시즌 개막 후, 2달이 지나면 외국인 용병 교체설이 여기저기서 나옵니다. 실전에 등장하면서 결과가 나오는 거죠. 단장과 프런트는 바쁘게 미국에 출장 다니죠. 이런 상황이 팀 분위기를 어수선하게 만듭니다.

15승 이상 할 수 있는 2명의 외국인 투수를 보유하면, 팀은 무조건 안정됩니다. 한국 시리즈에서 우승한 팀은 거의 이러한 구조를 잘 만든 곳이죠. 니퍼트(Nippert) 선수가 7년이나 버틸 때, 두산은 포스트 시즌 단골이었고, 우승도 2회나 했습니다. 오죽하면 팬들이 '니느님'이라고 찬양했을까요. 기아는 2017년 헥터(Hector) 선수가 있을 때 우승했고, SK도 켈리(Kelly) 선수가 잘 해줬을 때, 우승했죠. 2019년에 두산은 다시 린드블럼(Lindblom) 효과를 봤고요. NC도 2020시즌에 루친스키(Rucinski) 효과를 톡톡히 보며 창단 9년 만에 첫 우승을 거뒀습니다. KT 위즈도 2021년에 쿠에바스(Cuevas)와 데스파이네(Despaigne)의 원투 펀치를 통해 창단 7년 만에 저비용, 고효율의 우승을 일궜습니다.

KBO에서 외국인 용병 효과는 이렇게 큽니다. 이른바 '외국인 농사' 성공이 중요한 테마입니다. 구단이 리빌딩을 할 때, 안정적인 외국인 농사가 이루어지면 긍정적인 리빌딩이 되는데요, 그렇지 않으면 구단은 더 어수선해집니다. 더 부정적일 수가 있죠. 단장과 프런트가 이런 일로 바빠지면 구단이 동요합니다. 경험 없는 선수들은 더 동요하는 상황이 만들어지고요. 결과적으로 하위 팀일수록 성적이 따라주지 않으니 리빌딩만 하다가 끝나는 것처럼 보이는 것입니다.

그런데 이번엔 앞선 리빌딩과는 다르다는 것을 보여주고 싶었죠. 그래서 다큐 프로도 만들었던 것이겠죠. 이렇게 절실한 리빌딩을 위한 한화이글스 프런트와 선수단의 변화, 그 성장 스토리를 담아서 더 진지합니다. 만년 꼴찌 한화이글스는 팀 내 베테랑 선수들을 대거 방출하고, 젊은 선수들을 중심으로 개편하죠. 이를 위해 리빌딩 경험이 있는 수베로(Subero) 감독을 영입하고, 신인 육성에 힘을 쏟습니다. 영상 속에는 삼진을 당한 고참 선수가 과격하게 방망이를 때려 부수고, 어떤 선수는 투구에 불안감을 느껴 눈물도 흘립니다. 작품은 단순히 한화이글스의 성적과 결과에만 초점을 맞추지 않고, 과정에 집중합니다. 모든 과정에 선수들이 속마음을 터놓고 이야기하며, 보다 진정성 있게 다가갔던 것이 히트 콘텐츠가 된 이유입니다.

그런데 이런 진정성 있는 다큐는 위험성도 수반합니다. 선수들의 분노와 눈물에 선한 감정을 섞어준 팬과 시청자들이 갑자기 돌변해서 비난을 퍼부을 수도 있기 때문이죠. 팬과 시청자는 언제 이렇게 변할까요? 이번에는 진짜 믿었는데, 또 리빌딩만 하다가 끝났다는 자조가 터져 나올 때입니다. 그나마 서포터즈 레벨의 팬은 끝까지 지켜줄 수 있지만, 일반 시청자는 다르죠. 팬을 확실히 늘릴 수 있는 기회가 오히려 실망팬의 이탈로 이어질 수 있는 것입니다. 해야만 하는 것, 하고 싶은 것, 할 수 있는 것을 무리 없이 진행할 수 있으면 강한 기업입니다. 그러나 보통은 세 번째 항목인 할 수 있는 것에서 막힙니다. 그래서 혁신은 어려운 것입니다. 그 어려운 것을 세상에 공표하고 시작할 때는 보통 결심이 아닌 거죠. 지금은 그런 태도를 격려할 때인 것 같습니다.

팬과 더 가까이, 서비스

팬과 가까워지는 방법은 우선 경기를 잘하는 것입니다. 재미있게 잘한다면 금상첨화고요. 이기는 경기가 많아지면, 자연스럽게 팬은 경기장으로 모이고 TV 채널은 응원 팀을 중계하는 곳에 멈추게 되는 거죠. 프로스포츠는 이기는 모습을 보여줘야 합니다. 팀이 이기는 모습, 강한 모습을 보여주면 스타디움의 분위기가 바뀝니다. 팬들은 시합 시간 한참 전에 와서 관전합니다. 선수들이 몸 푸는 것도 보고, 오늘 어떤 선수들이 컨디션이 좋은지 살피며 선수들에게 승리의 기를 전달합니다. 그리고 경기에 이기면 그 여운을 즐기기 위해 시합 종료 후에도 히어로 인터뷰도 같이 참여하고, 마무리 응원도 합니다. 경기 뒤에 남아서 게임에 이긴 선수들과 같이 호흡하는 이벤트에 참여하는 것입니다. 평균 5시간 정도를 경기장에서 보내는 흐름으로 갑니다.

국내에는 경기장 '치맥'이라는 키워드가 있죠. 치맥을 즐기면서 프로야구를 관람하는 것은 KBO의 특징입니다. 경기장에서 치맥은 비일상의 체험을 상징하는 용어입니다. 바쁜 현대인에게 5시간 동안의 비일상적인 설렘을 체험할 수 있는 것은 멋진 경험입니다. 그래서 프로야구 스타디움이 10만 원으로 가족 4명이 5시간 이상을 즐길 수 있는 어뮤즈먼트 파크가 되는 것입니다. 게다가 구단이 스타디움을 가격대에 맞춘 다양한 좌석으로 구성했기 때문에 데이트하는 연인들은 비싼 좌석으로 갈 수도 있고요.

비일상 체험 이미지는 각자의 예산으로 정하면 되는 것이죠. 이런 유원지는 없었습니다. 반복해서 가도 매번 콘텐츠가 다르기 때문에 가능한 것이죠. 프로야구 스타디움의 가치가 이렇게 변화하는데, 팬들에게 그곳에 더 머무를 가치를 부가하는 것이 구단의 의무입니다. 경기는 매일 '각본 없는 드라마'로 전개되지만, 선수들 몸 푸는 시간과 게임 종료 후에도 특정 서비스를 부가하면 팬들이 즐거워하지 않을까요.

좋은 사례가 있어서 소개하겠습니다. 오릭스 버팔로스 구단은 2014년부터 야구장 치어리더에 혁신을 취해서 새로운 팀인 'Bs Girls 오릭스'를 만

〈자료 40〉 Bs Girls 오릭스

출처 : 오릭스 버팔로스 구단 홈페이지

들었는데요, 팬들은 BsG라고 부릅니다. BsG는 공식적인 댄스, 보컬 유닛입니다. 유닛이라는 단어를 쓰는 이유는 멤버 구성의 가변성을 위해서입니다. 이들은 매년 신규로 멤버를 구성해서 활동하다가 졸업도 시키는 구조입니다. 팀 이름으로 CD를 발매한다든가, 단독 공연을 진행하고 있습니다. 한마디로, BsG는 걸그룹입니다.

프로젝트 걸그룹을 구단의 치어리더로 육성해서 야구장에서 작은 콘서트를 개최합니다. 경기가 시작되기 전에 BsG를 통해 관중에게 즐거움을 주고, 이 콘서트를 보기 위해 관객은 경기장에 일찍 입장해서 음식을 즐기면서 비일상을 즐기는 것입니다. 즉, 경기장에 집객을 도모하고 고객과 친근한 분위기를 조성하는 것이죠. 오릭스 교세라돔은 경기 시작 1시간 전부터 걸그룹이 나와서 흥을 돋우는 구조입니다. 이렇게 관중이 모이면 팀은 강해집니다. 결과적으로 오릭스는 2022년에 센트럴리그의 야쿠르트를 이기고 26년 만에 일본 No1.에 올랐습니다.

　다음은 세이부 라이온스에서 시도한 서비스로, 스타디움의 외야 그라운드에 텐트를 치고 야영하는 이벤트입니다. 한마디로 야구장에서 캠핑하는 것입니다. 여름날에 며칠 동안 홈구장에 경기가 없는 때가 있죠. 원정 경기에 가면서 홈 경기가 없을 때나, 올스타 게임으로 홈 구장이 휴무가 될 때, 팬들을 야구장 그린에 초대해서 캠프 야영을 체험하는 것입니다. 야구장 잔디 위에 텐트를 치고, 달이 보이는 밤에 야영을 하고 하루를 놀 수 있는 이벤트를 제공하는 것입니다. 팬들과 아이들을 함께 초청해서 캠핑하는데, 팬들에게는 관중석에서만 내려 보던 그 경기장에서 야영을 할 수 있으니 굉장히 특별하게 느껴질 것입니다. 아이들에게는 잊을 수 없는 추억이 되는 것이고요. 아쉽게도 세이부 라이온스가 돔구장을 만들어서 중단이 되

〈자료 41〉 세이부 라이온스 야구장 여름 캠프
출처 : 세이부 라이온스 홈페이지

었지만, 아주 훌륭한 이벤트였습니다.

구단은 찐팬들을 위해서 항상 색다른 추억을 선물해야 합니다. 그런 의미에서 구단은 팬들이 체험하고, 추억을 쌓을 수 있도록 사계절 내내 스타디움을 색다르게 이용할 수 있도록 창의적인 발상을 해야 할 것입니다.

팬 비즈니스 모델의 어려움 극복

애플도 견학한 세계적인 아웃도어 기업이 일본에 있습니다. 스노우피크 (Snow Peak)라는 회사인데요, 흔히 '캠핑용품의 에르메스'라고 불리는 기업입니다. 이 회사는 팬 비즈니스(Fan Business) 모델을 실천하는 것으로 유명한데요, 비록 업종은 다르지만, 팬에 대응하는 관점을 살펴보죠. 스노우피크는 매출과 경기 변동에 영향을 받지 않는 사업 구조를 만드는 노력을 합니다.

먼저 '스노우피크 웨이' 이벤트인데요, 우수 고객을 캠핑장에 초대해서 2박 3일 동안 스노우피크 사원들과 함께 생활하는 것입니다. 캠핑 생활을 하면서 자사 제품 교육은 물론, 고객 커뮤니티를 만들어 브랜드 충성도를 높이는 것이 포인트입니다. 경쟁 제품보다 2배 이상 비싼데도 불구하고, 품질을 믿고 구매한 제품을 영구 보증해주는 것도 충성도를 높이는 방법이죠. 아울러 포인트 카드 회원제를 실시해, 고객의 라이프 타임 밸류를 극대화하고 있습니다. 타사가 연간 단위로 회원 등급을 채택하는 데 반해, 스노우피크는 평생의 생애 등급을 강화합니다. 누계 구입 금액이 100만 엔 이상 블랙 회원, 300만 엔 이상 사파이어 회원으로, 제품 영구 보증에 상응하는 대우를 해줍니다. 포인트 카드 회원 수는 55만 명으로, 회원을 중심으로 커뮤니티가 만들어지고, '스노우피크 웨이' 이벤트가 이루어집니다.

즉, 스노우피크는 마케팅을 전혀 하지 않아요. 상대적으로 품질에 중심을 두고, 제품을 사용하는 고객 시점을 중시합니다. 고객 시점은 '스노우피크 웨이'와 각종 커뮤니티, 영구 보증과 연결된 수선소 등 다양한 장소에서 획득합니다. 그런데 스노우피크에서 가장 중요한 자원은 직원들입니다. 캠핑을 좋아해야 스노우피크 사원이 될 수 있는 자격이 부여되기에 사원은 최소 한 달에 2번은 본사 앞 캠핑장에서 캠프를 한 뒤, 월요일 아침에 출근하는 룰이 적용됩니다.

이것은 상하(上下)가 없어요. 사장도 참여하는 룰이죠. 아울러, 사원은 스노우피크 웨이에 늘 참석해야 합니다. 좋아하는 것만 업무로 하는 경영이 된 것이죠. 시대가 다변화하면 마케팅은 한계가 있습니다. 상품 개발도 마케팅에 의존하는 것보다 철저하게 소비자 입장에서 깊이 고뇌하는 기업이 더 강한 것인데요, 스노우피크가 전형적인 사례입니다. 스노우피크는 소비자 해석 능력을 통해 비싸지만 선뜻 구매하는 브랜드를 만들었고, 캠핑용품의 에르메스라고 불리게 된 것입니다.

한편, 2015년 이후 스노우피크는 사업의 확장을 시작합니다. 캠프필드 사업, 어패럴 사업, 스노우피크 Eat 사업, 비즈니스솔루션 오피스 사업, 어반 아웃도어 사업인데요. 사업 노선을 확장하는 것이 상장 회사의 숙명이기 때문이죠. 그러나 스노우피크가 추구하는 팬 비즈니스 모델 관점에서 보면, 사업 확장은 다양한 문제를 노출합니다. 규모 확장에 의한 포인트 회원의 증가는 팬 비즈니스에 악영향을 미칩니다. '캠핑용품의 에르메스'에 열광적이었던 팬들은 오랜 기간 관계를 맺은 소수였죠. 그들은 커뮤니티가 자랑스러웠고, 가치 있게 여겼죠.

그런데 다수의 초심자들이 참여하면서 자부심이 침해당하고, 레귤러 회원이 증대하면서 커뮤니티의 가치가 조금씩 훼손당했어요. 게다가 스노우피크가 자랑하는 '스노우피크 웨이' 이벤트에 참여할 수 있는 인원도 한 회당 전체 회원의 2%에 그치면서, 결과적으로 진성 고객이 이탈하는 상황이 되었습니다. 그래서 팬 비즈니스 모델의 유지가 어려운 것입니다. 생애 고객 관리를 철저히 하는 것은 매우 중요하죠. 제가 굳이 지면을 할애해서 스노우피크 사례를 드는 것은 프로야구 구단이 배울 점이 많기 때문입니다. 생애 고객이라는 관점에서 더 그렇습니다. 프로야구팬이 되는 과정은 여러 가지가 있지만, 그 팬을 평생 유지하는 방법은 동일합니다. 팬 친화적인 경영을 하면 됩니다.

그렇다면, 팬 친화적인 구단 경영은 어떤 걸까요? 우선 좋은 제품을 만들어야 합니다. 명품 구단이 되어야 하는 거죠. 명품은 무엇인가요? 모든 사람이 인정하는 품질과 전통을 가진 상품입니다. 소유한 사람은 과시하고 싶고, 그렇지 못한 사람은 동경과 모방하고 싶은 상품이죠. 앞서 '캠핑용품의 에르메스'라는 표현을 사용했는데, 이렇게 에르메스의 권위는 다른 상품마저 빛나게 해줍니다. 즉, 명품 구단은 경쟁 상대마저 빛나게 해줍니다. TV 시청률도 제고되니까요.

앞서 NPB 요미우리 자이언츠의 사례가 그랬습니다. 자이언츠는 품질과 전통이 있죠. 일본 시리즈 우승을 22회나 달성했고, 연속 9회나 달성한 V9의 명예도 있고요.. 게다가 한 팀, 한 브랜드로 100년을 이어온 전통이 있습니다. 할아버지와 함께 경험했던 고라쿠엔(後樂園) 야구장, 그곳에서 응원한 자이언츠팀의 기억은 자기 아들과 함께한 도쿄돔구장으로 이어집니다. 종교나 지지하는 당을 4세대가 공유할 수 있을까요? 4세대가 함께 추억을 공유할 수 있는 것이 프로야구입니다. 명품 구단은 이런 점을 의식합니다. 그래서 생애 고객이 가능한 것입니다.

KBO에서 LG, 롯데, 기아 구단의 팬이 느끼는 감정은 이와 유사합니다. 이들 구단 성적이 좋을 때는 KBO 전체 관객 수도 증가합니다. 팬은 순수합니다. 팀이 이기는 경기를 해주면 즐거워하고, 강한 팀의 이미지를 유지해주면 늘 지지하는 것입니다. 구단이 스노우피크의 생애 포인트 카드 제도와 '스노우피크 웨이' 이벤트 같은 사례를 적용해서 운영하면 그 가능성은 더욱 높아지는 거죠. 앞서 세이부 라이온스가 스타디움의 외야 그라운드에 야영 캠프를 개최했었죠. 스노우피크의 '스노우피크 웨이'와 캠핑이라는 같은 키워드를 공유했는데, 찐팬들을 선택해서 실시하는 프로그램입니다. 두 업체가 캠핑을 협업한다면, 각각의 팬들에게 서비스의 새로운 가능성을 제시해줄 것입니다.

프로야구의
ESG 경영

승부 조작 사건

프로야구의 ESG 경영은 매우 중요한 이야기인데요, 프로야구에서는 특히 도덕성이 문제입니다. 프로야구의 도덕성에서 제일 중요한 이슈는 승부 조작입니다. 프로스포츠가 모두 그렇듯이, 프로야구 역시 승부를 내는 게임이기 때문에 앞서 CHAPTER 2에서 지적한 것처럼 스포츠 복권이나 사설 도박과 연결되는 3차 위성 시장이 확대됩니다. 복권과 도박에 연결되면, 금전적으로 누군가에게는 유혹도 생기겠죠. 도덕적 해이는 언제나 슬금슬금 다가옵니다. 이것은 MLB나 NPB, KBO 모두 마찬가지입니다.

MLB에서는 1919년에 '블랙 삭스 스캔들'이 발생합니다. 블랙 삭스 스캔들은 월드 시리즈에서 발생한 승부 조작 사건입니다. 당시 시카고 화이트 삭스가 실력에서 우위에 있었는데, 상대인 신시내티 레즈팀에게 3승 5패로 시리즈 우승을 내줍니다. 그런데 시리즈 이전부터 일부 선수가 도박에 연계되어 있다는 이상한 소문이 있었어요. 그렇게 이 일은 신문에 폭로됩니다. 진상을 살펴보니 화이트 삭스 주전인 8명의 선수가 뇌물을 받고서 게임에 져준 것입니다. 이것이 문제가 되니까 월드 시리즈를 돈으로 팔아먹었다고 미국 스포츠 업계에 난리가 난 것입니다.

이들 선수들이 재판장에 들어가는데, 어린 꼬마팬이 울면서 자기의 우상이었던 조 잭슨(Joe Jackson)이라는 선수에게 "Say it ain't so Joe!(거짓이라고 말해주세요, 조!)"라고 말합니다. 이 말이 지금도 회자됩니다. 이 사건을 테마로 영화 〈Eight men Out : 여덟 명의 퇴출〉, 〈Field of Dream : 꿈의 구장〉이 제작되었을 뿐만 아니라 거짓말하고 사기 치는 스캔들이 있을 때, 이 이야기는 신문 카피 헤드 카피로 쓰이고 있습니다. "거짓말이라고 말해주세요"라는 꼬마팬의 절규가 MLB를 얼마나 수치심에 떨게 했는가를 알 수 있습니다.

그런데 일본 NPB에서도 1969년에 '검은 안개 사건'이라는 스캔들이 발생합니다. 니시테츠 소속 6명의 선수가 승부 조작에 개입했죠. 이들은 사건을 인정하고 영구 제명되었습니다. 2015년에는 요미우리 자이언츠 소속 3명의 선수가 또 승부 조작에 개입됩니다. 이들 또한 영구 제명되었어요. 그러면서 요미우리 구단이 제재금으로 1,000만 엔을 내고, 구단 대표도 인책, 사임했습니다. 구단 오너도 감봉 처분을 받았는데요, 이 처분 후에 창피해서 사임해버렸어요.

그러자 2015년에 승부 조작 재발 방지책을 NPB에서 발표합니다. 미국, 일본에서 이렇게 심각한 승부 조작 문제가 있었는데, KBO라고 없는 게 아니죠. 2012년에 불법 도박 사이트와 연계해서 KBO 최초의 승부 조작 사건이 벌어집니다. LG의 박 모 선수, 김 모 선수가 구속되고 KBO는 곧바로 두 선수를 영구 제명합니다. 드러난 승부 조작의 사례는 이렇습니다. 1회 첫 타자에게 볼넷으로 내보내는 것에 배팅을 한 업자를 도와준 것입니다. 선발 투수가 상대 첫 타자에게 볼넷을 내주고 불법 자금을 챙긴 것입니다.

1회 무사 1루를 내주면 앞서 NPB 평균 득점 기대 확률이 40.2%였죠. 주자 없이 시작할 때 25.2%에 비해 확률이 15%나 상승하는 것입니다. 경기의 흐름이 확 바뀌는 거죠. 이렇게 시작해 점점 대담해지기 마련입니다.

결국, 더 큰 사건이 터지죠. 2016년, KBO 두 번째 승부 조작 사건입니다. NC 이 모 선수와 넥센의 문 모 선수가 불법 도박 사이트에 연루되어 일을 벌입니다. 두 선수 모두 구속되었고, 영구 제명 처분을 받았어요. 그런데 이때는 문제가 KBO 범위를 벗어나 사회적인 이슈로 대두되었습니다. 〈PD수첩〉과 〈그것이 알고 싶다〉 등 고발 프로그램에 방송된 것입니다. 방송 이후에 사회적으로 큰 파문이 일었습니다. 심지어는 정치권까지 참견하는 상황이 된 것입니다.

승부 조작 사건은 '각본 없는 드라마'라고 하는 프로야구 경기의 재미를 팔아버린 것입니다. 그리고 구단과 선수에 대한 신뢰가 상실되어버렸죠. 결과적으로 팬들이 프로야구를 외면하고 등을 돌리는 현상이 벌어진 것입니다. 엎친 데 덮친 격으로 NC의 다른 선수도 승부 조작에 연관된 것으로 보도가 나왔는데요, 이 문제는 수사를 통해 관련 없음으로 종결되었습니다. 이 과정에서 NC 구단이 사건 은폐를 시도한 의혹이 있었는데, 2017년에 검찰이 NC 구단에 무혐의 처분을 내려서 사건은 종료되었습니다.

그러나 NC는 이 사건으로 큰 상처를 입게 됩니다. 팬들 사이에 NC 구단과 선수에 대한 응원을 철회하는 사태도 발생했죠. 이때 택진이 형은 쇄신을 위해 변호사 출신의 법무 담당 부사장을 영입합니다. 부사장이면 높은 직급이죠. 그렇게 법률 담당 임원을 통해 프로야구 선수의 직업 윤리의식을 교육하고, 구단의 흐트러진 조직을 재건합니다. 나름대로 손 빠른 대응이었습니다.

MLB	1. Black Sox Scandal(블랙 삭스 스캔들) – 1919년, MLB '월드 시리즈'에서 발생한 승부 조작 사건 – 당시 우위에 있던 '시카고 화이트 삭스'가 상대팀 '신시내티 레즈'에게 3승 5패로 월드 시리즈 패배. 시리즈 이전부터 소문에 있던 도박 연계가 신문에 폭로됨 – 화이트 삭스 주전 8명의 선수가 뇌물 수뢰, 게임에서 저준것으로 판명 '월드 시리즈를 돈으로 팔았다'라고 미국 스포츠계가 충격에 휩싸임 2. Say it ain't so Joe!(거짓이라고 말해줘요. 조!) – 선수들 재판장에서 어린 꼬마가 우상이던 조 잭슨 선수에게 "Say it ain't so Joe!"를 외침 – 이 사건을 테마로 영화 〈Eight men out〉, 〈Field of dream〉이 제작됨
NPB	1. 검은 안개 사건 1969년 니시테츠 소속 6명의 선수가 승부 조작에 개입 / 영구 제명 2. 2015년 사건 　요미우리 자이언츠 소속 3명의 선수가 승부 조작에 개입 / 영구 제명 – 요미우리 구단 제재금 1,000만 엔, 대표 인책 사임, 구단 오너 감봉 처분 후 사임 – 재발방지책 발표
KBO	1. 2012 사건 – 불법 도박사이트와 연계한 KBO 최초의 승부 조작 사건 – LG 박현준, 김성현 구속, KBO 2선수 영구 제명　사례) 1회 첫 볼넷 투구 2. 2016 사건 – KBO 두 번째 승부 조작 사건 / 이태양(NC), 문우람(넥센) 불법도박사이트 연계, 2선수 구속, 영구 제명 / 〈PD수첩〉, 〈그것이 알고 싶다〉 등 방송 화제 – NC의 다른 선수들이 연관된 것으로 보도, 수사 후 관련 없음으로 종결. 그러나, NC구단의 은폐 시도 의혹 / 2017년 검찰, NC구단에 무혐의 처분, 종료 3. 2017, 심판매수 사건 – 특정구단이 심판에게 금전 지불, KBO, 구단 엄정경고처분, 종료

1. 각본 없는 드라마 재미 상실　2. 구단, 선수 신뢰 상실　3. 팬들의 외면

〈자료 42〉 프로야구의 승부 조작

출처 : 필자 작성

2018년에 팀은 리그 최하위 10위를 했지만, 혁신을 위한 기간으로 팬과 구단 모두가 감내했습니다. 2019년에는 리그 5위로 다시 올라섰습니다. 그런데 상황이 나아졌다는 속단이 다른 문제를 일으킵니다. 2년 만에 법률 담당 임원이 퇴사하고, 다시 모회사인 엔씨소프트의 임원이 구단의 경영진으로 움직입니다. 팬들도 용서했고, 팀도 안정이 되었다고 판단한 거죠. 실제로 그런 줄 알았습니다. 2020년에 NC 다이노스가 한국 시리즈 우승을

하고 리니지의 집행검을 들어 올렸으니까요. 그러나 문제는 다른 곳에서 터집니다.

도덕적 해이와 노이즈

NC 다이노스가 도덕성 문제를 위협받는 일이 다시 벌어졌습니다. 2021년 7월 방역 수칙 위반 음주 사건입니다. 2021년 3월, KBO가 코로나 19 통합 대응 매뉴얼을 발표합니다. 2020년에 코로나로 인해 게임 손실을 많이 봤기 때문에, 2021년에는 리그를 강행하겠다는 의지를 보이죠. 그래서 자가 격리 대상자를 제외한 대체 선수로 프로야구를 중단 없이 운영하겠다고 선언합니다. 그런데 2021년 7월 12일에 KBO가 갑자기 리그 중단 사태를 발표했어요. 특정 구단의 이해 관계에 따라 KBO 이사회가 움직인 것입니다. 일부 구단이 코로나 피해가 크다면서 리그 중단을 선언하자 다수 구단이 침묵하고 동의한 거죠. 그러면서 자연스럽게 3월의 매뉴얼을 포기한 것입니다. 자기들의 결정을 번복한 거죠.

그런데 왜 이런 일이 벌어졌을까요? 그 뒷이야기가 2021년 7월 13일에 밝혀집니다. NC 다이노스 소속인 4명의 선수가 원정 경기 숙소에서 지인 여성들과 음주를 하다가 코로나 확진 판정을 받았어요. 정부의 코로나 방역 수칙 위반은 물론, 원정 숙소에서 외부인과 음주라는 일탈 행위가 있었던 것입니다. 그래서 은폐를 했던 것이지요. 그런데 이 소식이 언론 사회면에 대서특필 됩니다. 프로야구에서 이런 물의를 일으키면 언제부터인가 큰 파장을 불러옵니다. KBO는 신속히 이 파장을 끄기 위해 NC 소속 4명 선

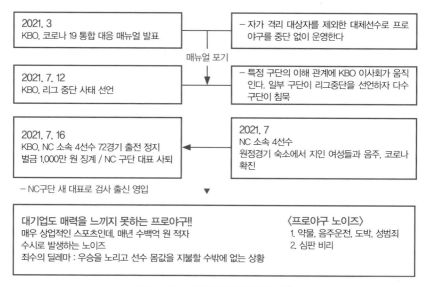

| 2021. 3
KBO, 코로나 19 통합 대응 매뉴얼 발표 | → | - 자가 격리 대상자를 제외한 대체선수로 프로
야구를 중단 없이 운영한다 |

매뉴얼 포기

| 2021. 7. 12
KBO, 리그 중단 사태 선언 | → | - 특정 구단의 이해 관계에 KBO 이사회가 움직
인다. 일부 구단이 리그중단을 선언하자 다수
구단이 침묵 |

| 2021. 7. 16
KBO, NC 소속 4선수 72경기 출전 정지
벌금 1,000만 원 징계 / NC 구단 대표 사퇴 | ← | 2021. 7
NC 소속 4선수
원정경기 숙소에서 지인 여성들과 음주, 코로나
확진 |

- NC구단 새 대표로 검사 출신 영입

| 대기업도 매력을 느끼지 못하는 프로야구!!
매우 상업적인 스포츠인데, 매년 수백억 원 적자
수시로 발생하는 노이즈
죄수의 딜레마 : 우승을 노리고 선수 몸값을 지불할 수밖에 없는 상황 | 〈프로야구 노이즈〉
1. 약물, 음주운전, 도박, 성범죄
2. 심판 비리 |

〈자료 43〉 코로나 방역수칙 위반 상황

출처 : 필자 작성

수에게 72경기 출전 정지 징계를 내립니다. 벌금 1,000만 원을 부과하고, NC 구단에도 1억 원의 제재금을 결정합니다.

그런데 이 과정에서 리그 중단에 동조한 KBO 총재에 대해 불신도 커졌습니다. KBO도 이 사건으로 출혈이 컸습니다. KBO가 72경기 출전 정지를 선언했기 때문에 이 선수들은 바로 2021시즌 아웃이 되었고, NC 구단에서도 추가로 출전 정지를 더 부가해서, 2022시즌에도 초반에는 출장을 못 했습니다. 국가대표 선수는 도쿄올림픽 출전권도 반납했죠.

이 일로 NC 구단은 완전히 망가졌어요. 구단 대표는 사퇴하고, 김택진 구단주도 사과문을 발표하기에 이릅니다.

"즐거움을 드려야 하는 야구단이 사회적 물의를 일으킨 데 대해… 구단주로서 신뢰를 회복할 수 있는 모든 조치를 취하겠습니다."

택진이 형이 NC 다이노스를 창단할 때, 이런 사과문을 낼 거라는 상상을 했겠습니까? 즐거움을 드리는 프로야구만 생각했겠지요. 사랑받아야 할 팬들에게 사회적 물의를 일으켰다고, 사과할 줄 알았으면 창단을 안 했 겠지요. NC 구단의 분위기는 창단 이후 최악의 상황에 빠졌습니다. 그런데 앞에서 NC 구단의 모회사인 엔씨소프트가 게임을 만드는 회사라고 이야 기했잖아요? 리니지 게임과 구단주 게임인 프로야구 H3은 비즈니스 모델 상 빠른 레벨업을 위해서 고객이 현금을 질러야 수익이 창출되는 구조입니 다. 그래서 게임 단위로 조직이 구성되어 있고, 수익 관리도 그렇게 하는 것 입니다. 순수한 게임보다는 과금을 많이 하는 구조를 선호하겠죠. NC 본 사에서 구단으로 내려온 임원은 이러한 DNA가 있습니다. 선수들도 조직 에 합류해 같이 움직이면 유사한 DNA가 투입되기 쉽습니다. 2020년 우승 기념식에서 어떤 선수가 우승 보너스로 리니지 게임의 집행검을 받았으면 좋겠다는 인터뷰를 했는데, 게임을 즐기는 분위기를 읽을 수 있습니다.

ESG 경영

이런 상황에서 그것을 깨달은 택진이 형은 검사 출신의 구단 대표를 임 명합니다. 앞서 2016년 승부 조작 사건에서도 그 후유증을 없애기 위해 변호사 출신 법률 부사장을 투입한 바 있죠. 이번 상황에서는 검사 출신을 구단 대표로 초빙합니다. 그렇죠, 구단 이미지를 쇄신해야 합니다. 즐거움 을 제공하기 위해 굳이 적자를 감수하고도 운영해보겠다고 만든 구단입니 다. 실추한 도덕성을 빨리 회복하고, 다시는 노이즈를 발생시키지 않는 구단을 만들어야 합니다. 그리고 지속적이고 체계적인 사회적 책임활동을 위해 설립한 NC문화재단의 기능을 부각시켜야 합니다. 그동안 프로야구는 약물, 음주운전, 원정 도박, 성적 비리 등 다양한 노이즈가 자꾸 발생하면서 일부 팬들이 등을 돌렸습니다. 이런 사건으로 인해 일부 대기업이 프로야구에 대한 매력을 포기하게 되었습니다. 매우 상업적인 스포츠인데도 매년 수백 억 원의 적자를 내고 있고, 수시로 노이즈가 발생해요. SK가 몇 년간 구단을 운영하면서 이런 느낌을 가졌던 거죠. 2021년에 SK가 갑자기 프로야구에서 발을 빼고, SSG에 넘긴 것은 이런 이유 때문일 것입니다. 선수 연봉은 계속 올라가고, 소속 선수들의 노이즈도 구단이 책임지는 구조에 염증을 느꼈을 수도 있죠. 프로야구는 팬과의 접점이 가깝습니다. 펜스 하나를 사이에 두고 팬과 선수들이 움직입니다. 그래서 선수들의 숨소리가 바로 느껴지는 것입니다. 그런데 그렇게 친근한 선수들에게서 노이즈가 들리면 팬은 배신감을 느끼게 됩니다. 게다가 고액 연봉을 받는 선수들이 많아서 윤리와 도덕성이 더욱 문제가 되죠. 그럼에도 불구하고, 프로야구에 새로 참여한 택진이 형과 용진이 형의 용기에 격려를 보내는 것입니다. 이들 두 구단주의 등장으로 40년 동안, 보수적으로 움직이던 KBO가 변화할 것입니다. 때마침, KBO 총재가 바뀌었습니다. 40년을 프로야구 현장 곳곳에 참여했던 새로운 총재에 대한 기대가 큽니다. 팬 우선(Fan First)을 기치로 새롭게 개편될 KBO의 혁신도 기대합니다. 구단과 KBO가 팬에게 진정성 있게 다가갈 때, 프로야구의 가치가 증대될 것입니다. 네거티브를 제거하는 것만 아니라, 앞서 제시한 것처럼 포지티브 서비스를 선제적으로 제안, 실행하는 것이 중요합니다. 프로야구가 ESG 경영을 해야 할 이유는 너무 많습니다.

명예의 전당 설립

다음은 국내 프로야구 명예의 전당 설립에 대해서 살펴보고자 합니다. 명예의 전당은 야구에 공헌한 선수나 구단주, 커미셔너 등을 기리는 장소입니다. 직업으로 야구를 하는 수많은 선수들 중에서 전당에 이름을 올리는 선수는 극히 적습니다. 야구 관계자도 상황은 마찬가지죠. 명예의 전당 선정 기준은 〈표 20〉처럼 국가마다 다르지만, 그 기준이 매우 엄격해서 전당에 이름을 남기는 것은 말 그대로 명예 그 자체입니다. 그런데 혹자는 전당 헌정 기준이 엄격한 만큼 선정된 그들만의 장소라고 폄훼할 수도 있겠지요.

그러나 명예의 전당은 야구 박물관과 함께 설립됩니다. 야구 박물관 콘텐츠 가운데의 하나인 거죠. 전당(殿堂)은 학문, 예술, 과학, 교육 등 각 분야에서 가장 권위 있는 기관을 칭합니다. 그래서 명예의 전당은 프로야구와 관련된 중요한 자료와 물품을 수집, 보관하고 일반에게 전시, 공개하는 가장 권위 있는 곳이라는 의미이죠.

프로야구는 기록 스포츠이기에, 선수에 대한 기록은 차고도 넘칩니다. 그러나 리그를 만들고, 정책을 결정하며, 관리하고, 운영했던 자료나 언론사 자료, 세계대회 참가를 통한 세계 야구협회 교류 자료 등은 내용의 신뢰성이 담보되고 자료 수집에 협력이 필요합니다. 박물관이 없으면 어떤 자료가 필요하고, 어떤 자료를 수집해야 하는지조차 모릅니다.

제가 현대백화점 20년사와 30년사를 발간해봐서 이 상황을 명확히 이해합니다. 그래서 국내에서도 권위 있는 기관이 이것을 수집하고, 관리, 전시할 수 있는 기반을 빨리 만들어야 합니다.

	미국		일본		
헌액 부문	선수	베테랑위원회	선수	전문가	특별헌액
설립시기	1936년		1967년		
선수경력 규정	10년 이상의 선수 경력		경력 기준 ×		
은퇴 후 최초 후보 입당 조건	은퇴 후 5년		은퇴 후 5년		
후보 자격 유지 기간	최초 후보 등록부터 10년간 (2015년 개정)		최초 후보 등록부터 15년간		
투표 구성원	전미야구기자협회(BBWWA,A) 10년 이상 취재 경험		야구 보도 15년 이상 취재 경험		
최종 헌액 득표율	75%		75%		
1인당 투표행사 수	최대 10표		7표	3표	3표
관련 홈페이지 링크	http://baseballhall.org//		http://english.baseball-museum.or.jp//		

〈표 20〉 미국, 일본 명예의 전당 선정 기준

출처 : 한국야구 명예의 전당 운영방안 연구 2015

앞서, 인천야구박물관을 잠시 언급했습니다만, 야구박물관은 사적인 영역이 아닙니다. 프로야구 명예의 전당은 미국 MLB와 일본 NPB에는 있고 국내에는 아직 없습니다. 상대적으로 프로야구의 역사가 짧다 보니 국내에서는 아직 명예의 전당에 대한 논의가 활발하지 않고요. 그러나 2022년 시즌은 국내 프로야구 40주년을 맞았던 해입니다. 6개 구단으로 출발해서 10개 구단 체제로 확대했고, 40년 동안 프로야구를 거쳐간 선수들도 꽤 많은 상황입니다. 국내에서도 명예의 전당 설립에 대한 본격적인 논의가 필요한 시점인 것 같습니다.

이 책의 집필을 위해 그간의 사정을 살펴보니, KBO는 이미 2011년에 한국야구 100년, 프로야구 30년 기념 사업으로 명예의 전당 건립 사업을 발표했어요. 이후 명예의 전당 유치를 위해 도시 간 유치 경쟁을 벌여, 부산 기장군이 명예의 전당 건립지로 최종 선정되었고요. 그런데 10년이 지금까지도 말만 무성하고 실현이 되지 않고 있는 상황입니다. 좀 더 자세히 들여다보면, 안타깝습니다. 2014년 건립지로 기장군이 확정된 이후 부산시와 기장군, KBO가 '한국야구 명예의 전당 건립 실시협약'을 체결했어요. 부산시가 108억 원의 사업비를 투자해 명예의 전당을 건립하고, 기장군은 1,850㎡의 부지 제공과 정규 야구장·부대 시설 등을 조성하고, 운영은 KBO에서 맡기로 한 거죠. 하지만 2015년 지방재정 중앙투자심사에서 사업 규모를 축소하며, KBO가 주체로 참여해서 독자적으로 경영하는 독립채산제로 운영하라는 조건부 승인이 되었습니다. 2016년에 KBO와 부산시, 기장군이 조건부 승인에 따라 재협약을 했을 때만 해도 이 내용으로 이행하기로 약속했는데요, 이후 사업이 답보 상태가 되었고요. 가장 큰 문제는 운영비 지원입니다. 연간 약 20억 원(KBO 추정)의 운영비 부담과 최초 사업을 추진한 KBO 총재와 사무총장 등 운영진의 교체로 부산시와 KBO 간 이견이 발생했죠. 게다가 코로나 사태 등 여러 상황이 겹친 탓도 있습니다. 전반적으로 기장군이 주도적으로 움직이고, 부산시의회가 미온적으로 대응하는 형태인데요, 거의 완성 단계에서 멈춰선 상황이라 탄력만 받으면 바로 성사될 것입니다. 하지만 문제는 지자체 선거로 인해 각 관청의 행정, 의회가 안정화될 때까지는 관련 뉴스가 나올 가능성이 낮아 보인다는 겁니다.

한편, 미국이나 일본 명예의 전당에는 선수들이 많이 들어가는데요, 선수 이외의 인물도 종종 보입니다. 〈표 21〉은 미국 프로야구 발전에 공헌해서 명예의 전당(National Baseball Hall of Fame)에 올라간 구단주와 커미셔너만을 모은 것입니다.

일본 NPB는 1959년부터 명예의 전당을 창설해 현재까지 도쿄돔에서 박물관과 함께 운영 중입니다. 〈표 22〉 역시 프로야구 발전에 공헌한 이유로 헌정한 구단주, 커미셔너 관련 일본 명예의 전당 인물들입니다. 엄밀하게 말

연도	이름	직업	헌액 사유
1937	모건 벌켈리(Morgan Bulkeley)	이사장	내셔널리그 초대 이사장
	벤 존슨(Ban Johnson)		아메리칸리그 이사장
	알렉산더 카트라이트 (Alexander Cartwright)	구단주	니커보커 베이스볼 클럽 구단주, 현대식 야구 발명자
1939	찰스 코미스키(Charles Comiskey)	구단주	시카고 화이트 삭스의 구단주, 코치박스의 발명자
1944	케네소 랜디스(Kenesaw Landis)	커미셔너	메이저리그 초대 커미셔너
1946	클라크 그리피스(Clark Griffith)	구단주	워싱턴 내셔널스(현재 미네소타 트윈스) 구단주
1953	에드 바로우(Ed Barrow)	단장	양키스 제국의 기반 조성
1967	브랜치 리키(Branch Rickey)		일명 메이저리그의 혁명가
1970	포드 프릭(Ford Frick)	커미셔너	메이저리그 3대 커미셔너, 내셔널리그 이사장
1971	조지 웨이스(George Weiss)	단장	뉴욕 양키스에서 팜 시스템 조성, 뉴욕 메츠의 초기 단장
1972	윌 해릿지(Will Harridge)	이사장	아메리칸 리그 이사장
1978	래리 맥파일(Larry MacPhail)	단장	다저스, 양키스, 레즈의 단장, 타자 헬멧의 고안자.
1979	워렌 자일스(Warren Giles)	구단주	신시내티 레즈 구단주, 내셔널리그 이사장
1980	톰 요키(Tom Yawkey)		보스턴 레드삭스 구단주
1981	해피 챈들러(Happy Chandler)	커미셔너	메이저리그 2대 커미셔너, 흑인선수에게 문호 개방
1991	빌 빅(Bill Veeck)	구단주	클리블랜드 인디언스, 세인트루이스 브라운스, 시카고 화이트삭스 구단주
1995	윌리엄 헐버트(William Hulbert)		시카고 화이트스타킹스의 첫 구단주, 내셔널리그 2대 이사장
1998	리 맥파일(Lee MacPhail)	단장	양키스, 오리올스 단장, 아메리칸리그 5대 이사장, 래리 맥파일의 아들, 최초의 부자 헌액
2006	에파 맨리(Effa L. Manley)	구단주	니그로 리그 뉴왁 이글스 구단주 최초의 여성 헌액자
	알렉스 폼페스(Alex Pompez)		니그로 리그 쿠반 스타즈 구단주
	컴 포지(Cum Posey)		니그로 리그 홈스테드 그레이스 구단주
	J.L. 윌킨슨(J. L. Wilkinson)		니그로 리그 캔자스시티 모나키스 구단주
2008	보위 쿤(Bowie Kuhn)	커미셔너	메이저리그 5대 커미셔너
	바니 드레이퍼스(Barney Dreyfuss)	구단주	피츠버그 파이리츠 초기 구단주
	월터 오말리(Walter O'Malley)		LA 다저스의 초기 구단주
2011	팻 길릭(Pat Gillick)	단장	4대 구단의 단장, 월드시리즈 3회 우승
2013	제이콥 루퍼트(Jacob Ruppert)	구단주	뉴욕 양키스 초대 구단주, 양키 스타디움 건설
2017	존 셔홀츠(John Schuerholz)	단장	로열즈 단장, 브레이브스 사장
	버드 셀릭(Bud Selig)	구단주	9대 커미셔너, 밀워키 브루워스 구단주

〈표 21〉 미국 프로야구 명예의 전당 헌액자(구단주, 커미셔너 등)

출처 : MLB, 필자 재작성

해서 커미셔너는 임기 동안 프로야구 발전에 전념하고, 다양한 성과를 내놓으면 전당 헌정의 가능성이 매우 크지만, 구단주는 성격이 다릅니다. 사업가 관점에서 구단을 운영하는 MLB 구단주는 전당 헌정이 쉽지 않습니다.

연도	이름	경력
2009	오코소 요시노리(大社 義規)	니혼햄 초대 구단주
2002	나카자와 후지오(中澤 不二雄)	퍼시픽리그 초대 회장 / 대련구락부 감독
2000	후쿠시마 신타로(福島 慎太郎)	퍼시픽리그 회장을 2회 역임 / 마이니치 오리온스 구단 사장
1999	요시쿠니 이치로(吉國 一郎)	제 9대 커미셔너
1995	무라카미 미노루(村上 實)	프로야구 초창기 한큐구단 사장
1990	사에키 이사무(佐伯 勇)	긴테츠 버팔로스 구단주
1983	우치무라 유우시(内村 祐之)	제3대 커미셔너
1982	스즈키 류지(鈴木 龍二)	센트럴리그 회장
1970	타무라 코마지로(田村 駒治郎)	마츠다케 로빈스 구단주
1969	아리마 요리야스(有馬 頼寧)	프로야구 초창기 도쿄 세네타스 결성
1969	모리오카 지로(森岡 二朗)	일본야구연맹 초대 회장
1968	고바야시 이치조(小林 一三)	한큐 초대 구단주
1965	이노우에 노보리(井上 登)	제2대 커미셔너
1959	오시카와 키요시(押川 清)	일본 최초 프로팀 '일본운동협회' 결성
1959	쇼리키 마츠타로(正力 松太郎)	요미우리 자이언츠 초대 구단주

〈표 22〉 일본 프로야구 명예의 전당 헌액자(구단주, 커미셔너 등)

출처 : NPB, 필자 재작성

그러나 NPB와 KBO 경우는 MLB와 달리 적자 상태에서도 구단을 운영하는 경우가 많기 때문에 그 역할이 다르죠. 그래서 NPB에는 구단주의 입당이 매우 많습니다. 물론, 초기에는 구단주가 커미셔너 역할을 오래 한 경우도 있기에 역할이 더 컸던 이유도 있겠지요. 프로야구의 발전을 위해서는 강력한 구단주가 커미셔너를 겸하는 것이 효과적이었기 때문입니다. 요미우리 자이언츠의 쇼리키 마츠타로 회장이 그런 인물입니다. 일본 프로야구 창립에 기여한 강력한 구단주 겸 커미셔너였기 때문에 첫 번째로 헌정되었습니다. 한큐 브레이브스의 고바야시 이치조와 도쿄 세네타스의 아리마 요리야스, 긴테츠 버팔로스의 사에키 이사무, 니혼햄의 오코소 요시노리 회장은 모두 창업 당시의 구단주로, 그들의 공적이 도쿄돔 박물관에 남아 있습니다. 디지털 시대, 데이터가 넘치는 시대에도 현장에서 자료를 보며 역사를 체험하고, 그들의 시대에는 어떤 시합을 했는가를 남기는 것은 후대를 육성하는 경영자로서 매우 중요한 덕목입니다.

커미셔너 제도의 변경

커미셔너는 프로야구 기구의 최고책임자를 지칭합니다. 미국의 경우는 MLB와 산하 마이너리그 전체를 총괄하죠. 커미셔너의 기원은 앞에서 이야기한 1919년의 '시카고 화이트 삭스'가 승부 조작으로 인해서 '블랙 삭스'가 되어버린 사건으로 연결됩니다. 이 사건으로 미국에서 야구의 인기가 급락했어요. 위기를 느낀 구단주들이 모여서 인기를 회복하기 위해서 전략과 비전을 만들었습니다. 그런데, 이렇게 만들어진 전략을 추진하기 위해서는 신속한 의사결정이 필요했죠. MLB 구단주들은 이러한 판단에서 중립적인 의사결정을 하는 기구로, 1920년에 커미셔너 제도를 도입했습니다. 일리노이주 연방 판사였던 케네소 랜디스(Kenesaw M. landis)가 초대 커미셔너로 취임합니다. MLB는 커미셔너제 도입 이후, 커미셔너와 아메리칸리그 회장, 내셔널리그 회장의 3인 체제로 운영되었죠. 그런데 1999년에 양대 리그의 회장직이 폐지되면서 커미셔너의 권한이 더욱 커지게 됩니다. MLB 커미셔너는 30개 구단의 오너 회의에서 3/4 이상의 득표로 선출되고, 임기는 3년 재임이 가능하도록 규정하고 있습니다.

〈표 23〉은 MLB의 커미셔너를 정리한 것인데요, 특이한 것은 1920년 제도 시행 이후, 100년이 넘는 기간 동안 커미셔너가 10명밖에 안 된다는 점입니다. 단순하게 판단할 때, 한 사람이 평균 10년 이상 커미셔너로 재임했

다는 이야기죠. 프로야구 40주년을 맞은 KBO에서는 24대, 연임 포함 15명의 총재가 거친 것과 크게 비교되는 대목입니다.

재임 기간	커미셔너	전임 직업	평가
초대 1920. 11~1944. 11	케네소 랜디스 (Kenesaw M. Landis)	일리노이주 연방판사	1944년 '명예의 전당' 헌당
2대 1945. 4~1951. 7	해피 챈들러 (Albert B. Chandler) (Happy Chandler)	켄터키 주지사 연방 상원의원	1982년 '명예의 전당' 헌당
3대 1951. 9~1965. 11	포드 프릭 (Ford C. Frick)	스포츠 작가 내셔널리그 회장	1970년 '명예의 전당' 헌당
4대 1965. 11~1968. 11	윌리엄 에커트 (William D. Eckert)	공군 중장	
5대 1969. 2~1984. 9	보위 쿤 (Bowie K. Kunt)	변호사	2008년 '명예의 전당' 헌당
6대 1984. 10~1989. 3	피터 워버로스 (Peter V. Ueberroth)	LA올림픽 조직위원장	MLB 경영 흑자 전환 성공
7대 1989. 4~1989. 9	바틀렛 지아매티 (Bartlett A. Giamatti) (Bart Giamatti)	예일대 총장 내셔널리그 회장	5개월 만에 심장병 사망
8대 1989. 9~1992. 9	페이 빈센트 (Francis T. Vincent) (Fay Vincent)	콜롬비아 픽처스 대표 코카콜라 부사장	MLB 구단주에게 불리한 정책 – 구단주 회의 18:9로 실각
대행 1992. 9~1998. 6 9대 1998. 7~2015. 1	버드 셀릭 (Alan H. Selig) (Bud Selig)	밀워키 브루워즈 구단주	최초의 구단주 커미셔너 디비전 시리즈, 와일드 카드, 인터리그, WBC 개최, 해외 개막전 시행 사치세와 수익 분배제 도입 2017년 '명예의 전당' 헌당
10대 2015. 1~현재	롭 만프레드 (Rob Manfred)	변호사 / MLB 대표	

〈표 23〉 역대 MLB 커미셔너

출처 : MLB, 필자 재작성

MLB 커미셔너 가운데 특히, 업적을 많이 남긴 인물은 9대 커미셔너였던 버드 셀릭(Bud Selig)입니다. 버드 셀릭은 앞서 WBC 대회를 만든 인물로 잠시 다루었는데요, 밀워키 브루워즈 구단의 구단주에서 커미셔너로 등극한 최초의 구단주 커미셔너로, MLB의 수익성 확대와 리그 균형을 위해 다양한 업적을 남겼습니다.

그 이전에는 없던 디비전 시리즈, 와일드 카드, 인터리그 시합을 개최해서 수익성 확대를 도모했고요, 리그 균형을 위해 사치세와 리그 수익 분배 제도를 도입했어요. 특히, MLB의 세계화를 위해서 일본 도쿄 등 해외에서 MLB 개막전을 개최하는 모험을 시도해서 성공을 거두었죠. 1992~1998년 말까지 커미셔너 대행을 맡은 기간부터 2015년 1월까지 무려 24년 동안 MLB의 확장에 크게 기여한 인물입니다. 물론 재임 기간이 길어지면서 다양한 구설에 휘말렸지만, MLB 전체를 보면, 버드 셀릭 커미셔너의 역할은 매우 높게 평가됩니다.

〈표 24〉는 NPB의 커미셔너를 정리한 것입니다. 〈표 24〉에는 1951년부터 초대 커미셔너로 명기되어 있는데요, 이는 일본 프로야구에 산재해 있던 야구협회를 NPB(일본야구기구)로 통합한 이후부터 채택한 제도이기 때문입니다.

그 이전에 일본 프로야구는 1936~1949년까지 존재했던 '일본 야구연맹'에 의해 운영되었어요. '도쿄 교진군', '오사카 타이거스', '나고야군', '도쿄 세너터스', '한큐군' 등으로 설립된 조직인데, 이 당시부터 '도쿄 교진군'을 이끌던 요미우리 신문사의 오너였던 쇼리키 마츠타로(正力松太郎)의 권한이 매우 컸습니다. 그의 권한은 구단주 회의에서 부여된 것인데, 이것은 NPB 커미셔너 기능보다도 훨씬 강력했던 거죠. 따라서 초창기 일본 프로야구사에 그의 궤적이 다양하게 존재하는데요, 쇼리키의 이러한 열정에 대한 결과물로 '일본 프로야구의 아버지'라는 호칭이 붙었고, 일본 명예의 전당 1호 헌정자로 추대되었습니다. 결과적으로 보면, 쇼리키 마츠타로나 버드 셀릭과 같은 열정적인 커미셔너가 있었기 때문에 일본과 미국의 프로야구가 발전한 거죠. 그런데 〈표 24〉에서 보는 것처럼, NPB의 커미셔너 역시, 70년 동안 14명이 재직했습니다. 〈자료 44〉는 MLB, NPB, KBO의 커

재임 기간	총재	전임 직업	평가
초대 1951. 4~1954. 4	후쿠이 모리타(福井盛太)	검찰총장	1965년 '명예의 전당' 헌당
2대 1956. 4~1962. 1	이노우에 노보리(井上登)	대법원 판사	1983년 '명예의 전당' 헌당
3대 1962. 5~1965. 4	우치무라 유우시(内村祐之)	도쿄대 의대교수	
4대 1965. 8~1971. 3	미야자와 토시요시(宮澤俊義)	도쿄대 법대교수	
5대 1971. 5~1976. 2	오하마 노부모토(大濱信泉)	와세다대 총장	
6대 1976. 7~1979. 2	가네코 토시(金子鋭)	후지은행 총재	
7대 1979. 4~1985. 3	시모다 다케소우(下田武三)	주미대사, 대법관	
8대 1986. 5~1988. 6	다케우치 주헤이(竹内壽平)	검찰총장	
9대 1989. 3~1998. 3	요시쿠니 이치로(吉國一郎)	법무부 장관	1999년 '명예의 전당' 헌당
10대 1998. 3~2004. 1	가와시마 히로모리(川島廣守)	관방부장관	2006년 '명예의 전당' 헌당
11대 2004. 2~2007. 1	네고로 야스치카(根來泰周)	검사장,공정위원장	
12대 2008. 7~2013. 10	가토 료조(加藤良三)	주미대사	
13대 2014. 1~2017. 11	구마자키 가츠히코(熊﨑勝彦)	검찰청 공무부장	
14대 2017. 11~현재	사이토 아츠시(斉藤惇)	도쿄증권거래소 대표	

〈표 24〉 역대 NPB 커미셔너

출처 : NPB, 필자 재작성

미셔너 임기를 상대 비교한 것입니다. 프로야구 역사와 커미셔너 임기를 비교할 때, 〈자료 44〉에서 극명하게 보이는 것은 KBO 총재의 임기가 매우 짧다는 것입니다. 최장 7년 임기를 치른 총재가 있는가 하면, 1년을 채우지 못한 총재가 4명이나 있고, 임기 만료 이전에 퇴임한 총재가 연임을 제외하더라도 6명이나 됩니다. 이들의 공통점은 23대 정지택 총재를 제외하면 정치권 인사라는 점입니다. 최단 25일 재임하고 떠난 총재가 있었고, 100일 재임, 277일 재임한 총재도 있었죠. KBO가 MLB의 비약적인 성장에 비해 상대적으로 정체할 수밖에 없었던 가장 근본적인 이유입니다.

재임 기간	총재	전임 직업	평가
초대~2대 1981. 12~1988. 3	서종철	육군참모총장 / 국방부장관	전두환,노태우의 육사 교관
3대~4대 1988. 4~1992. 5	이웅희	MBC사장 / 문공부장관 / 3선의원	8개 구단 체제 확정
5대 1992. 5~1993. 7	이상훈	국방부장관	
6대 1993. 11~1993. 12	오명	대전 EXPO 조직위원장	25일, 최단 재임 - 교통부장관 영전
7대 1994. 3~1994. 12	권영해	국방부장관	277일, 재임 - 국정원장 영전
8대 1995. 2~1996. 6	김기춘	법무부장관 / 3선의원	
9대~10대 1996. 7~1998. 5	홍재형	재정기획부장관 / 3선의원	
11대 1998. 5~1998. 9	정대철	5선의원	100일, 재임
12대~14대 1998. 9~2005. 11	박용오	두산그룹회장	2,611일, 최장 재임 / 최초 구단주 총재
15대~16대 2006. 1~2008. 12	신상우	노무현 대통령 후원회장	
17대~18대 2009. 2~2011. 5	유영구	명지학원 이사장	
19대~21대 2011. 8~2017. 12	구본능	범LG, 희성그룹회장	2,321일 재임 / 10개 구단 체제 확정
22대 2018. 1~2020. 12	정운찬	서울대총장 / 국무총리	
23대 2021. 1~2022. 2	정지택	두산중공업 부회장/ 두산 구단주	구단주 출신 총재
24대 2022. 3~현재	허구연	청보 핀토스 감독, 야구해설위원	최초의 야구선수 출신 총재

〈표 25〉 역대 KBO 총재

출처 : KBO, 필자 재작성

그래도 기대할 만한 것은 야구 현장에서 평생을 보낸 허구연 위원이 24
대 총재로 부임해서 연임에 성공한 점입니다. 허구연 총재 취임 1기의 행적
을 보면, 전임 총재들과는 다른 광폭 행보가 돋보입니다. 선수, 감독, 해설
위원 등 풍부한 야구 경험과 MLB, NPB와의 네트워크를 통해 KBO 운영
시스템이 진일보할 것으로 보입니다.

MLB 10대

1920–1944	1945–1951	1951–1965	1965–1968	1969–1984	1984–1989	1989	1989–1992	1992–2015	2015–현재

NPB 14대

1951–1954	1956–1962	1962–1965	1965–1971	1971–1976	1976–1979	1979–1985	1988	1989–1998	1998–2004	2004–2007	2008–2013	2014–2017	2017–현재

KBO 24대

7	4	0.8	0.1	0.7	1.5	2	0.4	7	2	2	6	2	2	현재

〈자료 44〉 각국의 역대 커미셔너 임기 추이

출처 : 필자 작성

앞서 CHPTER 2의 '택진이 형, 용진이 형은 왜 구단주가 되었나?'에서 지적한 것처럼, 택진이 형과 용진이 형처럼 젊은 구단주의 KBO 진출과 관록 있는 총재의 새로운 조합이 KBO의 미래에 청신호를 밝힐 것을 기대해 봅니다.

Review

2022년 11월 중순, 지인이 SNS를 통해 이마트 전단을 보내주었습니다. SSG 랜더스의 한국 시리즈 우승을 기념하는 세일 전단이었죠. 제가 프로야구 서적을 쓰고 있다는 것을 알고서는 바로 반응해준 것입니다. 전단에는 상당히 많은 상품을 '1+1'으로 판매한다는 내용이 실렸습니다. 이후, 여러 지인의 SNS에 신세계 그룹 계열사의 우승 세일 관련 이벤트가 대거 등장했죠. 11월 18일부터 20일 사이에 이마트에서 쇼핑을 경험한 분들은 아실 것입니다. 마트에 그렇게 많은 사람이 몰려서 장을 보는 광경을 처음 목격했을 것입니다. 게다가 그렇게 긴 계산대 줄도 처음 봤겠죠. 카트에 상품을 가득 구매했기 때문에 계산에 시간이 더 걸린 것이지요. 물가가 오르는 상황에서 기회라고 생각한 소비자들이 최대한 많은 상품을 담았죠. 특히, 연고지 인천의 반응은 더욱 뜨거웠습니다. 고객이 몰리면서 중간에 마트 문을 잠시 닫고 다시 오픈한 곳도 있었어요.

한마디로, 전국민적인 쇼핑 축제였습니다. 정말 오랜만에 유통업체의 프로야구 우승 세일을 보았습니다. 제가 이 책을 쓰면서 가장 원했던 그림이 그려졌어요. 일본 NPB에서도 한신 타이거즈가 2023 일본 시리즈에서 우승을 하면서, 모회사 소유의 한신 백화점과 한큐 백화점에서 우승 세일 이벤트를 펼쳤죠. 고베, 오사카의 야구팬들은 오랜만에 신이 났을 겁니다. 오사카 명물 도톤보리 다리에서 뛰어내리는 팬이 차고 넘쳤습니다. 한신 타이거즈는 1985 일본 시리즈 우승 이후, 40년 가깝게 우승과는 거리가 멀었죠. 2005년에 리그 우승으로 일본 시리즈에 진출했지만, 롯데 마린스에게 연속 4패를 당하며 시리즈 우승을 헌납한 것이 가장 최근의 일입니다. 그만큼 오사카 팬들이 우승에 목말라 있던터에, 2023년이 되어서야 그 갈증을 해소시켜준 것입니다. 연고지 팬들의 우승 갈증은 구단에게 큰 압박이지만, 그것을 성취하면 기쁨이 배가되고 더 많은 서포터즈를 얻을 수 있는 기회가 됩니다. 일본에서 프로야구 구단의 우승으로 가장 많은 축제를 펼쳤던 연고지는 후쿠오카였습니다. 소프트뱅크 호크스의 전신인 다이에를 시작으로 우승 경험이 많았죠. 다이에는 이마트처럼 일본에서 가장 큰 대형마트였던 까닭에, 우승 세일의 규모가 남달랐습니다. 후쿠오카는 물론 전국적인 쇼핑 페스티벌을 펼쳤습니다. 그런데 소프트뱅크는 오프라인 유통업체가 없는지라, 후쿠오카 지역의 백화점과 우승 세일을 함께합니다. 물론 자사의 모바일과 야후 이벤트도 대대적으로 펼치고요.

프로야구 우승을 백화점 세일로 연결시킨 역사는 일본에서 시작되었습니다. 1967년 한큐 브레이브스(現. 오릭스 버팔로즈)가 퍼시픽리그에서 처음으로 우승했을 당시, 자회사인 한큐백화점 오사카 본점에서 '팬 감사세일'을 진행했죠. 한큐는 그 이후 68년, 69년, 71년, 72년, 78년, 84년에는 지점까지 확대해서 성대한 우승 세일을 펼칩니다. 도쿄에서는 1980년대 전성기를 맞은 세이부 라이온즈 구단이 형제 회사인 세이부백화점에서 우승 세일을 전개하죠. 1980년대는 버블기 일본 백화점의 전성시대로, 세이부 구단의 막강한 전력 덕분에 세이부 백화점의 우승 감사세일은 연례적인 초대형 행사였습니다. 그러나 백화점의 우승 세일은 비즈니스 시스템적으로 한계가 있습니다. 왜냐하면, 백화점이 주로 수수료 매장을 운영하기 때문이죠. 다시 말하면, 백화점은 상품을 직접 통제하기 어려워서 세일 참여 상품에 제한이 있습니다. 게다가 백화점 관련 회사를 소유하고 있지 않은 '요미우리 자이언츠' 구단처럼, 협력 백화점과 우승 세일 행사를 전개할 때는 더 그렇겠지요. 프로야구 우승이 결정되지 않은 상황에서 백화점이 수 많은 거래선을 동원해 세일을 진행하는 것이 결코 쉬운 일이 아닙니다. 그래서 우승 세일은 상당한 노하우가 필요한 것입니다.

한편, 우승 세일이 더욱 거대해지는 계기는 앞서 지적한 다이에의 등장부터입니다. 다이에는 대형마트이기 때문에 상품을 직접 매입하죠. 따라서 상품 재고의 통제가 용이합니다. 게다가 전국 점포망을 보유해서 연고지 점포에 세일 상품을 집중 투하할 수 있고, 재고 상황에 따라서는 전국적인 행사로 확장 진행할 수도 있습니다. 2022년 SSG 우승 이후, 이마트가 곧바로 전국 행사를 진행할 수 있었던 이유도 상품 재고 관리 능력이 우수했기 때문입니다. 그런 면에서 2022년은 SSG 랜더스를 위한 해였습니다. 프로야구 개막일에 맞춰 18개 계열사를 총 동원한 쇼핑 축제 '랜더스데이'를 개최했고, 우승 세일로 유종의 미를 거두었죠. 소매업체 구단주로서 이보다 더 행복한 일은 없을 것입니다. 프로야구의 팬뿐만 아니라 일반 소비자도 이런 쇼핑 축제에 참여함으로써 내년에도 혜택을 받았으면 좋겠다는 작은 기대감을 갖게 되는 거고요. 이런 작은 계기 하나가 팬심으로 작동하는 것입니다.

한편, SSG 랜더스의 영광에 상대적으로 부담스러운 곳이 롯데 자이언츠 구단입니다. 롯데는 자이언츠가 우승한 1984년에 국내 최초로 프로야구 우승 세일을 한 곳입니다. 모회사인 롯데백화점에서 대대적인 쇼핑 축제를 개최한 기록을 갖고 있습니다. 1985년에 그 영광을 카피한 곳은 신세계였고요. 당시 삼성 라이온즈 구단이 우승하면서 삼성의 계열사인 신세계백화점이 우승 세일 행사를 이어 받았습니다. 이런 관계는 신세계가 삼성그룹에서 독립하는 1991년까지 계속되었죠. 그런데, 2021년 SSG가 프로야구에 참전하면서 공교롭게도 신세계는 삼성 라이온즈와 경쟁 관계가 되었고요. 어쨌든 2022년 SSG 우승에 대해 언론이나 부산 팬들이 '롯데는 신세계가 부럽다'라는 직설적인 표현을 쏟아내면서 롯데 구단이 난감해졌습니다. 부산의 롯데 팬들은 롯데백화점과 롯데마트에서 개최하는 우승 세일을 오랫동안 기다려왔습니다. 1992년 우승 이후, 30년 이상 절박한 기다림이 세대를 이었죠. 그 와중에 생각지 않은 SSG가 참전해서 2년만에 우승을 일궈내고, 신세계와 이마트에서 쇼핑 축제를 여는 것이 부러웠던 거죠. Preview 에서 지적한 것처럼, 소매업체 라이벌로 흥행을 이끌자고 제안하던 용진형의 도발이 이제 본격적으로 실현되는 것 같습니다. 팬들의 기대, 팬들의 사랑에 더해 팬들의 질투까지 이어지는 상황에서 롯데 구단이 화답해야 할 시간이 다가왔습니다. 라이벌은 이래서 필요한 겁니다. 같은 관점에서 소매업이 주력은 아니지만, 1999년 자회사인 갤러리아 백화점에서 최초이자 마지막 우승 세일을 했던 한화 이글스 역시 구단의 리메이크 드라마를 절실히 바라는 팬들에게 결과로서 화답해야 합니다.

그리고, 기록할 만한 것이 하나 더 있습니다. SSG가 국내 프로야구에 입성하면서, 세계 최초의 프로야구 개막 축하 세일을 진행했다는 것입니다. 이 행사는 우승과 관계가 없기 때문에 소매업체의 연례 행사로 자리 잡을 것입니다. 이런 행사를 통해 프로야구 팬을 확장하고, 그 팬을 스타디움으로 유인할 수 있다면, 소매업의 프로야구 구단주는 해볼 만한 자리인 것 같습니다.

<참고 자료>

나카가와 유우스케(中川友介), 《プロ野球經營全史》, 日本實業出版社, 2021

마이클 루이스(Michael Lewis), 《マネー・ボール》, 早川書房, 2013

마츠자키 다카시(松崎隆司), 《ロッテを創った男 重光武雄論》, ダイヤモンド社, 2020

알렉산더 오스터왈더(Alexander Osterwalder), 《Value Proposition Design: How to Create Products and Services Customers Want》, Wiley, 2014

야나기마치 이사오(柳町 功), 《重光武雄の経営 国境を越えたイノベーター》, 日本経済新聞出版, 2021

조지 로이스(George Lois), 《$ellebrity : My Angling and Tangling with Famous People》, Phaidon Press Ltd, 2003

카와카미 유지(川上 祐司), 《メジャーリーグの現場に学ぶビジネス戦略》, 晃洋書房, 2017

키세 마사노리(喜瀬 雅則), 《稼ぐ! プロ野球》, PHP研究所, 2021

타치바나키 토시아키(橘木 俊詔), 《プロ野球の経済学》, 東洋経済新報社, 2016

하루타 마코토(春田真), 《黒子の流儀 DeNA 不格好経営の舞台裏》, 中経出版, 2015

하세가와 쇼이치(長谷川晶一), 《プロ野球ヒストリー大事典》, 朝日新聞出版, 2021

히루카와 코우헤이(蛭川 皓平), 《セイバーメトリクス入門》, 水曜社, 2019

'World's Most Valuable Sports Teams 2021.' <Forbes> Retrieved 28 September 2021

DBJ (일본정책투자은행), 스포츠의 가치 산정 모델 조사, 2020

최태석 <한국야구 명예의 전당 운영방안 연구>, 명지대학교, 2015

1-02-Essence of Baseball(https://1point02.jp)

Baseball Reference(https://www.baseball-reference.com)

Retrosheet(https://retrosheet.org)

프로야구를 경영하다

제1판 1쇄 2023년 1월 31일
제1판 2쇄 2024년 2월 19일

지은이 김인호
펴낸이 최경선 **펴낸곳** 매경출판(주)
기획제작 ㈜두드림미디어
책임편집 최윤경, 배성분 **디자인** 얼앤똘비악earl_tolbiac@naver.com
마케팅 김성현, 한동우

매경출판㈜
등록 2003년 4월 24일(No. 2-3759)
주소 (04557) 서울시 중구 충무로 2(필동1가) 매일경제 별관 2층 매경출판㈜
홈페이지 www.mkbook.co.kr
전화 02)333-3577
이메일 dodreamedia@naver.com(원고 투고 및 출판 관련 문의)
인쇄·제본 ㈜M-print 031)8071-0961
ISBN 979-11-6484-511-8 (03320)